法政[illegible]二高等学校

〈収録内容〉

2024 年度 ………………………… 数・英・国

2023 年度 ………………………… 数・英・国

2022 年度 ………………………… 数・英・国
※国語の大問三は、問題に使用された作品の著作権者が二次使用の許可を出していないため、問題を掲載しておりません。

2021 年度 ………………………… 数・英・国
※国語の大問二は、問題に使用された作品の著作権者が二次使用の許可を出していないため、問題を掲載しておりません。

2020 年度 ………………………… 数・英・国

2019 年度 ………………………… 数・英

平成 30 年度 ………………………… 数・英

⇒

※データのダウンロードは 2025 年 3 月末日まで。
※データへのアクセスには、右記のパスワードの入力が必要となります。 ⇒ 561154

〈合格最低点〉

	男 子	女 子
2024年度	174点	166点
2023年度	179点	179点
2022年度	175点	182点
2021年度	212点	212点
2020年度	204点	208点
2019年度	188点	189点
2018年度	214点	216点

本書の特長

実戦力がつく入試過去問題集

- ▶ 問題 …………… 実際の入試問題を見やすく再編集。
- ▶ 解答用紙 …… 実戦対応仕様で収録。
- ▶ 解答解説 …… 詳しくわかりやすい解説には、難易度の目安がわかる「基本・重要・やや難」の分類マークつき（下記参照）。各科末尾には合格へと導く「ワンポイントアドバイス」を配置。採点に便利な配点つき。

入試に役立つ分類マーク

基本 確実な得点源！
受験生の90%以上が正解できるような基礎的、かつ平易な問題。
何度もくり返して学習し、ケアレスミスも防げるようにしておこう。

重要 受験生なら何としても正解したい！
入試では典型的な問題で、長年にわたり、多くの学校でよく出題される問題。
各単元の内容理解を深めるのにも役立てよう。

やや難 これが解ければ合格に近づく！
受験生にとっては、かなり手ごたえのある問題。
合格者の正解率が低い場合もあるので、あきらめずにじっくりと取り組んでみよう。

合格への対策、実力錬成のための内容が充実

- ▶ 各科目の出題傾向の分析、合否を分けた問題の確認で、入試対策を強化！
- ▶ その他、学校紹介、過去問の効果的な使い方など、学習意欲を高める要素が満載！

解答用紙ダウンロード	解答用紙はプリントアウトしてご利用いただけます。弊社ＨＰの商品詳細ページよりダウンロードしてください。トビラのＱＲコードからアクセス可。
リスニング音声ダウンロード	英語のリスニング問題については、弊社オリジナル作成により音声を再現。弊社ＨＰの商品詳細ページで配信対応しております。トビラのＱＲコードからアクセス可。
UD FONT	見やすく読みまちがえにくいユニバーサルデザインフォントを採用しています。

法政大学第二高等学校

普通科
生徒数　1885名
〒211-0031
神奈川県川崎市中原区木月大町6-1
☎044-711-4321
東急東横線・目黒線武蔵小杉駅　徒歩10分
南武線武蔵小杉駅　徒歩12分
横須賀線武蔵小杉駅　徒歩15分

多くの研究・実習によって個性を伸ばし目的を持って大学へ進学

URL	https://www.hosei2.ed.jp/

伝統ある法政大学の付属高校

130年の歴史を持つ法政大学の付属高校として、1966年に創立。1986年に中学校を併設した。「自由と進歩」をテーマとする法政大学の伝統的学風を持ち続ける学校で、国際化していく社会を見すえ、現代社会において活躍できる、人間性豊かな個性ある人材育成を目標としている。

2016年度より、中高同時共学化をスタートした。

読書や調査研究のための施設が充実

広大な敷地に、ゆとりある空間を大切にした校舎が建つ。読書や調査研究に利用される学習室を兼ねた図書館、最新機器をそろえたPC教室、自然科学室などを完備。3つの体育館に加え、トレーニングセンターなどを備えた体育館もあり、県下の学校の中でも屈指の施設。ほかにも野球場や陸上競技場など広々とした施設が広がっている。

多様化する進路にきめ細かく対応

調査や研究を土台とした論文やレポートなど、個人のオリジナリティを大事にした授業が進められている。そのほか、視聴覚機器を利用した実験や実習も多く、付属校ならではの豊かな学習が展開されている。

週6日制34単位の新カリキュラム・新指導体制を確立。1・2年次は共通クラスで全生徒が全教科を等しく学び、将来必要な基礎教養を確実に身につける。3年次には進路希望に応じて文系クラス・理系クラスにクラス分けをし、多様化する進路要求にきめ細かく対応するカリキュラムとなっている。共通教科によって基礎学力を向上させると共に、選択教科によって得意分野を深め、進路の具体化に結びつける。

個性豊かで多彩なクラブ活動

生徒会活動が活発で、2大行事である体育祭と二高祭は、生徒の自主的な活動によって毎年大成功を収めている。特に二高祭には外部から多数の見学者を迎えている。その他の主な行事には、高1の新入生合宿、高2の修学旅行などがある。

クラブも、個性豊かな学風なだけに、多くのクラブが勢ぞろい。文化クラブには、各種大会で活躍する放送や吹奏楽をはじめ、物理、生物部などがある。体育クラブでは、多くのクラブに教員以外の専属コーチをおき、アメリカンフットボールやサッカー、水泳、ハンドボール、フェンシング、重量拳、自転車競技、スキー競技、体操、陸上、チアリーディングなどが、全国大会や関東大会で好成績を挙げている。

［文化部］映画研究、英語、演劇、音楽、囲碁将棋、地学、物理、化学、吹奏楽、鉄道研究、カメラ、数学研究、文芸日本古典研究、放送、社会科学・歴史研究、生物、美術、合唱、家庭科、

茶華道

［運動部］アメリカンフットボール、空手、剣道、テニス、硬式野球、サッカー、自転車競技、柔道、重量拳、水泳、スキー競技、体操、卓球、登山、ソフトテニス、軟式野球、バスケットボール、バドミントン、バレーボール、フェンシング、ハンドボール、グランドホッケー、ラグビー、陸上競技、ゴルフ、女子バスケットボール、女子バレーボール、チアリーディング

約9割が推薦で法政大学へ進学

卒業生はほぼ全員が大学進学を希望し、約9割が法政大学に推薦で進学している。1年から3年までの学内成績と法政大学が指定する外部試験で一定基準を満たしていれば法政大学への被推薦権が得られる。

2024年度入試要項

試験日　2/11（学科試験）
試験科目　国・数・英
※帰国生と既卒生は面接あり

2024年度	募集定員	受験者数	合格者数	競争率
書類選考	150/150	160/154	160/154	1.0/1.0
学科試験	50/50	565/352	135/130	4.2/2.7

※人数はすべて男子/女子
※書類選考の詳細および帰国生については、学校に直接お問い合わせ下さい

過去問の効果的な使い方

① **はじめに**　入学試験対策に的を絞った学習をする場合に効果的に活用したいのが「過去問」です。なぜならば，志望校別の出題傾向や出題構成，出題数などを知ることによって学習計画が立てやすくなるからです。入学試験に合格するという目的を達成するためには，各教科ともに「何を」「いつまでに」やるかを決めて計画的に学習することが必要です。目標を定めて効率よく学習を進めるために過去問を大いに活用してください。また，塾に通われていたり，家庭教師のもとで学習されていたりする場合は，それぞれのカリキュラムによって，どの段階で，どのように過去問を活用するのかが異なるので，その先生方の指示にしたがって「過去問」を活用してください。

② **目的**　過去問学習の目的は，言うまでもなく，志望校に合格することです。どのような分野の問題が出題されているか，どのレベルか，出題の数は多めか，といった概要をまず把握し，それを基に学習計画を立ててください。また，近年の出題傾向を把握することによって，入学試験に対する自分なりの感触をつかむこともできます。

過去問に取り組むことで，実際の試験をイメージすることもできます。制限時間内にどの程度までできるか，今の段階でどのくらいの得点を得られるかということも確かめられます。それによって必要な学習量も見えてきますし，過去問に取り組む体験は試験当日の緊張を和らげることにも役立つでしょう。

③ **開始時期**　過去問への取り組みは，全分野の学習に目安のつく時期，つまり，9月以降に始めるのが一般的です。しかし，全体的な傾向をつかみたい場合や，学習進度が早くて，夏前におおよその学習を終えている場合には，7月，8月頃から始めてもかまいません。もちろん，受験間際に模擬テストのつもりでやってみるのもよいでしょう。ただ，どの時期に行うにせよ，取り組むときには，集中的に徹底して取り組むようにしましょう。

④ **活用法**　各年度の入試問題を全問マスターしようと思う必要はありません。できる限り多くの問題にあたって自信をつけることは必要ですが，重要なのは，志望校に合格するためには，どの問題が解けなければいけないのかを知ることです。問題を制限時間内にやってみる。解答で答え合わせをしてみる。間違えたりできなかったりしたところについては，解説をじっくり読んでみる。そうすることによって，本校の入試問題に取り組むことが今の自分にとって適当かどうかが，はっきりします。出題傾向を研究し，合否のポイントとなる重要な部分を見極めて，入学試験に必要な力を効率よく身につけてください。

数学

各都道府県の公立高校の入学試験問題は，中学数学のすべての分野から幅広く出題されます。内容的にも，基本的・典型的なものから思考力・応用力を必要とするものまでバランスよく構成されています。私立・国立高校では，中学数学のすべての分野から出題されることには変わりはありませんが，出題形式，難易度などに差があり，また，年度によっての出題分野の偏りもあります。公立高校を含め，ほとんどの学校で，前半は広い範囲からの基本的な小問群，後半はあるテーマに沿っての数問の小問を集めた大問という形での出題となっています。

まずは，単年度の問題を制限時間内にやってみてください。その後で，解答の答え合わせ，解説での研究に時間をかけて取り組んでください。前半の小問群，後半の大問の一部を合わせて50%以上の正解が得られそうなら多年度のものにも順次挑戦してみるとよいでしょう。

英語

英語の志望校対策としては，まず志望校の出題形式をしっかり把握しておくことが重要です。英語の問題は，大きく分けて，リスニング，発音・アクセント，文法，読解，英作文の5種類に分けられます。リスニング問題の有無(出題されるならば，どのような形式で出題されるか)，発音・アクセント問題の形式，文法問題の形式(語句補充，語句整序，正誤問題など)，英作文の有無(出題されるならば，和文英訳か，条件作文か，自由作文か)など，細かく具体的につかみましょう。読解問題では，物語文，エッセイ，論理的な文章，会話文などのジャンルのほかに，文章の長さも知っておきましょう。また，読解問題でも，文法を問う問題が多いか，内容を問う問題が多く出題されるか，といった傾向をおさえておくことも重要です。志望校で出題される問題の形式に慣れておけば，本番ですんなり問題に対応することができますし，読解問題で出題される文章の内容や量をつかんでおけば，読解問題対策の勉強として，どのような読解問題を多くこなせばよいかの指針になります。

最後に，英語の入試問題では，なんと言っても読解問題でどれだけ得点できるかが最大のポイントとなります。初めて見る長い文章をすらすらと読み解くのはたいへんなことですが，そのような力を身につけるには，リスニングも含めて，総合的に英語に慣れていくことが必要です。「急がば回れ」ということわざの通り，志望校対策を進める一方で，英語という言語の基本的な学習を地道に続けることも忘れないでください。

国語

国語は，出題文の種類，解答形式をまず確認しましょう。論理的な文章と文学的な文章のどちらが中心となっているか，あるいは，どちらも同じ比重で出題されているか，韻文(和歌・短歌・俳句・詩・漢詩)は出題されているか，独立問題として古文の出題はあるか，といった，文章の種類を確認し，学習の方向性を決めましょう。また，解答形式は，記号選択のみか，記述解答はどの程度あるか，記述は書き抜き程度か，要約や説明はあるか，といった点を確認し，記述力重視の傾向にある場合は，文章力に磨きをかけることを意識するとよいでしょう。さらに，知識問題はどの程度出題されているか，語句(ことわざ・慣用句など)，文法，文学史など，特に出題頻度の高い分野はないか，といったことを確認しましょう。出題頻度の高い分野については，集中的に学習することが必要です。読解問題の出題傾向については，脱語補充問題が多い，書き抜きで解答する言い換えの問題が多い，自分の言葉で説明する問題が多い，選択肢がよく練られている，といった傾向を把握したうえで，これらを意識して取り組むと解答力を高めることができます。「漢字」「語句・文法」「文学史」「現代文の読解問題」「古文」「韻文」と，出題ジャンルを分類して取り組むとよいでしょう。毎年出題されているジャンルがあるとわかった場合は，必ず正解できる力をつけられるよう意識して取り組み，得点力を高めましょう。

出題傾向の分析と 合格への対策

●出題傾向と内容

本年度の出題数は，大問が6題，小問数にして19題と，ほぼ例年並みであった。

Ⅰ・Ⅱはさまざまな分野からの小問群8題，Ⅲは確率の問題，Ⅳは図形と関数・グラフの融合問題，Ⅴは平面図形の計量問題，Ⅵは空間図形の計量問題となっている。

基本的事項を問うものから，応用力，思考力を必要とするものまで，ほぼ全分野からバランスよく出題されている。大問は誘導形式を取り入れていて比較的取り組みやすいが，問題数が多いので，全体としてはレベルが高い。

学習のポイント

本校の出題では，柔軟な思考力を必要とするものが必ず含まれる。学習においては，答えを出すことより考える過程を大切にしよう。

●2025年度の予想と対策

来年度も，本年度と同様の出題傾向が続くと思われる。ただし，出題分野は一定していないので，どの分野のどのような問題でも対応できるよう，広く深く理解しておく必要がある。

基礎固めはなるべく早い時期に終わらせ，いろいろな応用問題に当たって実力を養おう。関数・グラフや図形の問題は，特に十分な練習が必要である。定理や公式を自在に駆使できるようになったら，融合問題にも積極的に取り組もう。また，計算力の強化も必須である。式の変形をうまく用いて整理しながら，要領よく，正確に処理する訓練を日頃から心がけよう。

▼年度別出題内容分類表……

出題内容			2020年	2021年	2022年	2023年	2024年
数と式	数の性質		○		○	○	○
	数・式の計算		○	○			○
	因数分解			○	○	○	○
	平方根		○	○		○	○
方程式・不等式	一次方程式		○	○	○	○	○
	二次方程式		○	○	○	○	○
	不等式			○			
	方程式・不等式の応用		○		○		
関数	一次関数		○	○	○	○	○
	二乗に比例する関数		○	○	○	○	○
	比例関数						
	関数とグラフ		○	○	○	○	○
	グラフの作成						
図形	平面図形	角度	○				
		合同・相似	○	○	○	○	○
		三平方の定理	○	○	○	○	○
		円の性質	○	○		○	○
	空間図形	合同・相似					○
		三平方の定理	○	○	○	○	○
		切断			○	○	○
	計量	長さ	○	○	○	○	○
		面積	○	○	○	○	○
		体積	○	○	○		○
	証明		○				
	作図						
	動点						
統計	場合の数			○	○		
	確率		○		○	○	○
	統計・標本調査						
融合問題	図形と関数・グラフ		○	○	○	○	○
	図形と確率						
	関数・グラフと確率				○		
	その他						
その他				○			

法政大学第二高等学校

出題傾向の分析と合格への対策

●出題傾向と内容

本年度はリスニング問題1題，長文読解問題2題，語彙の問題・書き換え問題，書き換え問題・語句整序問題・和文英訳の大問5題が出題された。全体的な問題量は多い。

長文読解問題は2題とも長めで，Ⅱ，Ⅲともに説明文であった。いずれの説明文も固有名詞が多く出ており，正しく文意をつかむのは簡単ではない。いずれも内容吟味が中心の，読解力を要求する出題である。

文法の問題は，標準的なレベルである。

和文英訳問題は，基本的な文法事項を問うものだが，難度はやや高いと言える。

✔学習のポイント

英文を短時間ですばやく正確に読み取るためには，普段から前から情報をつかむ練習をするとよい。一度精読した英文を何度か読み速読の力をつけておきたい。

●2025年度の予想と対策

本校の特色は，長文読解問題・文法問題だけではなく，放送問題，英作文問題も出題され，読む，聞く，書くが総合的に問われる点にある。長文対策としては，正確に早く読む練習をし，かなり長めの文章でも苦にせず対応できる姿勢を身につけておきたい。文法問題の対策としては，標準レベルの問題集を用いて，いろいろな形式の設問を解いて慣れておくことである。学習した文法事項や熟語等を用いて，実際に英文を作ってみることも英作文対策としては有効だ。語彙問題も記述式になるケースが多いので，普段からスペリングにも気をつけよう。放送問題に対しては，ラジオ講座やCDなどを利用しよう。

▼年度別出題内容分類表 ……

	出題内容	2020年	2021年	2022年	2023年	2024年
話し方・聞き方	単語の発音			○		
	アクセント					
	くぎり・強勢・抑揚					
	聞き取り・書き取り	○	○	○	○	○
語い	単語・熟語・慣用句	○	○	○	○	○
	同意語・反意語					
	同音異義語					
読解	英文和訳(記述・選択)		○			
	内容吟味	○		○	○	○
	要旨把握					
	語句解釈		○	○	○	
	語句補充・選択	○	○	○	○	○
	段落・文整序	○				
	指示語	○	○	○	○	○
	会話文					
文法・作文	和文英訳	○	○	○	○	○
	語句補充・選択					
	語句整序		○	○	○	○
	正誤問題			○		○
	言い換え・書き換え	○	○	○	○	
	英問英答				○	
	自由・条件英作文					
文法事項	間接疑問文		○	○		○
	進行形			○		
	助動詞	○		○	○	○
	付加疑問文					
	感嘆文					
	不定詞	○	○		○	○
	分詞・動名詞	○			○	○
	比較	○	○	○	○	○
	受動態	○	○			
	現在完了		○	○	○	
	前置詞	○	○	○	○	
	接続詞			○	○	○
	関係代名詞	○	○	○		○

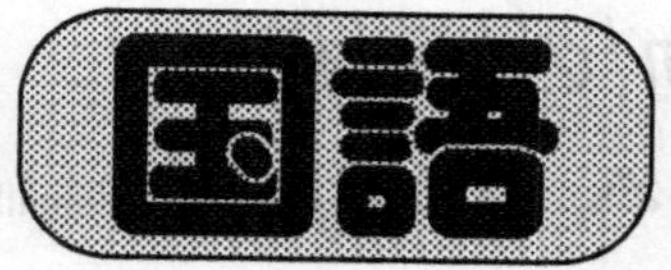

出題傾向の分析と合格への対策

●出題傾向と内容

本年度も国語の知識に関する独立問題が1題，論理的文章と文学的文章の読解問題がそれぞれ1題ずつの計3題の大問構成であった。

知識問題では，本年度も対義語，品詞の識別，漢字の読みが問われた。

論理的文章の読解問題では，論説文が採用され，脱文や脱語補充を通した文脈把握，内容吟味が主に問われている。80字から100字で身近な具体例を挙げて本文の内容をまとめる設問が本年度も出題されている。

文学的文章の読解問題では小説が採用されており，情景や心情をとらえさせる設問が中心となっているが，50～60字で人物像について説明させる記述問題も出題された。

解答形式は記号選択式と記述式が併用されている。

学習のポイント

新書などを利用して高度な内容の文章に触れておこう。小説でも幅広い内容のものにふだんから親しんでおくことが大切だ。

●2025年度の予想と対策

論理的文章の読解問題，文学的文章の読解問題に加えて，国語の知識問題という計3題が予想される。

論説文の読解問題では，接続語や指示語を意識して文脈をとらえ，さらに内容吟味を通して確実に筆者の考えをとらえる練習を重ねよう。

小説の読解問題では，登場人物の行動の理由といった心情や情景の理解が中心となる。

国語の知識問題は，広範囲にわたって出題されるので，ふだんから幅広い学習を心がけ，知識を確実なものにしておきたい。

近年出題は見られないが，古文や漢文，韻文についても基本的な事項は確認しておこう。

▼年度別出題内容分類表 ••••••

出題内容			2020年	2021年	2022年	2023年	2024年
内容の分類	読解	主題・表題			○		○
		大意・要旨	○		○	○	○
		情景・心情	○	○	○	○	○
		内容吟味	○	○	○	○	○
		文脈把握	○	○	○	○	○
		段落・文章構成					
		指示語の問題				○	
		接続語の問題	○	○			○
		脱文・脱語補充	○	○	○	○	○
	漢字・語句	漢字の読み書き			○	○	○
		筆順・画数・部首					
		語句の意味		○		○	○
		同義語・対義語	○	○	○	○	○
		熟語					
		ことわざ・慣用句	○	○			○
	表現	短文作成					
		作文(自由・課題)			○		○
		その他					
	文法	文と文節					
		品詞・用法	○	○	○	○	○
		仮名遣い					
		敬語・その他					
	古文の口語訳						
	表現技法						
	文学史						
問題文の種類	散文	論説文・説明文	○	○	○	○	○
		記録文・報告文					
		小説・物語・伝記	○	○	○	○	○
		随筆・紀行・日記					
	韻文	詩					
		和歌(短歌)					
		俳句・川柳					
	古文						
	漢文・漢詩						

法政大学第二高等学校

2024年度 合否の鍵はこの問題だ!!

数学 Ⅵ

立体を切断したとき，切断した部分を延長して考えることが鉄則である。今回の問題のように，切断した部分を延長すると，錐となり，求めたい部分が錐台となることが多くある。

問1　点Jは線分AD上にあり，AJ：JD＝2：1となる点とする。立方体を3点I，F，Hを通る平面で切ると，切断面は四角形IFHJになる。ここで，線分ACとBDの交点をK，線分EGとFHの交点をLとする。正方形の対角線はそれぞれの中点で交わるから，AK＝BK＝CK＝DK＝EL＝FL＝GL＝HLとなる。また，立方体ABCD－EFGHは平面AEGCについて対称なので，頂点Eから四角形IFHJに下した垂線は四角形AEGC上にある。従って，線分IJの中点をMとすると，頂点Eから四角形IFHJに下した垂線の足は線分ML上にあり，この点をNとする。△ABCにおいて，三平方の定理より，AB：BC：AC＝1：1：$\sqrt{2}$より，AB：AC＝1：$\sqrt{2}$　6：AC＝1：$\sqrt{2}$　AC＝$6\sqrt{2}$(cm)となるから，AK＝$\frac{1}{2}$AC＝$3\sqrt{2}$(cm)である。同様に，BD＝EG＝FH＝$6\sqrt{2}$(cm)，BK＝CK＝DK＝EL＝FL＝GL＝HL＝$3\sqrt{2}$(cm)である。また，△ABDと△AIJにおいて，AB：AI＝AD：AJ＝3：2，∠BAD＝∠IAJより，2組の辺の比とその間の角がそれぞれ等しいので，△ABD∽△AIJ　よって，BD//IJであるから，△ABK∽△AIMとなるので，AK：AM＝AB：AI＝3：2である。直線AEとMLの交点をOとする。AM//ELであることから，△OEL∽△OAMである。相似比はEL：AM＝AK：AM＝3：2となるから，OE：OA＝3：2であるので，OA：AE＝2：1　よって，OA：6＝2：1　OA＝12(cm)であり，OE＝12＋6＝18(cm)となる。△OELにおいて，三平方の定理より，OL＝$\sqrt{18^2+(3\sqrt{2})^2}=3\sqrt{38}$(cm)である。ここで，△OELと△ENLにおいて，∠OEL＝∠ENL＝90°，∠OLE＝∠ELNより，2組の角がそれぞれ等しいので，△OEL∽△ENL　よって，OL：EL＝OE：EN　$3\sqrt{38}$：$3\sqrt{2}$＝18：EN　$\sqrt{19}$：1＝18：EN　EN＝$\frac{18\sqrt{19}}{19}$(cm)であるから，求める長さは$\frac{18\sqrt{19}}{19}$cmとなる。

問2　立方体を切断したとき，頂点Eを含む立体は三角錐E－AIJと四角錐E－IFHJに分けることができる。AI＝AJ＝4(cm)，AB＝6(cm)より，三角錐E－AIJの体積は$\frac{1}{3}\times\frac{1}{2}\times4\times4\times6=16$(cm^3)である。ここで，△AIJにおいて，三平方の定理より，AI：AJ：IJ＝1：1：$\sqrt{2}$であるから，AI：IJ＝1：$\sqrt{2}$　4：IJ＝1：$\sqrt{2}$　IJ＝$4\sqrt{2}$(cm)である。切断面IFHJにおいて，点I，Jから線分FHに下した垂線の足をそれぞれP，Qとする。四角形IFHJは等脚台形であるから，PQ＝IJ＝$4\sqrt{2}$，FP＝HQ＝(FH－PQ)×$\frac{1}{2}$＝$(6\sqrt{2}-4\sqrt{2})\times\frac{1}{2}=\sqrt{2}$(cm)　BI＝$\frac{1}{3}$AB＝2(cm)であるから，△BIFにおいて，三平方の定理より，IF＝$\sqrt{2^2+6^2}=2\sqrt{10}$(cm)であり，△IFPにおいて，三平方の定理より，IP＝$\sqrt{(2\sqrt{10})^2-(\sqrt{2})^2}=\sqrt{38}$(cm)である。よって，四角形IFHJの面積は$\frac{1}{2}\times(4\sqrt{2}+6\sqrt{2})\times\sqrt{38}=10\sqrt{19}$(cm^2)である。したがって，四角錐E－IFHJの体積は$\frac{1}{3}\times10\sqrt{19}\times\frac{18\sqrt{19}}{19}=60$(cm^3)となるので，求める体積はV＝16＋60＝76(cm^3)となる。また，問1の解法を使うと，次のように求めることもできる。三角錐O－EFH∽三角錐O－AIJであり，相似比はOE：OA＝18：12＝3：2であるから，体積比は三角錐O－EFH：三角錐O－AIJ＝3^3：2^3＝27：8となる。求める体積Vは三角錐O－EFHを△AIJで切断したときの錐台であるから，三角錐O－EFH：三角錐O－AIJ：錐台AIJ－EFH＝27：8：(27－8)＝27：8：19　よって，錐台AIJ－EFH＝$\frac{19}{27}$三角錐O－EFHであるから，V＝$\frac{19}{27}\times\frac{1}{3}\times\frac{1}{2}\times6\times6\times18=76$(cm^3)，もしくは，錐台AIJ－EFH＝$\frac{19}{8}$三角錐O－AIJであるから，V＝$\frac{19}{8}\times\frac{1}{3}\times\frac{1}{2}\times4\times4\times12=76$(cm^3)となる。

英語　Ⅱ　8

Ⅱの8の語句整序問題は，本文中の語句を並べかえる問題で，日本語が与えられていない。さらにここで作る英文はやや特殊な文構造であるため，さらに難易度が高くなっているのだが，逆に，ここでの得点によって大きく合格に近づくことができた問題とも言える。ここでは，この問題を詳しく検討して，このような本文中の英文を作る難易度の高い語句整序への対応力を高める一助としたい。

まず，並べかえる文の前後の内容を押さえておこう。この前の部分では，アリスが耳が聞こえなくなったこと，当時は耳が聞こえない人への偏見があり，耳が聞こえない人には教えることができないと信じられていたことが述べられている。これを受けて，「父親のコグスウェル医師はアリスのことが大好きで，…」と続く。耳が聞こえなくなったという不幸な出来事と，娘が大好きな父親ということ，また，与えられている語句に so sad「とても悲しい」とあることから，父親が娘の不幸を悲しんだことに関する内容の文であることが推測できる。

このことを踏まえて，与えられている語句のつながりを考えよう。語句整序問題では主語と動詞を中心に文全体の構造を考ええるのが鉄則だが，それが難しい場合は与えられている語句で作ることができる意味のまとまりを考えることが重要だ。例えば，could という助動詞があるので動詞の原形を探すと，communicate しかないので，could communicate とつながるのは間違いない。また，with と his daughter があるので，could communicate with his daughter で「彼の娘とコミュニケーションをとることができる」というまとまりができる。さらに，made と so sad に着目すれば，made ～ so sad「～をとても悲しませた」というつながりが考えられ，made の目的語として適切な him(＝アリスの父親)を入れれば，made him so sad「彼をとても悲しませた」というまとまりができる。

しかし，この問題の難しいところはここからである。文の動詞が made とすれば，主語をどうするか，ということを次に考えなければならない。残っているのは no longer だけで，これは主語として使えない。となると，直前の that について考えるしかないのだが，厄介なのはこの that である。that には，「あれ，それ」の意味の代名詞，「あの」の意味の形容詞，「～ということ」の意味の接続詞，そして主格，目的格の関係代名詞がある。このうち，直前に名詞がないことから，関係代名詞は除外できる。また，代名詞ならば that が主語となり，「それ[そのこと]は～」という形が考えられるが，that が「娘の耳が聞こえなくなったこと」を指すと考えて that made him so sad「そのことは彼をとても悲しませた」としても，could communicate ～ をつなげることができない。形容詞の that も，直後に来るべき名詞がないので使えない。つまり，この that は接続詞の that ということになり，ここまで作った意味のまとまりを元に日本語で考えると，「彼が娘とコミュニケーションをとることができないということは，彼をとても悲しませた」と意味も通り，この前の内容ともつながる意味の文になる。すなわち，that 以下を主語として，that he could communicate with his daughter made him so sad という，that ～ his daughter までが主語になる英文を作る。残った no longer「もはや～ない」は，助動詞の後に置くのが基本なので，could の後に置くが，この位置もかなり英文に慣れていないと難しいところだ。

1つ加えておくと，このように主語が長い文は，〈It is ～ to ＋動詞の原形〉の場合と同様に，形式的な主語 it を使って表すのが普通であり，この英文も It made him so sad that he could no longer communicate with his daughter とするのが望ましい。この英文自体がやや基本的な形から離れたものであることで，難易度が高い問題となっているのだ。

ここで見たように，文全体の構造がつかみにくいときは，与えられている語句のつながりを先に考える手があるが，それを可能にするためには，それぞれの文法事項の基礎をしっかり理解することであることは言うまでもない。

国語　三　問九

★ 合否を分けるポイント

まず，設問で問われている内容を確認し，どのような形で答えるべきかを想定することがポイントとなる。「俊介は研究課長を～な人物であるととらえ，～を抱いたから。」などの形を想定しよう。人物像をとらえるためにはその人物の会話や行動に注目することが基本だが，本問では俊介の心情の理由ともなっているので，研究課長(農学者)に対する俊介の言葉に注目したい。

★ こう答えると「合格できない」！

研究課長(農学者)の「彼に恐慌の壮大なイメージと暗示をはじめにあたえてくれた」や「すべての人間に軽蔑され，疎外された彼を理解して惜しまず資料を提供してくれた」などの具体的な言動を入れようとすると指定字数におさまらず，「合格」できない。読み取った人物像を，「純真」や「素朴」などの象徴的な言葉を用いてまとめ直すことを意識しよう。

★ これで「合格」！

俊介は研究課長(農学者)に対して，最初「素朴さに悪意にちかい感情を抱いた」が，かえって男の純真さに気づいたとある。また，予想通りにネズミの害が起こった後も，「疎外された彼を理解して惜しまず資料を提供してくれ」た研究課長(農学者)の様子は，不安と嫉妬から俊介への対応を変える同僚や自らの保身に走ろうとする「課長」の姿勢とは対照的なものであった。この内容を踏まえて，研究課長(農学者)の人物像をとらえよう。二人が話している場面の「彼は相手の言葉に好意を感じたし，自分をするどく追いつめたその思考の速度に敬意を抱きもした」などの描写をもとに，「俊介は研究課長を思考が速いだけでなく，被害を防ごうと真摯に対応する素朴で純真な人物であるととらえ，敬意を抱いたから。」などとまとめよう。読み返してみて不自然なつながりがなければ，「合格」だ！さらに，俊介が「研究課長」という呼び名を「農学者」に変えていることにも注目しよう。「研究課長」は組織内の呼び名であるが，「農学者」は一個人の属性である。この呼び方が文末の「ネズミ騒ぎが終ってから，一度ゆっくり話しあおうと彼は思った」につながっていることにも気づくことで，読みを深めたい。

大切なことはメモしておこうネ！

2024年度

★★★★★★★★★★★★★★★★★★★★★★★★

入　試　問　題

2024年度

法政大学第二高等学校入試問題

【数　学】（50分）　＜満点：100点＞

【注意】 1．定規，コンパス，ものさしおよび分度器は使わないこと。

2．電卓・時計・携帯電話等についている計算機能は使わないこと。

3．必要ならば，円周率はπを用いること。

4．図は正確でない場合がある。

5．**答は分母に根号を含まない形で答えること。**

Ⅰ　次の各問に答えなさい。

問1．x^4-y^4を因数分解しなさい。

問2．連立方程式 $\begin{cases} 0.1(0.1x+5)=\dfrac{1}{100}y \\ x+y=20 \end{cases}$ を解きなさい。

問3．２次方程式$0.01x^2+1.6x+64=0$を解きなさい。

問4．$(5+\sqrt{3}+\sqrt{5})(5+\sqrt{3}-\sqrt{5})$ を展開しなさい。

Ⅱ　次の各問に答えなさい。

問1．放物線$y=\dfrac{1}{2}x^2$と直線$y=3x+1$が２点A，Bで交わっている。２点A，Bのx座標をそれぞれa，bとするとき，abの値を求めなさい。

問2．$x=1-\sqrt{2}$のとき，x^3-2x^2の値を求めなさい。

問3．2^nを19で割ったときの余りが９となる最小の自然数nを求めなさい。

問4．１辺の長さが２cmの正三角形ABCが直線ℓ上をすべることなく１回転するとき，この三角形が通った部分の面積Sを求めなさい。

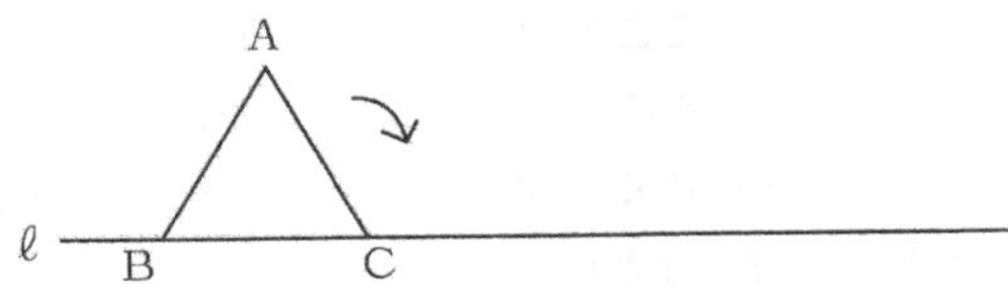

Ⅲ　図のように，１マスに１つずつ整数が書かれたすごろくがあり，はじめ０のマスに駒がある。１つのサイコロを振って出た目の数だけ駒を進める。ただし，奇数の目が出たときは正の方向，偶数の目が出たときは負の方向に進む。次の各問に答えなさい。

・・・	−5	−4	−3	−2	−1	0	1	2	3	4	5	・・・

問1．サイコロを２回振って，駒がちょうど−１のマスに止まる確率を求めなさい。

問2．サイコロを３回振って，駒がちょうど−１のマスに止まる確率を求めなさい。

問3．さらに「同じ目が連続して出た場合は駒を動かさない」というルールを追加する。サイコロを３回振って，駒がちょうど－１のマスに止まる確率を求めなさい。

Ⅳ　放物線C：$y=x^2$と直線ℓ：$y=ax+1$がある。ただし，$a>0$とする。ℓとx軸，y軸の交点をそれぞれ点P，Qとし，Cとℓの交点のうち，x座標の大きい方の点をR，もう一方の点をSとする。PQ＝QRのとき，次の各問に答えなさい。

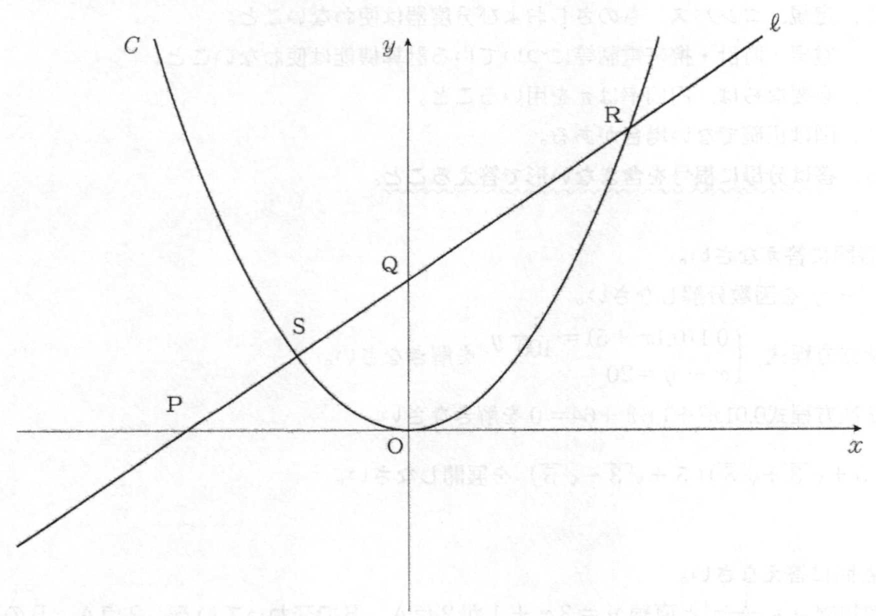

問１．点Rのy座標を求めなさい。

問２．aの値を求めなさい。

問３．RSの長さを求めなさい。

Ⅴ　図において，△ABCはAB＝４㎝，∠ABC＝30°であり，円Oに内接し，辺BCは直径である。また，点Pは点Aを含まない$\overset{\frown}{\mathrm{BC}}$上を動く点である。点Aを通って直線APに垂直な直線と，直線PCとの交点をQとする。次の各問に答えなさい。

問１．△ABPの面積が最大になるときの△ABPの面積Sを求めなさい。

問２．点Pが点Cと重なるとき，直線PCは点Cにおける円Oの接線とみなせる。このときのQCの長さを求めなさい。

問３．点Pが，点Bから点Cまで動くとき，点Qが通ってできる曲線の長さℓを求めなさい。

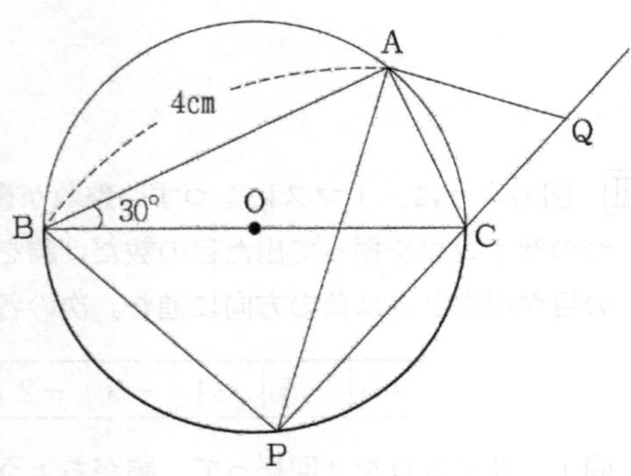

VI 図のように，１辺が６㎝の立方体ABCD－EFGHがある。点Ｉは辺AB上にあり，AI：IB＝２：１である。次の各問に答えなさい。

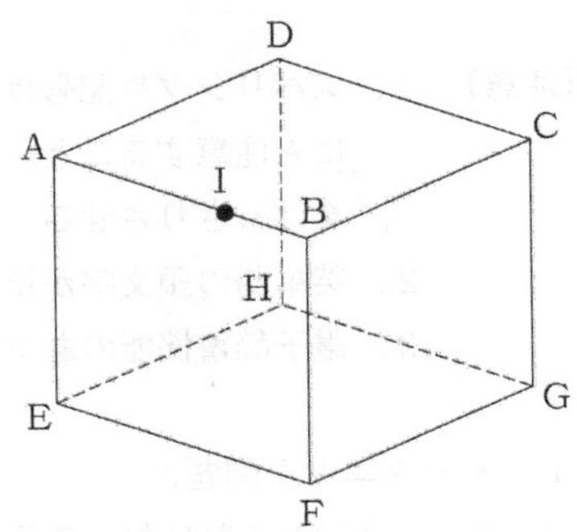

問１．立方体を３点Ｉ，Ｆ，Ｈを通る平面で切ったとき，頂点Ｅからその平面に垂線をおろす。このとき，その垂線の長さを求めなさい。

問２．立方体を３点Ｉ，Ｆ，Ｈを通る平面で２つの立体に分けたとき，頂点Ｅを含む立体の体積 V を求めなさい。また，途中式も含めてその考え方を書きなさい。

【英　語】（50分）＜満点：100点＞　※リスニングテストの音声は弊社HPにアクセスの上，
音声データをダウンロードしてご利用ください。

【注意】　1．スペリングや記号はまぎらわしい書き方をしないこと。書き方のくせ，大文字と小文字にも注意すること。とくに筆記体の *e* と *l*，*b* と *f*，*u* と *v*，*y* と *g*，*a* と *o* などの区別をはっきりさせること。
2．英単語の頭文字が指定されている場合，必ずその文字から書き始めること。
3．電子辞書機能のある機器は使用しないこと。

Ⅰ　＜リスニング問題＞

(A)　男女の会話とそれに対する質問がそれぞれ１回読まれます。その質問の答えとして最も適切なものを次の中からそれぞれ１つ選び，記号で答えなさい。

1．
あ）Guitar.　い）Violin.　う）Piano.　え）Drums.

2．
あ）She orders the same thing every time.
い）She checks online reviews.
う）She decides based on the price.
え）She always orders the chefs special.

3．この問題は下の表を参考にして答えなさい。

Weight	～200km	201～400km	401～600km		International
Up to 1kg	￥　500	￥　700	￥1,100		￥2,500
1kg～3kg	￥　800	￥1,100	￥1,500		￥3,200
3kg～5kg	￥1,100	￥1,500	￥3,200		￥4,000

あ）¥1,100.　い）¥1,500.　う）¥3,200.　え）¥4,000.

(B)　短い英文とそれに対する質問がそれぞれ１回読まれます。その質問の答えとして最も適切なものを次の中からそれぞれ１つ選び，記号で答えなさい。

4．
あ）$10.　い）$40.　う）$60.　え）$70.

5．
あ）Station A.　い）Station B.　う）15 minutes.　え）20 minutes.

(C)　これから読まれる英文を聞いて，下線部を埋めなさい。英文はそれぞれ３回読まれます。
（解答欄には下線部分のみ書きなさい。）

6．＿＿＿＿＿＿＿＿: your wallet, your keys, and your phone.

7．＿＿＿＿＿＿＿＿＿＿＿＿＿＿＿＿＿＿＿＿＿＿＿＿＿＿＿＿.

Ⅱ 次の英文を読んで，設問に答えなさい。（*印の語には注釈がつけてあります。）

Alice Cogswell was born on August 21st, 1805 in *Connecticut. Her father, Dr. Mason Cogswell, was a famous doctor in Connecticut. He performed the first medical treatment to remove *cataracts from eyes. At the age of two, Alice came down with "*spotted fever", now thought to be *measles, and became deaf — lost all of her hearing — and later lost her speech as well. In those days, it was commonly thought that because deaf people couldn't speak, they could not think or reason either. Some people even believed that a person became deaf because they did something really bad in the past, or that the deaf person had very bad spirit. It was also widely believed that the deaf could not be taught. Dr. Cogswell was very fond of Alice, and that ①[あ. with / い. could / う. his daughter / え. made / お. communicate / か. so sad / き. him / く. he / け. no longer]. She lived the early part of her life in silence. She only observed others from far away. Her brothers and sisters didn't try to communicate with her, because they thought her no longer capable.

When Alice was nine, her new next-door neighbor, Thomas Hopkins Gallaudet, noticed that she wasn't playing with the other children, but sat by herself outside and watched them play. He went out to discover why, and the other children told him that Alice was deaf. Since he did not know sign language, Thomas tried to communicate with Alice by pointing to his hat and (②) H-A-T in the dirt. She understood him. Gallaudet was amazed by how smart Alice was and he immediately began to teach Alice to read and write. Gallaudet decided to spend some time with her to cheer her up anyway, and they spent a while drawing pictures in the dust. When Dr. Cogswell came home from work that day, Alice showed him how she could write in the sand with her new friend Thomas. Dr. Cogswell was so impressed that he asked Gallaudet to help his daughter. Alice broke down many of the *stereotypes about deaf people. ③It was slow going, because Gallaudet didn't know how to teach a deaf student. Sometimes the way he taught went well, sometimes not very well, and sometimes it didn't (④) at all. After a few years, Alice's father spoke with Gallaudet about founding a school for the deaf in America. Dr. Cogswell and several other rich and important men in town realized that there were over forty children in their state that were deaf, and guessed that in other states there were also a large number of deaf children who would gain an advantage from a deaf school. ⑤They suggested that Gallaudet should travel to Europe, because there were a lot of deaf schools there, and learned about teaching deaf students. He could then come back and found a school for the deaf that would be highly successful. Dr. Cogswell told him about the hand alphabet used in Europe, and that attracted Thomas's interest.

Thomas agreed and left the United States for England to learn the *method of teaching the deaf created by Thomas Braidwood. The Braidwood family educated the deaf in lip reading and speaking. (⑥) He wanted to learn more about the hand alphabet. (⑦) Abbe Siccard taught a French Signed Language to deaf pupils at the National Institute for Deaf Children of Paris. This school was founded by Abbe de L'Eppe. (⑧) Abbe Siccard also had his two best teachers with him named Jean Massieu and Laurent Clerc. Gallaudet was so interested in Siccard's teachings that he approached him with the idea of founding a school for the deaf in America. Abbe Siccard invited Thomas back to France to attend his school and learn as much as he could to take back to America.

After a few months, Thomas realized ⑨this was very hard work and that he could not do it alone. Thomas invited the deaf instructor Laurent Clerc to Connecticut to help him teach Alice. Clerc agreed and they set sail to America. On the ship, Clerc taught Gallaudet sign language and Gallaudet taught Clerc how to read and write English.

While Gallaudet was away in Europe, Alice learned to read and write enough to attend a regular hearing school with her sister, although this situation wasn't ideal. When they returned, Alice was very excited to see her teacher Thomas and his new friend Laurent Clerc. Laurent immediately began working with Alice and (⑩) her a sign name. When the Connecticut Asylum for the Education and Instruction of Deaf and Dumb Persons, later renamed the American School for the Deaf, was founded by Thomas Gallaudet and Laurent Clerc, Alice was the first pupil to sign up. It's believed that she was the first person in America to ever be taught the finger-spelled alphabet. Alice loved attending the school. She graduated in 1824, and then spent the next few years traveling around the country.

Alice was a very active girl. She loved to read, sew, dance, and especially loved it when her parents held parties. Many people remember how she would often copy others so perfectly that she would set everyone laughing for hours. Alice was especially curious about music, and spent a long time trying to understand it as best she could. The year she turned 25, Dr. Cogswell died. Alice was very upset. She died 13 days later, many say of a broken heart. Alice was 25 years old at the time of her death. Alice was greatly responsible for the birth of deaf culture in the United States. She broke down a lot of stereotypes and allowed hearing people to realize just how smart deaf people are. Several statues have been put up in her honor, one on the Gallaudet University campus, one on the American School campus, and one in Hartford, Connecticut.

（注） Connecticut　コネチカット州（アメリカの州の１つ）　cataract　白内障　spotted fever　紅斑熱
measles　はしか　stereotype　固定概念　method　方法

８．下線部①の語（句）を意味の通るように並べ替えたとき，３番目と７番目にくる語（句）を記号で答えなさい。

9．空所②，④，⑩にはそれぞれ異なる英語1語が入る。文脈に合うよう，最も適切な語を入れなさい。

10. 下線部③の It が表しているものを次の中から1つ選び，記号で答えなさい。

あ）Asking Gallaudet to help Alice
い）Teaching Alice to read and write
う）Impressing Dr. Cogswell
え）Spending some time with Alice
お）Writing in the sand

11. 下線部⑤には文法・語法的に明らかな誤りが1語ある。その1語を抜き出し，正しい形（英語1語）を答えなさい。

12. 空所⑥，⑦，⑧に入る最も適切な文を次の中からそれぞれ1つ選び，記号で答えなさい。

あ）While in London, Thomas attended a class given by Abbe Siccard.
い）Thomas Gallaudet was excited to see the deaf children speak smoothly.
う）He was also known as "The Father of the Deaf."
え）Thomas Gallaudet, however, did not think that speaking was natural for the deaf.
お）Abbe Siccard was thought to be the leading teacher in the United States.

13. 下線部⑨の this は何を表しているか。次の空所に入る英語1語をそれぞれ答えなさい。

(　　　) learn everything in (　　　)

14. 本文の内容と一致するものを次の中から2つ選び，記号で答えなさい。

あ）Alice's father wanted to support Mr. Gallaudet to found a school for deaf people in New York.
い）Alice's brothers and sisters thought she didn't have ability needed to play with them anymore.
う）The first person to let Mr. Gallaudet know about the English sign language was Mr. Siccard.
え）Clerc learned how to teach the deaf from Gallaudet on the ship.
お）Thanks to Alice, hearing people came to know and understand the deaf were intelligent.
か）When Alice lost her hearing, she applied for the school Thomas and Clerc founded.
き）Alice impressed her father, Dr. Cogswell, by drawing a hat in the sand with Thomas.

Ⅲ　次の英文を読んで，設問に答えなさい。（*印の語には注釈がつけてあります。）

①[あ．a history ／ い．people ／ う．Quail Island ／ え．has ／ お．got ／ か．about ／ き．sick ／ く．who] with a disease called *leprosy.

Quail Island is located near New Zealand's South Island, near the city of Christchurch. *The Māori people were the first people to go to Quail Island. They collected bird's eggs and other foods from the island. In 1851, white New

Zealanders started raising sheep on the flat land. The native *quails that gave the island their name, (A), were soon *wiped out by farming. In 1875, the island became a place of *isolation, when a health checkpoint for newcomers and animals from all the British *colonies of the Pacific was established there. It played an important role in keeping diseases like *diphtheria and *Spanish flu from spreading across the country.

On the morning of July, 1903, the *Wellington City Council was *alerted to a possible case of leprosy in Wellington City. James Doyle, the council's chief *sanitary inspector, set out to check. He met one of the staff members at a fruit shop. His face was covered with *patches. In addition, his arms and legs were an unusual shape. Doyle was used to false alarms, but thought that this case was real. The fruit shop staff was sent to Quail Island in 1906 and it became the home of the only leprosy colony in New Zealand. It had several more patients after that. People complained about leprosy patients a lot because of the differences in how they looked. ②<u>The fear of leprosy was greater than the actual risk of the disease itself.</u>

In the colony, the patients lived a (B) life. They were cut off from their families, lost their jobs and hobbies, and were not able to travel. The conditions on the island were terrible; they had little to eat, and nights were very cold. As leprosy patients were thought never to get better, they were held on the island until the end of their life. Some doctors, like Dr. Charles Upham, tried to help by documenting the disease's painful process and making treatment attempts, but these attempts were mostly useless. In spite of this situation, the patients made new relationships on Quail Island to replace ③<u>the ones they left behind.</u> They became friends and learned how to talk about their feelings, when they were sad, happy or bored.

In 1924, farmers with stock on the island objected to the colony. It was because Quail Island was used for two different things that didn't go together. It was a place for people with leprosy but also a place for animals to stay for a health check. This problem came up at a meeting of the council. *The Ministry of Agriculture and Forestry and *the Ministry of Health talked a lot about it. The government could not make a good colony on Quail Island because there were not many people with leprosy in New Zealand. They didn't want to spend a lot of money on staff and buildings for just a few patients. This lack of patients made them less interested in helping leprosy patients. People with leprosy were often treated badly and were not given the care they needed.

A month later, Fiji told New Zealand that leprosy sufferers from Britain's Western Pacific colonies were going to be concentrated at a leprosy station on Makogai, one of the Fiji's islands. Western Samoa already sent its leprosy sufferers there.

There were government buildings and hospitals there. In 1925, New Zealand sent its remaining leprosy sufferers to Makogai to have better medical care. On their arrival, the eight patients and some medical staff from New Zealand were impressed by Makogai's facilities. They were better than ④<u>those</u> of Quail Island.

Makogai Island was quite different from Quail Island. The patients were thought to be the new staff, not the patients. All patients on the island were expected to grow their own food. They also did *craft work, fished, and took care of cattle. Five of the eight men never returned to New Zealand and decided to stay at Makogai.

Quail Island has a sad history that people want to forget. Leprosy may one day be a disease that people used to have a long time ago, but we should remember it as something that caused unfair treatment and *discrimination. The stories of both islands are worth remembering. We can learn a lot from this history.

（注） leprosy ハンセン病　The Māori people マオリ族（ニュージーランドの民族の１つ）
quail ウズラ（鳥の一種）　wipe out ～を全滅する　isolation 隔離　colony 植民地
diphtheria ジフテリア　Spanish flu スペイン風邪
Wellington City Council ウェリントン市議会(ウェリントン市はニュージーランド北島に位置する都市)
alert 警報を出す　sanitary inspector 衛生検査官　patches 斑点
the Ministry of Agriculture and Forestry 農林省　the Ministry of Health 保健省
craft work 工芸品　discrimination 差別

15. 下線部①の語（句）を意味の通るように並べ替えたとき，３番目と６番目にくる語（句）を記号で答えなさい。なお，文頭の語も小文字で示してある。

16. 空所ＡとＢに入る語の組み合わせとして最も適切なものを次の中から１つ選び，記号で選びなさい。

あ）Ａ：fortunately　Ｂ：happy　い）Ａ：unfortunately　Ｂ：happy
う）Ａ：unfortunately　Ｂ：tough　え）Ａ：fortunately　Ｂ：tough

17. クエイル島に関する内容としてあてはまらないものを次の中から１つ選び，記号で答えなさい。

あ）1875年，英国植民地下で難病の治療を目的としてクエイル島は運用された。
い）クエイル島の名前の由来はかつて生息していた鳥からきている。
う）クエイル島への最初の入植者はマオリ族であった。
え）クエイル島で羊が飼育され始めたのは1875年以前のことである。

18. 下線部②の理由として正しいものを次の中から１つ選び，記号で答えなさい。

あ）その患者が異なる外見であったから。
い）その患者の果物を買うことができなくなるから。
う）その患者が衛生検査官から間違った警告を受けるから。
え）ニュージーランドがイギリスの政治的支配下に置かれていたから。

19. 下線部③の意味として最も適切なものを次の中から１つ選び，記号で答えなさい。

あ）ハンセン病患者同士の新たな人間関係

い）ハンセン病患者とその治療に従事する医師との人間関係
う）ハンセン病患者が切り離された家族や仲間との関係
え）ハンセン病患者の実生活と残存する記録との事実関係

20. 下線部④の those は何を指しているか。本文中より英語1語で答えなさい。

21. 本文の内容と一致するものを，次の中から2つ選び，記号で答えなさい。

あ）White New Zealanders lived on Quail Island before the Māori did.
い）The first leprosy patient was brought to Quail Island in 1906.
う）James Doyle asked Dr. Charles Upham to take care of the patients.
え）The Ministry of Agriculture and Forestry and the Ministry of Health discussed how to use Quail Island.
お）The lives of leprosy patients in Fiji and Western Samoa were the same.
か）Eight patients returned to New Zealand from Fiji.
き）Discrimination against leprosy sufferers will be forgotten, because we now have fair treatment of leprosy patients.

Ⅳ　指示に従って以下の設問に答えなさい。

22. 次の各組の（　）に入る同じつづりの英語1語を答えなさい。

a）Everyone should have the（　）to freedom of speech.
Turn（　）at the next corner.

b）Laura took care of me.　She is a very（　）girl.
A minuet is a（　）of music for dancing.

23. それぞれの英文の意味が通じるように（　）に入る英語1語を答えなさい。ただし，頭文字が指定されているのでそれに従うこと。

a）His speech was wonderful so the audience gave him a big（h　　）.
b）I sent you a package yesterday.　Did you（r　　）it?
c）You look so tired.　You need to take a（r　　）.

24. 次の各組の2つの英文がほぼ同じ意味になるように，（　）に入る最も適切な英語1語を答えなさい。

a）Do you know the way to San Jose?
Do you know（　）（　）go to San Jose?

b）Helen said to the boys, "I don't want to go with you."
Helen（　　）the boys that she（　　）want to go with（　　）.

Ⅴ　指示に従って以下の設問に答えなさい。

25. 次の各組の英文がほぼ同じ意味になるように，（　）内に入る最も適切な単語（英語1語）と下線部に入る最も適切な語句（英語2語以上）を答えなさい。

a）Peter's last symphony wasn't finished when he died.
Peter（　）without（　）his last symphony.

b）Anna is the tallest girl in this school.
______________ girl in this school is as tall as Anna.

c）I can't buy that car because I don't have enough money.
If I (　　) enough money, I ______________________ that car.

26. 与えられた [　] 内の語または語句を並べかえて意味の通る英文を完成させ，３番目と５番目に来る語または語句の記号を答えなさい。なお，文頭に来る語（句）も小文字で示されています。

a）[あ. on い. us う. draw え. the teacher お. the blackboard か. let き. a picture].

b）[あ. Japan い. go to う. next え. you お. want か. to き. I] month.

27. 以下の日本語の意味を表す英文を答えなさい。ただし（　）の指示に従うこと。

a）君と一緒にそこに行けたらいいのになあ。(could を用いて)

b）その少女に何歳なのか尋ねなさい。(old を用いて)

下書き用（必要に応じて使用すること）

問五　傍線部③「いらだちと混乱の表情」とは、どのような感情から生じたものか。その説明として最も適切なものを次から選び、記号で答えよ。

ア、この鼠害が一体どれだけの大きな被害を引き起こすことになるのだろうかという強い懸念。

イ、部下である俊介の予想が的中してしまいそうなことに対して上司として感じる焦りと困惑。

ウ、俊介の提案を受け入れておけば良かったという後悔と部下の評価が上がることによる焦り。

エ、鼠害の予兆に対策をきちんと講じなかった責任を自分が負わされるかもしれないとの不安。

問六　傍線部④「俊介は用心ぶかくかまえた」との表現からは俊介の課長への強い不信感がうかがえる。一方で、課長が俊介に対して抱いている不信感がうかがえる表現を二十字以上二十五字以内で探し、そのはじめと終わりの五字を答えよ。ただし、句読点・記号等も字数に含むものとする。

問七　傍線部⑤「いつもはどっちつかずの薄笑いで相手を無視してしまう俊介」とあるが、「いつもの俊介」の説明として最も適切なものを次から選び、記号で答えよ。

ア、他人は自分勝手に物事を見ているのを知っている俊介は、相手に合わせる素振りを見せながらも一歩引いた所で冷静に分析している。

イ、自分以上の実力がある人物がいないと認識している俊介は、相手がなるべく傷つかないよう当たり障りのない行動をとろうとしている。

ウ、何をしても上手くいくはずはないだろうと考えている俊介は、相手に期待せず周囲から離れて一人きりで全部受け持とうとしている。

エ、同僚や上司がいかに幼いか分かっている俊介は、絶望のあまりに相手に薄笑いを返すことでしか対応することが出来なくなっている。

問八　傍線部⑥「倦怠から逃げたくて買って出たこと」とあるが、俊介が感じている「倦怠」とはどこから生じるものだと考えられるか。その考えられる答えとして適切でないものを次から一つ選び、記号で答えよ。

ア、決まった通りに普段の仕事をこなし、信頼のできない同僚たちとともに日々の憂さ晴らしをするだけで毎日が過ぎるような生活。

イ、社会の中の理不尽なあり方に疑問を持ちつつも、自分一人ではその変革が出来ず常にもがき続けることで疲弊してしまう世の中。

ウ、大きな自然の営みから分断される中で、人間によって作り出された無感動な社会の中に押し込められていなければならない一生。

エ、自分の能力がただ決まり切った仕事に利用されることでのみ消費され、自分自身でも自分の可能性を試すことができないあり方。

問九　傍線部⑦「ひょっとしてこの男なら愛せるかもしれない」とあるが、俊介は研究課長（農学者）をどのような人物であるととらえ、なぜそのように感じたのか。五十字以上六十字以内で説明せよ。ただし、句読点・記号等も字数に含むものとする。

「どうしてほんとうのことをいってもらえなかったのかな」

農学者はあきらめたように顔をあげ、おだやかに微笑して不平をつぶやいた。

「ぼくだって君が純粋に社会的良心からやってるんじゃなかろうってことぐらいは認めるよ。たいくつしのぎもある。出世欲もあるだろう。しかし……」

農学者はそこで言葉をきると嘆息した。

「やっぱりぼくにはわからないね。君は無抵抗なのかと思えばそうでもない。積極派かと思えばチャッカリ計算もしている。その点ぼくにはどうも正体がハッキリしないんだな。ぬらりくらりしているくせに非常に清潔なところもあるらしいし、さっぱり本音がつかめないよ」

農学者は投げだしたようにそういうと、苦笑をうかべながら、グラスをさしだした。俊介は自分のグラスをそれに軽くあて、ウイスキーを舌でころがしながら、なんとなく、

（⑦ひょっとしてこの男なら愛せるかもしれない）

ネズミ騒ぎが終ってから、一度ゆっくり話しあおうと彼は思った。

（開高健「パニック」より）

問一　傍線部①「この男は純真だ」と俊介が感じたのはなぜか。その説明として最も適切なものを次から選び、記号で答えよ。

ア、研究課長は、「鼠害を防ぐため俊介本人が直接上申書を出しても上手くいくはずがなかった」とするような発言に驚き、自分の浅い認識を恥ずかしく感じているから。

イ、研究課長は、「鼠害を防ぐための上申書の提出により上司との関係が悪化した」という俊介の静かな抗議を前にし、自分自身のうかつさを感じ取り動揺しているから。

ウ、研究課長は、自分が「俊介を利用して鼠害を防ぐ上申書を出させた」ということを俊介に指摘され、そのことに冷静さを装いつつも子どものように困惑しているから。

エ、研究課長は、「こうした形での上申書の提出では鼠害を防ぐどころか、窮地に陥ることもわかっていたのだ」と責める俊介に、驚きを隠せず、心が揺らいでいるから。

問二　空欄《Ⅰ・Ⅱ》に入る最も適切な語をそれぞれ次から選び、記号で答えよ。

Ⅰ　ア、誠実　イ、隠君子　ウ、酔狂　エ、分不相応

Ⅱ　ア、急がば回れ　イ、論より証拠　ウ、棚からぼたもち　エ、沈黙は金なり

問三　空欄【X】に入る表現として最も適切なものを次から選び、記号で答えよ。

ア、鼠害が発生するのではないか

イ、本当は優秀なのでは

ウ、だしぬかれはしないか

エ、自分の考えは間違っていたのではないか

問四　傍線部②「友情」とは、どのような意識が反映した「友情」であるか。その説明として最も適切なものを次から選び、記号で答えよ。

ア、互いにいつも支え合おうとする意識。

イ、互いに想定の枠からはみ出ない意識。

ウ、互いに絶対に裏切ろうとしない意識。

エ、互いに上司の理不尽を嘆き合う意識。

研究課長が横道にそれてにわかに学者的な興味を抱いたらしいので俊介はハイボールに逃げることにした。これは聞きかじりの推計学用語を勝手に拝借したにすぎないのだ。彼はボーイをつかまえて番茶のように薄いハイボールの文句をいった。どうやら研究課長はその間に新語を詮索（せんさく）することを思いとまったらしかったが、そのかわり俊介は厄介な質問に立ちむかわねばならないこととなった。農学者は三杯めのハイボールにおぼれかかりながらも手をのばして彼の急所にふれたのである。

「ミニ・マックス、うまい言葉だな。最小のエネルギーで最大の効果を、か。《 Ⅱ 》の新解釈だね」

農学者はそこで一息つくと腰をすえて食いさがって来た。

「しかし、君。君はどうやら方針をまちがったらしいね。なぜなら、ミニ・マックス戦術というのなら、どうしてネズミがわいても知らん顔をしていなかったのだ。今度の災厄は君がどうジタバタしたってかないっこないんだよ。最大のエネルギーを使って最大の損失になるんだ。これほどむだなことはない。おまけに、上層の奴らはこの事件に手を焼いて責任を全部君にかぶせてくるかもしれないんだ。そこを、君、どう計算しているの?」

「たいくつしのぎですよ」

「……?」

俊介の答えに農学者はあっけにとられたらしくポカンと口をあけた。厚い眼鏡の奥でまじまじと眼を瞠（みは）っている相手の様子に俊介は後悔した。彼は相手の言葉に好意を感じたし、自分をするどく追いつめたその思考の速度に敬意を抱きもしたので、こんなはぐらし方をすることはいかにもやましい気がした。彼はいそいで言葉をつけたした。

「たいくつしのぎなんです。もちろんぼくは役人ですから自分の地位を高めるためなら他人をだしぬいてでも点数稼ぎをやりたいと思います。ミニ・マックス戦術ということも考えます。しかし、今度のネズミ騒ぎは、それよりなにより⑥倦怠から逃げたくて買って出たことなんです。良心からとは思えないんですよ。それに、おっしゃるとおりこの災厄はぼく一人の手ではどうにもならぬことくらい、誰にもハッキリわかっていることなんですから、たとえ失敗したって、とくにぼくの地位がどうのこうのということはないと思うんですよ」

農学者は彼の話に耳を傾け、慎重にひとつひとつの言葉を考えているようだった。その様子を見て俊介は上申書の件以来この男をただ世間知らずの学究肌の人間としてしか考えなかった自分の浅さを悔いたいような気持になった。おそらく彼のあやふやな説明で相手は納得しないだろう。次に切りこまれたらどう受けようかと彼は逃げ道をあれこれ考えた。はじめから彼は恐慌を力の象徴と考えて来たのだ。災厄は偶発事件ではない。この島国の風土を無視した生命の氾濫現象は一二〇年前から着々と地下に準備され、起るべくして起ったものである。はじめて農学者からササの実とネズミの関係を知らされたとき、彼はそのイメージの正確さに感動し、緊張した。その後山歩きのたびに彼は数式の因数がつぎつぎと出現して項がピタリピタリと満たされてゆく快感をつぶさに味わったのだ。連日連夜、東奔西走してネズミの大群と格闘する。その欲望を支えているものがじつは戦争ごっこのスリル、一種の知的遊戯に近いものであるといったらこの男は満足するだろうか。それよりも、むだと知りながらも組織を通じて怪物と闘って自分の力をじかに味わいたいのだという方が親切だろうか。

地の林と畑に毒薬をまこうとしていることや、ネズミを捕えた者に賞金を渡す計画なども考えていることをこまかに述べた。

「どの程度利くかわかりませんが、とにかくもう大衆動員しなければ追っつけない状態なんです。なにしろ向うは殺しても殺しても人海戦術でやって来るんですからね」

研究課長は彼の話を聞きながらいちいちうなずいていたが、話がおわると、暫く考えてから、

「へんな話だが、ぼくは君を見そこなっていたよ」

と少してれくさげな表情でつぶやいた。

「どうしてですか？」

俊介がたずねると研究課長はグラスをおいて微笑した。

「つまり、ぼくは、去年の上申書の件以来、君がネズミのことをすっかり投げたと思っていたんだよ。だってあのとき、君は全然抵抗しなかったからね。ぼくは君があきらめたものと思っていた。春になって、いざ予想どおりにネズミがわけば君はそれ見たことかとせせらわらうつもりじゃなかったのか。ぼくはそう感じていたんだ。いやな奴だな、と」

俊介はウォッカを一口すすってから手の内を公開することにした。この男は衰弱した同僚のように彼の無抵抗を非難しているのではない。それに、彼に恐慌の壮大なイメージと暗示をはじめにあたえてくれたのはこの男だし、その後すべての人間に軽蔑され、疎外された彼を理解して惜しまず資料を提供してくれたのもこの男だ。一度は彼を利用して自説を通そうとして失敗したが、それはこの男が役所内の村政治、面子(メンツ)の体系を無視したからにすぎない。

「はじめからぼくは投げていませんよ。あの上申書はむだと知りながら、後日のために提出したんです」

彼はウォッカのグラスをおけるとボーイにハイボールを註文(ちゅうもん)しながら研究課長に説明した。

「あれはうちの課長をとびこして直接局長宛にだしたでしょう。課長やら部長やらをたらいまわしされてぐずぐずしておればササはどんどんみのってしまうんですから、そうするより仕方がなかったんですよ。局長は自分で研究するのがめんどうだから課長にやれという。課長は部下にだしぬかれたんでカンカンになる。おまけに話の内容が途方もない幻想だと、こう三拍子そろえば処置なしですよ。いくら抵抗したってむだだからあっさりぼくは右へ回れしたんです」

「しかし、君、そのために君は課長の感情をえらく損ねたろう？　もともとそのかしたのはぼくなんだから、恥をかかしたナとあとですまなく思ったよ」

「けれど現にネズミがわいたんですから、あのときのマイナス二〇点はいまじゃプラス四〇点か六〇点ぐらいにはなっていますよ。ぼくはそう計算したんです。気になさることはありません。ぼくは儲けていますからね。もしあのときもっと抵抗していたらそれを叩いた方はいまとなると完全に立場がなくなってしまいます。ぼくはますますけむたがられてマイナスばかりになるわけですよ」

「だから黙っていたんだね？」

「そうです。あのときは後のことを考えて最小(ミニマム)のエネルギーで最大(マキシマム)の効果をあげようと思ったんです。つまりミニ・マックス戦術ということになりますかね……」

「ミニ・マックス！　その言葉は君の発明かい」

「なんですか?」

「……つまりだナ、どうしてそれほどネズミがいるのにいままでわからなかったかということだ。ついこないだまで、日報はどれもこれも特記事項ナシばっかりで、なにもネズミのことなんかにふれていなかったじゃないか」

俊介はばからしさのあまり、あいた口のふさがらないような気がした。

「その報告書を読んで見給え。いいかげんなことをいってるぜ、雪がとけてみたら木がまる裸になってたんでびっくりしたなんてトッポイことをヌケヌケ書いている。どうしてそんなことがいままでわからなかったんだ」

課長は目的を発見したので語気するどく、かさにかかった口調でそういった。俊介にはその思わくがすぐのみこめた。この男は早くも責任回避の逃げ道を発見したのだ。予防策をなにひとつ講じなかったくせに、いまとなって事の原因がまるで派出員の怠慢だけにかかっているかのようなもののいい方をする。派出員がどれほど熱心に山のなかを歩きまわったところで、雪のためにネズミの音信は完全に断たれていたのだ。かろうじて雪の上にでた木の幹だけがネズミの活動を知らせる唯一のアンテナだったのだ。それに、なによりも問題なのは派出員が幹の咬傷(こうしょう)をどれほどくわしく熱心に調査したところでいまさらどうしようもなかったということである。いっそここでいやがる相手に動物学を講義して真相をすっかりさらけだしてしまうか、それともその場かぎりのいいかげんな同意でお茶をにごすか、あるいはこれを機会に相手の歓心を買うべくはじしらずに媚(こ)びるか。いろいろと手はあると思ったが、事件ははじまったばかりなので、いままでどおり俊介はどっちつかずに黙っていることにした。

(中略)

俊介の予想通り、想像を超える数のネズミたちによりこの地方の山林はかつてない危機に見舞われた。山林の被害は甚大でさらに倉庫や製粉所や穀物倉も襲われ、ネズミはその数を増すばかりとなる。

毒薬もイタチもワナもまるで効果がなかった。はじめ対策委員会が設けられて俊介がいろいろの案を発表したとき、ひとびとは活路と希望をあたえられたような気持になったらしいが、日ごとに高まる恐慌の事実とあらゆる努力の無効を知ってからというものは俊介に対して不信と軽蔑を表明するばかりであった。そして俊介が殺鼠剤を配給するため徹夜でトラックを山にとばしたり、会議の連続でへとへとになったり、陳情人の応接に忙殺されたりしているみじめな有様を見て、同僚のなかには、なぜこんなことになる前に去年の上申書却下のときもっと抵抗しなかったのかというような非難をあからさまに持出す者まででて来た。

⑤いつもはどっちつかずの薄笑いで相手を無視してしまう俊介も、これを耳にしたときばかりは、その男を殺したいような憎悪を感じた。

ある夜、彼は研究課長に誘われて久しぶりに酒場へ行った。(中略)恐慌が発生してからというものはこの男も多忙をきわめ、おなじ建物にいながら二人はろくに顔もあわせる機会がなかったのである。それぞれ二杯めのグラスが並べられるようになってから二人はやっと口をきいた。

俊介は各地の山林の被害を綿密に説明し、それに対して打った自分の手をのこらず伝えた。彼は二、三日中に小学生や中学生を動員して被害冬は意外に暖かった。いつもなら三月の末までいるスキーヤーも中頃にはみんな都会へ引揚げてしまい、毎日、よく晴れた日がつづいた。雪どけのニュースが新聞にちらほらあらわれはじめたある日、俊介は課長から呼ばれた。

課長は彼を呼びつけると、だまって一枚の風呂敷をわたした。あちらこちら穴があいて、ぼろぼろになった風呂敷である。

「なんだと思うかね」

「……？」

彼は答えに困って眼をあげた。すると、いつもは傲慢な課長の顔に奇妙な困惑の表情がうかんでいた。

「実はね……」

そういいかけて体をのりだした課長はすばやく室内を見わたした。人目をしのぶときだけこの男は精悍(せいかん)になる。俊介はするどく光った相手の眼を見て思った。

「実はね、ネズミが出たんだよ」

課長は顔を近よせて小声でいった。あまりの口臭に俊介は思わず顔をそむけた。そんなことに課長は気がつかず、俊介の耳に生温かい息を吹きこんだ。

「その風呂敷は、昨日、派出所から送って来たんだが、木こりの弁当包みなんだ。うっかり地面において仕事している間にやられたんだそうだ」

「やられた、というと？」

「ネズミさ、ネズミにかじられたんだよ。中身の竹の皮やニギリ飯なんか、跡形もなかったそうだ。木こりは肝をつぶして昼から仕事をやめて村におりたということだ」

課長はそれだけいうと椅子に背を投げ、にがにがしげに唇をかんだ。

（いよいよ来たな……）

俊介は課長の眼にある③いらだちと混乱の表情を見て、つよい満足感を味わったが、口調はいんぎんにおさえた。

「風呂敷をかじったのは一匹ですか？」

課長は警戒するように俊介の顔をちらりと見たが、すぐ手をよわよわしくふった。

「見当がつかないらしい。とにかくたいへんな数だそうだ。ここに報告書があるから、あとで読み給え。困ったことになりそうなんだ」

俊介は課長が投げてよこす書類綴(つづ)りを手に受けた。繰ってみると、どの報告書にもそれを送って来た至急便の封筒がついていた。しばらくだまって爪をかんでいた課長は、なにを思いついたのか、ふいに体を起した。その眼からさきほどの混乱の表情が薄れているのを見て④俊介は用心ぶかくかまえた。

「君。君は派出所から来る日報を読んでるね？」

「ええ」

「ずっと？」

俊介は言葉を注意して選んだ。

「私のところへ来た分は全部読んでいるつもりです。この報告書は、いまはじめて見せられたので、別ですが……」

課長はあわてて手をふった。

「いや、それは、なにも君を無視したわけではないんだ。それは、べつに、どうでもいいんだが、俺にはわからないことがある」

るのを防がないかぎり鼠害はさけられないという考えで、彼は三県にまたがる広大なササ原を山火事にならぬようブロックごとに仕切った、くわしい地図までそえて提出したのである。研究課の学者や技官たちは、表面は悲観的でも内心ひそかにこの書類の効果を期待していた。これに反し、作成者の俊介自身は毎夜おそくまで仕事に没頭しながらまったく成果を信じていなかった。

果して、書類を作るのには三週間ちかくもかかったが、ボイコットされるのには三分とかからなかった。局長は自分で眼をとおす前に課長を呼んだのである。課長は俊介がそんな書類を直接局長宛にだしていることをまったく知らされていなかった。俊介は役所仕事の性質や命令の垂直体系ということを計算に入れなかったわけではないが、企画の結論が火急を要しているためと研究課長のつよい要求があったため、わざと課長や部長を無視したのだった。正しい手続をふめば企画が局長室までたどりつくのに何日かかるかわからないし、途中のどこでとまってしまうかもしれない。そのうえ課長会議で自説を蹴られた研究課長は彼をだしにして我意を通そうとあせっていたのである。

課長はにがりきった表情で俊介を呼びつけ、危く局長室で恥をかきそうになった不満をぶちまけた。そして書類をそのまま机のひきだしにほうりこんで鍵をかけてしまった。俊介は自分がピラミッドの底辺に立っていることをそのときあらためて知らされた。

研究課長は彼に事の始末を聞かされると歯がみしてくやしがった。その素朴さに俊介はふと悪意にちかい感情を抱いた。彼はひややかに、しかしあくまでいんぎんに話の終りへつけたしした。

「……けれど、こうなることははじめからわかっていたと思うんですが？」

「どうしてだね」

「ぼくだって部下にだしぬかれるのはいやですよ」

相手は思いがけぬ反撃に出会ってたじろいだ。俊介は眼の奥で焦点をむすんだような、いかにも学者めいて澄んだ研究課長の眼を狼狽（ろうばい）の表情がかすめるのを見た。①この男は純真だ。自分の手の内を見すかされたと思って恥ずかしがっている、と俊介は思った。

結局、この企画は水に流されてしまい、俊介は課長から反感を、同僚からは軽蔑を買うこととなった。仲間はササとネズミの関係をおぼろげに知ってはいたものの、誰も積極的に発言しなかった。彼らはその日その日のあたえられた仕事をなんとかごまかすことだけで精いっぱいなのだ。来る日も来る日も、一日はろくにわかりもしない伝票に判コをおすことだけですぎてしまう。そんな生活を酒場で〝ポンポコ人生、クソ人生〟などと自嘲の唄でまぎらしているばかりなのである。はじめ彼らは俊介がべつに命令されたわけでもない仕事に熱を入れるのを《 Ｉ 》だといって相手にしようとしなかったが、そのうち彼がほんとうに企画書を書きあげて局長宛に提出するのを見ると、にわかに【 Ｘ 】という不安と嫉妬を感じた。俊介は急に課内でけむたがられ、うとんじられた。その疎外は、しかし、永つづきしなかった。みごとに彼が失敗したからである。安心した仲間はふたたび②友情と、あるやましさのまじった同情を抱いて彼にちかづいて来た。彼らは酒場で気焔（きえん）をあげ、しきりに俊介を弁護して課長の官僚意識をののしったが、俊介自身は意見を求められても薄笑いするばかりで相手になろうとしなかった。

（中略）

体ができないため、どのように計画しても、失敗に終わる可能性をゼロにすることは無理だから。

ウ、起こりうる可能性のあるものは無限にあり、これを予想すること自体ができないことであるので、どんな手段を考えても成功する確率を高めることは無理だから。

エ、緻密な計画を立てるためにはすべての失敗を考慮しておく必要があるが、失敗の可能性が無限にあるため、緻密な計画自体が絶対に成り立たないものであるから。

問八　傍線部⑤「ジレンマ」の用法として誤っているものを次から一つ選び、記号で答えよ。

ア、「全てのクレタ人は嘘をつく」とクレタ人が言った、というジレンマ。

イ、あの人は、本当は寂しがり屋で人と接したいのに、親しくなると自分が傷つくのが怖くて関係を築けないというジレンマに陥っている。

ウ、寛容な社会を実現するには、不寛容に対してだけは不寛容にならざるを得ないというジレンマ。

エ、彼は仕事と家庭を両立したいが、仕事を努力すればするほど、家庭が崩壊していくというジレンマに苦しんでいる。

問九　傍線部⑥「計画とアジャイルの適切なバランスが何と言っても重要」とあるが、そのバランスが取れている状態の具体例を自分で考えて説明せよ。

【条件】

・具体例は、本文中に紹介されているもの以外で、自分で考えること。

・字数は八十字以上百字以内で、段落は作らず一マス目から詰めて書くこと。ただし、句読点・記号等も字数に含むものとする。

下書き用（必要に応じて使用すること）

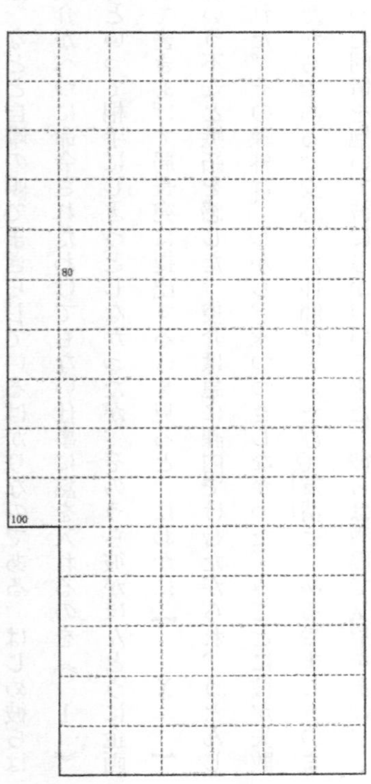

三　次の文章を読んであとの各問に答えよ（なお、出題の都合上、本文を省略した箇所がある）。

県庁山林課の俊介は、前年に百二十年ぶりに笹が一斉に開花し、多くの実を実らせたことから、ネズミの大繁殖とそれによる林業や農業などへの大被害（鼠害（そがい））が発生する可能性を危惧していた。しかし、その危機を理解する者は多くなかった。

山林課が研究を実行に移さないかぎり、学者たちの報告書はホゴの山になってしまうのである。俊介は課長会議の結果を聞くと、研究課の資料や技官たちからの助言を借りて綿密な対策書を書きあげそれを上申書という形式で直接局長宛に提出した。対策書の結論はササ原をいくつもの小区分にわけて秋までに焼いてしまうということだった。ササがみの面でも、成功率の面でも、重要である。結局、適度な計画を立て、あとはその場のやりくりに任せることが大切だ。つまり、⑥計画とアジャイルの適切なバランスが何と言っても重要なのである。

（信原幸弘「『覚える』と『わかる』 知の仕組みとその可能性」より）

問一　空欄 a ～ d に文脈上あてはまる語の組み合わせとして最も適切なものを次から選び、記号で答えよ。

ア、aだが　b要するに　cまた　d確かに
イ、aむしろ　bあるいは　cやはり　dさて
ウ、aしかし　bまた　cたとえば　dもちろん
エ、aところで　bしかし　c確かに　dまた

問二　空欄《Ⅰ・Ⅱ》に入る最も適切な語をそれぞれ次から選び、記号で答えよ。

Ⅰ　ア、馬耳東風　イ、下手の長談義
　ウ、帯に短し襷に長し　エ、下手の考え休むに似たり

Ⅱ　ア、揚げ足をとる　イ、厳密を期す
　ウ、口火を切る　エ、鼻をあかす

問三　空欄【X】に入る表現として最も適切なものを、本文中から三字で抜き出せ。

問四　傍線部①「家具の配置換えを計画的に行う」ことを筆者が別の言葉で表現している。その箇所をこの傍線部より後から十字以上十五字以内で本文中より抜き出せ。ただし、句読点・記号等も字数に含むものとする。

問五　傍線部②「どの事柄を無視するかは、それが生じる確率だけで決まるわけではない」とあるが、これはどういうことか。その説明として最も適切なものを次から選び、記号で答えよ。

ア、他と比べて考えていなかった事態が発生する確率は低かったとしても、起きてしまった場合に命の危険が伴う事柄であれば無視はできないということ。

イ、発生した場合に大きな妨害が考えられるものより、優先順位をつけ発生する可能性が高い順にしっかりとした対策を考えていかなければならないこと。

ウ、強盗を成功させるまでには様々な妨害の可能性が考えられるが、そのような妨害等が起きても絶対に失敗しないような綿密な対策が必要だということ。

エ、他と比べて発生する確率が低かったとしてもそれ以上に強盗の失敗への影響が強いと判断すれば、そちらを優先して対応策を考えるべきだということ。

問六　傍線部③「緻密な計画」とあるが、筆者は「緻密な計画」を無理に立てようとする原因は何だと述べているか。それが分かる箇所を本文中から十字以上十五字以内で抜き出せ。ただし、句読点・記号等も字数に含むものとする。

問七　傍線部④「絶対に失敗しない完全な計画を立てることは不可能なのである」とあるが、それはなぜか。その説明として最も適切なものを次から選び、記号で答えよ。

ア、どれだけ緻密に計画を立てても必ず考えつかないことが起こるため、予想済みのことが起きてもそれ以外のことが起きても、失敗することには変わりがないから。

イ、そもそも起こりうることのすべてを考慮した計画を立てること自

処していくしかない。その場の状況を見ながら、その場で考え、その場でどうするかを決める。その場で考えていては間に合わないこともあるから、そのようなことについては、あらかじめ計画を立てる必要がある。しかし、その場で考えても間に合うことは、その場で対処すればよい。たとえば、複雑な迷路のようになった地下鉄の駅に初めて行くときは、あらかじめ地図を見て出口を調べておいたほうがよいだろうが、初めてでないときは、事前に調べなくても、たいていそれほど迷わずに出口を見つけることができる。

どのような状況になるのかがよくわからないときに計画を立てるのは、起こりうるさまざまな状況を想定しなければならないから、本当にたいへんである。それぞれの状況のもとでいちいちどうするかを決めていかなければならないので、その計画は複雑かつ膨大なものとなろう。しかも、想定した状況のほとんどはじっさいには起こらないから、せっかく立てた計画も、その大部分は活用されず、無駄となる。

そうだとすれば、むしろ計画を立てず、その場で対処するほうがよいのではないだろうか。たしかに事前の計画が必要な場合もあるが、積極的にその場の対処に任せるほうがかえって効率がよいことも多い。

このような考えにもとづいて最近よく用いられるようになった言葉が「アジャイル（agile）」である。この言葉は、辞書的には「機敏な」とか「身軽な」を意味するが、コンピュータのソフトウェアの開発において、従来とは異なる新しい開発手法を表すのに用いられるようになった。すなわち、ソフトウェアを開発するさいに、初めからすべての工程にかんして綿密な計画を立てるのではなく、まずは小さな単位で試しながら、試行と修正を繰り返してソフトウェアの全体を完成させていくという手法である。

このソフトウェアの開発における用法が拡張されて、「アジャイル」という言葉は、いまでは行動一般にかんして用いられるようになった。すなわち、何らかの行動をしようとするとき、事前にきちんと計画するのではなく、進行中のその時々の状況に応じて適当にどうするかを決め、うまく行かなければ修正を行うといったことを繰り返して、行動全体を完遂するというやり方が「アジャイル」とよばれるようになったのである。

仕事の打合せのなかで「アジャイルで行こう」と言われた場合、それはようするにその場でやりくりしようという意味である。私たちはついつい、しっかりした計画を立てて、絶対に失敗しないようにすべきだと考えがちであるが、そのような緻密な計画を立てることは、実際上ほとんど不可能であるか、あるいはきわめて効率が悪い。緻密な計画にこだわるのは、失敗にたいする「病的な恐怖」によるところが大きい。

たとえば、恐ろしくて飛行機に乗れない人がたまにいる。そのような人は飛行機の安全性を十分理解していても、飛行機に乗るのを恐れる。たしかに危険な状況で恐怖を抱くのは適切であり、それは逃げるといった行動を引き起こして、じっさいに害を被ることを防いでくれる。しかし、危険でない状況で恐怖を抱くのは不適切である。それは害の未然防止に役立たないどころか、有益な行動を妨げもする。飛行機への恐怖は、このような病的な恐怖である。

（中略）

もちろん、アジャイルが重要だと言っても、計画がいっさい無用だというわけではない。過度に緻密な計画は無用だが、適度な計画は効率の率の低い出来事でも、それが生じたときの対策を考えておかなければならない。

しかし、生じる可能性のあることは、きわめて確率の低いものまで含めれば、ほとんど無限にあると言ってよい。たとえば、銀行強盗中に、赤ちゃんが突然泣きだして、その声で外にいる仲間と連絡がとりづらくなるとか、行員の尋常ならざる悲鳴に驚いて腰を抜かす、運転を誤った車が銀行に突入してくるなど、可能性は低くても、けっして起きないとは言えない。さらには、ミサイルの飛来や隕石の落下といった出来事すら、確率はゼロではない。このようなほとんど無数の起こりうる事柄をすべて考慮することは、私たち人間には実際上不可能である。

したがって、どれほど緻密な計画を立てるとしても、きわめて確率の低い事柄は無視せざるをえない。ミサイルの飛来や隕石の落下は、確率がゼロではないとはいえ、起こらないものとして考慮の外に置くほかない。

ただし、厳密に言えば、②どの事柄を無視するかは、それが生じる確率だけで決まるわけではない。生じる可能性のある事柄のうち、銀行強盗の成功を大きく妨げるものもあれば、そうでないものもあるだろう。つまり、事柄によって、それが生じたときにどれだけ成功を妨害するかが異なる。これを「妨害量」とよぶことにしよう。妨害量の大きい事柄ほど、それが生じたときに成功を大きく妨げる。

銀行強盗中にバナナの皮ですべって転ぶことは、きわめて確率が低いとはいえ、それが生じれば、ほぼ確実に捕まる。したがって、その妨害量はかなり大きい。これにたいして、行員の尋常ならざる悲鳴は、ある程度の確率で起こるとはいえ、それほど銀行強盗の遂行に支障を来さないだろう。したがって、その妨害量はあまり大きくない。

このような妨害量が、どの事柄を無視するかに関係してくる。バナナの皮による転倒が行員の尋常ならざる悲鳴よりもはるかに確率が低いとしても、それらの確率とそれぞれの妨害量を掛けあわせた値（妨害の「期待値」とよばれる）は、バナナの皮による転倒のほうが大きいかもしれない。そうだとすれば、バナナの皮による転倒のほうが、銀行強盗の成功をより大きく妨げることになろう。そうであれば、行員の尋常ならざる悲鳴を無視して、バナナによる転倒のほうを考慮に入れることになるだろう。つまり、どの事柄を無視するかは、その事柄が生じる確率だけではなく、その確率と妨害量を掛けあわせた値（つまり妨害の期待値）によって決まるのである。

以上、《 Ⅱ 》ために、少し込み入った話をしたが、ともかく重要なことは、どれほど③緻密な計画を立てるにせよ、完全な計画を立てることは不可能だということである。起こる可能性のある事柄はほぼ無限にあり、そのすべてを考慮することはできないから、一部の事柄は起こらないものとして無視するしかない。つまり、想定外とするしかない。しかし、想定外の事柄も、生じる確率がゼロでない以上、起こりうる。そして、もしそれが起これば、計画はおそらく失敗するだろう。したがって、④絶対に失敗しない完全な計画を立てることは不可能なのである。そこには、計画を立てることは重要だが、完全な計画を立てることはできないという⑤ジレンマがある。このことはよく頭に入れておいたほうがよいだろう。

完全な計画が不可能だとすれば、少なくともある程度は、その場で対かなければならない。事が起こってから対策を考えようとしても、十分考える時間はないし、いい対策を思いついても、準備する時間がない。まさに「泥縄式」の対応になる。

［ b ］、計画を立てないと、せっかく行ったことが無駄になることがある。今夜は、コーヒーでも飲みながら、本を読もうと思って、コーヒー豆を買って帰る。しかし、コーヒーミルを探してみると、どこにも見当たらない。そういえば、古くなったので、先日、ゴミに出したのだとハタと気づく。挽いてある豆を買うべきだったと後悔しつつ、仕方なくお茶をいれて飲む。せっかく買ったコーヒー豆は無駄になってしまう（腐るものではないのでとってはおけるが）。

　さらに、計画を立てないと、やったことが無駄になるどころか、邪魔にさえなることがある。家具の配置換えをしようと思って、机や椅子、本棚を動かしてみる。しかし、やみくもに動かしたりすると、［ c ］動かした机が邪魔になって、そこに本棚を置くことができなかったりする。そこで、仕方なく、机を元の位置に戻す羽目になる。家具の配置換えは、結構複雑な作業だ。行き当たりばったりでは、ある移動がつぎの移動の邪魔になることがある。どれをどの順に移動するかの事前のしっかりした計画が必要だ。「机上の空論」とか「《 Ⅰ 》」という言葉があるように、現実と噛み合わない上滑りの思考は、空転するばかりで役に立たない。しかし、現実としっかり噛み合った思考は、きわめて有用である。①家具の配置換えを計画的に行うには、部屋の図面を書いて、どこに机や椅子、本棚を置くかを書きこみ、それらをそこに移動するためには、どの順にどのルートで動かすかを具体的かつ詳細に決めなければならない。それはまさに「机上」で綿密に行わなければならない。そのような「机上」の緻密な計画があってはじめて、効率的な配置換えが可能になる。

［ d ］、計画を立てるには、それなりの時間と労力がかかる。場合によっては、とくに計画を立てずに、適当に場当たり的にやったほうが早く楽にできるかもしれない。汚れた食器を洗浄機に入れるとき、どれをどの順にどこに置くかをあらかじめ決めるのは、非常にむずかしい。そんなことをあれこれ考えるより、適当に入れて、うまく行かなければやり直すようにしたほうが、はるかに早いし、楽である。

　とはいえ、たいていは計画的にやったほうが効率的である。家具の配置換えについて計画を立てるのは、なかなか手間暇のかかる作業だが、計画を立てたほうが早く楽にできる。重たい机や本棚を動かすのは時間と労力がかかるし、それを何度もやり直すのは耐えがたい。そのような試行錯誤を図面上で行うことができるのは、私たち人間の恵まれた才能だ。計画はそのような才能を活かした人間独自のすぐれた営みなのである。

　たしかに計画は重要だ。しかし、読者のみなさんもおそらく身に染みているように、どれほど緻密に計画を立てても、必ず【 X 】のことが起こる。

　たとえば、さまざまな可能性をよく考えて周到に計画を立て、そのうえで銀行強盗を決行したとしよう。ところが、銀行の床にたまたまバナナの皮が落ちていて、それで滑ってあっけなく捕まってしまう。もちろん、バナナの皮が銀行の床に落ちていることはまずないが、その可能性はけっしてゼロではない。完全な計画を立てようとすれば、どれほど確

【国　語】（五〇分）〈満点：一〇〇点〉

一　次の各問に答えよ。

問一　次の①～④の傍線部の語の「対義語」を正確に漢字二字で答えよ。

①広大な土地が雨水を吸収する。

②第三者のとりなしで交渉は妥結した。

③困難を乗り越えて二人の仲が進展する。

④どんなに取り繕っても真実はいつも一つ。

問二　次の①～②のア～ウのそれぞれの傍線部の語の中から一つだけ文法的な説明が異なるものを選び、記号で答えよ。

①　ア、私にはどこを探しても欠点はない。

イ、彼を誘ってはみたものの来られないそうだ。

ウ、桃が傷まないように気をつける。

②　ア、勉強せずにゲームばかりしている。

イ、ゴール前には敵ばかりいる。

ウ、電車の遅延で5分ばかり遅れる。

問三　「バットで打つタイミングをはかる」と同じ「はかる」を用いている一文を選び、記号で答えよ。

ア、穀物の重さをはかる。

イ、自分の将来をはかる機会になった。

ウ、友人とコミュニケーション改善をはかる。

エ、水の深さをはかる。

問四　次の①～③の傍線部の漢字の読みをひらがなで答えよ。

①冊子を無料で頒布する。

②別のもので代替する。

③先人の業績を礼賛する。

二　次の文章を読んであとの各問に答えよ（なお、出題の都合上、本文を省略した箇所がある）。

外出したさい、ちょうどお昼なので、その辺で昼飯を食べようと思ったら、ラーメン屋が目に留まった。ラーメンもいいが、もっとほかに美味しいものがあるかもしれない。そう思って、つぎの店を探す。すると、そば屋が目に入った。そばか、それもいいけど、もう少し探してみよう。こうして洋食、とんかつ、お好み焼き、等々、いろいろな店をめぐるが、結局、どれもいまいちで、決められない。探せば探すほど、余計に迷ってしまう。最後は、もう何でもいいや、と思って、眼の前のラーメン屋に入る。そうしたら、そのラーメンはいまいちだった……。

こんな失敗をしないためには、あらかじめ周辺にどんな店があるのかをよく調べ、腹の減り具合や懐(ふところ)具合を勘案して、どの店で何を食べるかをしっかり決めておかなければならない。このような計画を事前に立てておけば、昼飯を求めて当てもなく彷徨(ほうこう)するというような愚は避けられる。

このように計画はたしかに重要である。よく計画してから行動せよと言われることも多い。［ a ］、なぜ計画は重要なのだろうか。あらためて考えてみよう。まず、その場で考えたのでは間に合わないケースがある。「泥縄」という言葉が示すように、泥棒を捕まえてから縄をなっていては、泥棒に逃げられてしまう。泥棒を捕まえたらどうするかをあらかじめ考えて、縄で縛ることにするなら、縄をなって用意してお

MEMO

大切なことはメモしておこうネ！

T.G

2024年度

解　答　と　解　説

《2024年度の配点は解答欄に掲載してあります。》

<数学解答>

《学校からの正答の発表はありません。》

Ⅰ　問1　$(x^2+y^2)(x+y)(x-y)$　問2　$(x=)-15$，$(y=)35$　問3　$(x=)-80$
問4　$10\sqrt{3}+23$

Ⅱ　問1　$(ab=)-2$　問2　$(x^3-2x^2=)1-\sqrt{2}$　問3　$(n=)8$
問4　$(\mathrm{S}=)\frac{10}{3}\pi+2\sqrt{3}(\mathrm{cm}^2)$

Ⅲ　問1　$\frac{1}{6}$　問2　$\frac{1}{24}$　問3　$\frac{19}{216}$

Ⅳ　問1　2　問2　$(a=)\frac{\sqrt{2}}{2}$　問3　$(\mathrm{RS}=)\frac{3\sqrt{3}}{2}$

Ⅴ　問1　$(\mathrm{S}=)4\sqrt{3}(\mathrm{cm}^2)$　問2　$(\mathrm{QC}=)\frac{8}{3}(\mathrm{cm})$　問3　$(l=)\frac{4}{3}\pi(\mathrm{cm})$

Ⅵ　問1　$\frac{18\sqrt{19}}{19}(\mathrm{cm})$　問2　(考え方)　解説参照　(答)　$(\mathrm{V}=)76(\mathrm{cm}^3)$

○推定配点○

Ⅰ　各5点×4　Ⅱ　各5点×4　Ⅲ　各5点×3　Ⅳ　各5点×3　Ⅴ　各5点×3
Ⅵ　問1　5点　問2　(考え方)　5点　(答)　5点　計100点

<数学解説>

Ⅰ　(因数分解，連立方程式，2次方程式，平方根)

基本　問1　乗法公式$x^2-y^2=(x+y)(x-y)$を用いて，$x^4-y^4=(x^2)^2-(y^2)^2=(x^2+y^2)(x^2-y^2)=(x^2+y^2)(x+y)(x-y)$となる。

問2　$0.1(0.1x+5)=\frac{1}{100}y$より，$0.01x+0.5=0.01y$　$x+50=y$　$x-y=-50$…①　$x+y=20$…②とすると，①+②より，$2x=-30$　$x=-15$　②に$x=-15$を代入すると，$-15+y=20$　$y=35$

問3　$0.01x^2+1.6x+64=0$より，$x^2+160x+6400=0$　$(x+80)^2=0$　$x=-80$である。

基本　問4　$5+\sqrt{3}=\mathrm{X}$とおくと，乗法公式$(x+y)(x-y)=x^2-y^2$を用いて，$(5+\sqrt{3}+\sqrt{5})(5+\sqrt{3}-\sqrt{5})=(\mathrm{X}+\sqrt{5})(\mathrm{X}-\sqrt{5})=\mathrm{X}^2-(\sqrt{5})^2=\mathrm{X}^2-5$　$\mathrm{X}=5+\sqrt{3}$を戻して，$\mathrm{X}^2-5=(5+\sqrt{3})^2-5$であるから，乗法公式$(x+y)^2=x^2+2xy+y^2$を用いて，$(5+\sqrt{3})^2-5=25+10\sqrt{3}+(\sqrt{3})^2-5=25+10\sqrt{3}+3-5=10\sqrt{3}+23$

Ⅱ　(一次関数と二乗に比例する関数，式の値，数の性質，正三角形の回転と面積の計量)

重要　問1　$y=\frac{1}{2}x^2$と$y=3x+1$を連立方程式として解くと，$\frac{1}{2}x^2=3x+1$　$x^2=6x+2$　$x^2-6x-2=0$　$x=\frac{6\pm\sqrt{6^2-4\times1\times(-2)}}{2}=\frac{6\pm\sqrt{36+8}}{2}=\frac{6\pm\sqrt{44}}{2}=\frac{6\pm2\sqrt{11}}{2}=3\pm\sqrt{11}$　よって，2点A，Bのx座標は，$3\pm\sqrt{11}$であるから，$ab=(3+\sqrt{11})(3-\sqrt{11})=9-(\sqrt{11})^2=9-11=-2$となる。

問2　$x^3-2x^2=x^2(x-2)$ より，$x^2(x-2)=(1-\sqrt{2})^2(1-\sqrt{2}-2)=(1-\sqrt{2})(1-\sqrt{2})(-\sqrt{2}-1)=(1-\sqrt{2})(-\sqrt{2}+1)(-\sqrt{2}-1)=(1-\sqrt{2})\{(-\sqrt{2})^2-1\}=(1-\sqrt{2})(2-1)=1-\sqrt{2}$

問3　$n \leqq 4$ のとき，$2^n<19$ であるから，2^n を19で割ることはできない。$n=5$ のとき，$2^5=32$ であり，$32 \div 19=1 \cdots 13$，$n=6$ のとき，$2^6=64$ であり，$64 \div 19=3 \cdots 7$，$n=7$ のとき，$2^7=128$ であり，$128 \div 19=6 \cdots 14$，$n=8$ のとき，$2^8=256$ であり，$256 \div 19=13 \cdots 9$ となるから，最小の自然数 n は $n=8$ である。

基本 問4　正三角形の1つの内角が60°であることから，正三角形ABCが直線 ℓ 上をすべることなく1回転するとき，この三角形が通った部分は半径2cm，中心角120°のおうぎ形が2つ，半径2cm，中心角60°のおうぎ形が1つ，1辺2cmの正三角形が2つできる。半径2cmのおうぎ形をすべてつなげると，中心角が $120 \times 2+60=300°$ のおうぎ形になるので，面積は $2 \times 2 \times \pi \times \frac{300}{360}=\frac{10}{3}\pi$ (cm²)となる。また，正三角形ABCの頂点Aから線分BCに下した垂線の足をHとすると，三角形ABHにおいて，三平方の定理より，BH：AB：AH＝1：2：$\sqrt{3}$ となるから，AH＝$\sqrt{3}$ (cm)　　よって，正三角形2つ分の面積は $\frac{1}{2} \times 2 \times \sqrt{3} \times 2=2\sqrt{3}$ (cm²)となる。よって，求める面積は $\frac{10}{3}\pi+2\sqrt{3}$ (cm²)である。

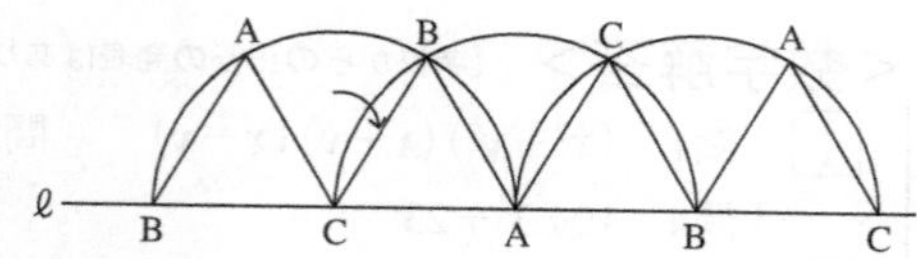

Ⅲ　(確率)

基本 問1　サイコロを2回振ったときの出た目の場合の数は $6 \times 6=36$ (通り)　　駒が－1のマスに止まるのは(1, 2)，(2, 1)，(3, 4)，(4, 3)，(5, 6)，(6, 5)の6通りであるから，求める確率は $\frac{6}{36}=\frac{1}{6}$ である。

重要 問2　サイコロを3回振ったときの出た目の場合の数は $6 \times 6 \times 6=216$ (通り)　　駒が－1のマスに止まるのは①2回サイコロを振って－6のマスにあるときに3回目で5が出る，②2回サイコロを振って－4のマスにあるときに3回目で3が出る，③2回サイコロを振って1のマスにあるときに3回目で2が出る，④2回サイコロを振って3のマスにあるときに3回目で4が出る，の4つの場合がある。①のとき，2回サイコロを振って，－6のマスに止まるのは(2, 4)，(4, 2)の2通りあり，3回目で5が出るのは1通りであるから，①の場合は $2 \times 1=2$ (通り)　　②のとき，2回サイコロを振って，－4のマスに止まるのは(2, 2)の1通りあり，3回目で3が出るのは1通りであるから，②の場合は $1 \times 1=1$ (通り)　　③のとき，2回サイコロを振って，1のマスに止まるのは(2, 3)，(3, 2)，(4, 5)，(5, 4)の4通りあり，3回目で2が出るのは1通りであるから，③の場合は $4 \times 1=4$ (通り)　　④のとき，2回サイコロを振って，3のマスに止まるのは(2, 5)，(5, 2)の2通りあり，3回目で4が出るのは1通りであるから，④の場合は $2 \times 1=2$ (通り)　　よって，サイコロを3回振って，駒が－1のマスに止まるのは $2+1+4+2=9$ (通り)であるから，求める確率は $\frac{9}{216}=\frac{1}{24}$ である。

やや難 問3　同じ目が連続して出ない場合，問2より，サイコロを3回振って駒が－1のマスに止まるのは(2, 4, 5)，(2, 5, 4)，(4, 2, 5)，(4, 5, 2)，(5, 2, 4)，(5, 4, 2)，(2, 3, 2)の7通りである。同じ目が連続して3回出る場合，サイコロを1回だけ振って駒を動かしているのと同じ状況になるので，サイコロを3回振って，駒が－1のマスに止まることはない。同じ目が連続して2回出る場合，サイコロを2回だけ振って駒を動かしているのと同じ状況になるので，サイコロを3回振って，駒が－1のマスに止まるのは問1より，(1, 1, 2)，(1, 2, 2)，(2, 2, 1)，(2, 1, 1)，(3, 3, 4)，(3, 4, 4)，(4, 4, 3)，(4, 3, 3)，(5, 5, 6)，(5, 6, 6)，(6, 6, 5)，(6, 5, 5)の12通りある。よって，$7+12=19$ 通りであるから，求める確率は $\frac{19}{216}$ である。

Ⅳ （図形と関数・グラフの融合問題）

重要 問1 PQ＝QRであることより，2点P，Qのy座標の差と2点Q，Rのy座標の差は等しくなる。点Pはx軸上にあるので，y座標は0，点Qは直線ℓの切片であるから，y座標は1である。よって，2点P，Qのy座標の差は$1-0=1$であるので，2点Q，Rのy座標の差も1となる。点Qのy座標は1であることから，点Rのy座標は$1+1=2$となる。

基本 問2 $y=x^2$に$y=2$を代入すると，$2=x^2$　$x=\pm\sqrt{2}$　よって，R$(\sqrt{2},\ 2)$である。$y=ax+1$にR$(\sqrt{2},\ 2)$を代入すると，$2=\sqrt{2}a+1$　$\sqrt{2}a=1$　$a=\frac{1}{\sqrt{2}}=\frac{\sqrt{2}}{2}$となる。

重要 問3 $y=x^2$と$y=\frac{\sqrt{2}}{2}x+1$を連立方程式として解くと，$x^2=\frac{\sqrt{2}}{2}x+1$　$2x^2=\sqrt{2}x+2$　$2x^2-\sqrt{2}x-2=0$　$x=\frac{-(-\sqrt{2})\pm\sqrt{(-\sqrt{2})^2-4\times2\times(-2)}}{2\times2}=\frac{\sqrt{2}\pm\sqrt{2+16}}{4}=\frac{\sqrt{2}\pm\sqrt{18}}{4}=\frac{\sqrt{2}\pm3\sqrt{2}}{4}=\sqrt{2},\ -\frac{\sqrt{2}}{2}$　よって，点Sのx座標は$-\frac{\sqrt{2}}{2}$であり，$y=x^2$に$x=-\frac{\sqrt{2}}{2}$を代入すると，$y=\left(-\frac{\sqrt{2}}{2}\right)^2=\frac{2}{4}=\frac{1}{2}$であるから，S$\left(-\frac{\sqrt{2}}{2},\ \frac{1}{2}\right)$となる。点Rを通り$y$軸に平行な直線と点Sを通り$x$軸に平行な直線の交点をTとすると，T$\left(\sqrt{2},\ \frac{1}{2}\right)$である。よって，RT$=2-\frac{1}{2}=\frac{3}{2}$，ST$=\sqrt{2}-\left(-\frac{\sqrt{2}}{2}\right)=\frac{3\sqrt{2}}{2}$であるから，△RSTにおいて，三平方の定理より，RS$=\sqrt{\left(\frac{3}{2}\right)^2+\left(\frac{3\sqrt{2}}{2}\right)^2}=\sqrt{\frac{9}{4}+\frac{18}{4}}=\sqrt{\frac{27}{4}}=\frac{3\sqrt{3}}{2}$となる。

Ⅴ （円の性質，長さ・面積の計量，合同・相似，三平方の定理）

重要 問1 △OABはOA＝OBの二等辺三角形であるから，∠OAB＝∠OBA＝30°　よって，∠AOB＝$180-30\times2=120°$　したがって，円周角の定理より，∠APB$=\frac{1}{2}$∠AOB$=60°$である。△ABPの面積が最大になるとき，点Pは$\overset{\frown}{\mathrm{PA}}=\overset{\frown}{\mathrm{PB}}$となる位置にあり，点Pから線分ABに下した垂線の長さが最大になる。このとき，△ABPはPA＝PBの二等辺三角形となる。点Pから線分ABに下した垂線の足をHとすると，点Hは線分ABの中点であり，AH＝BH＝2cm，∠APH＝∠BPH$=\frac{1}{2}$∠APB＝30°となる。よって，△APHにおいて，三平方の定理より，AH：AP：PH$=1:2:\sqrt{3}$となるので，AH：PH$=1:\sqrt{3}$　2：PH$=1:\sqrt{3}$　PH$=2\sqrt{3}$(cm)となる。したがって，求める面積は，△ABP$=\frac{1}{2}\times4\times2\sqrt{3}=4\sqrt{3}$(cm^2)である。

基本 問2 円周角の定理より，直径に対する円周角は90°なので，∠BAC＝90°　よって，点Pが点Cと重なるとき，点Aを通り直線APに垂直な直線は直線ABとなる。したがって，点Qは直線ABと点Cにおける円Oの接線との交点である。△ABCにおいて，三平方の定理より，AC：BC：AB$=1:2:\sqrt{3}$であるから，AC：AB$=1:\sqrt{3}$　AC：$4=1:\sqrt{3}$　AC$=\frac{4}{\sqrt{3}}=\frac{4\sqrt{3}}{3}$(cm)である。また，接線は半径と接点において垂直に交わるから，∠BCQ＝90°　よって，△BCQにおいて，∠AQC＝$180-(90+30)=60°$である。△ACQにおいて，三平方の定理より，AQ：QC：AC$=1:2:\sqrt{3}$となるから，QC：AC$=2:\sqrt{3}$　QC：$\frac{4\sqrt{3}}{3}=2:\sqrt{3}$　QC$=\frac{8}{3}$(cm)である。

やや難 問3　点Qは点Aを通って直線APに垂直な直線と，直線PCとの交点であるから，常に∠PAQ＝90°である。また，円周角の定理より，∠APQ＝∠ABC＝30°であるから，△APQにおいて，∠AQC＝180－(90＋30)＝60°　よって，点Pが$\overset{\frown}{BC}$上のどこにあっても常に∠AQC＝60°となるので，円周角の定理の逆より，3点A，C，Qは同一円周上にある。また，問2の点Qの位置をRとすると，∠CAR＝90°であり，直径に対する円周角は90であることから，線分CRが直径であることがわかる。よって，問2より，求める長さは直径$\frac{8}{3}$(cm)の半円の弧の長さとなるから，$\frac{8}{3}\times\pi\times\frac{1}{2}=\frac{4}{3}\pi$(cm)である。

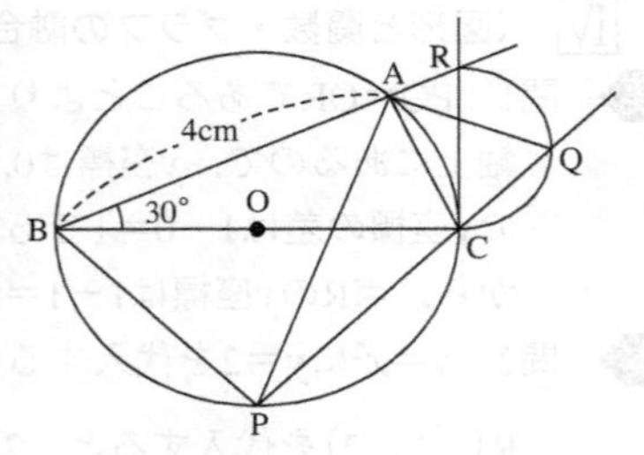

やや難 VI　**(立方体の切断，長さ・面積の計量，合同・相似，三平方の定理)**

問1　点Jは線分AD上にあり，AJ：JD＝2：1となる点とする。立方体を3点I，F，Hを通る平面で切ると，切断面は四角形IFHJになる。ここで，線分ACとBDの交点をK，線分EGとFHの交点をLとする。正方形の対角線はそれぞれの中点で交わるから，AK＝BK＝CK＝DK＝EL＝FL＝GL＝HLとなる。また，立方体ABCD－EFGHは平面AEGCについて対称なので，頂点Eから四角形IFHJに下した垂線は四角形AEGC上にある。したがって，線分IJの中点をMとすると，頂点Eから四角形IFHJに下した垂線の足は線分ML上にあり，この点をNとする。△ABCにおいて，三平方の定理より，AB：BC：AC＝1：1：$\sqrt{2}$より，AB：AC＝1：$\sqrt{2}$　　6：AC＝1：$\sqrt{2}$　　AC＝$6\sqrt{2}$(cm)となるから，AK＝$\frac{1}{2}$AC＝$3\sqrt{2}$(cm)である。同様に，BD＝EG＝FH＝$6\sqrt{2}$(cm)，BK＝CK＝DK＝EL＝FL＝GL＝HL＝$3\sqrt{2}$(cm)である。また，△ABDと△AIJにおいて，AB：AI＝AD：AJ＝3：2，∠BAD＝∠IAJより，2組の辺の比とその間の角がそれぞれ等しいので，△ABD∽△AIJ　よって，BD//IJであるから，△ABK∽△AIMとなるので，AK：AM＝AB：AI＝3：2である。直線AEとMLの交点をOとする。AM//ELであることから，△OEL∽△OAMである。相似比はEL：AM＝AK：AM＝3：2となるから，OE：OA＝3：2であるので，OA：AE＝2：1　　よって，OA：6＝2：1　　OA＝12(cm)であり，OE＝12＋6＝18(cm)となる。△OELにおいて，三平方の定理より，OL＝$\sqrt{18^2+(3\sqrt{2})^2}$＝$\sqrt{324+18}=\sqrt{342}=3\sqrt{38}$(cm)である。ここで，△OELと△ENLにおいて，∠OEL＝∠ENL＝90°，∠OLE＝∠ELNより，2組の角がそれぞれ等しいので，△OEL∽△ENL　　よって，OL：EL＝OE：EN　　$3\sqrt{38}$：$3\sqrt{2}$＝18：EN　　$\sqrt{19}$：1＝18：EN　　EN＝$\frac{18}{\sqrt{19}}=\frac{18\sqrt{19}}{19}$(cm)

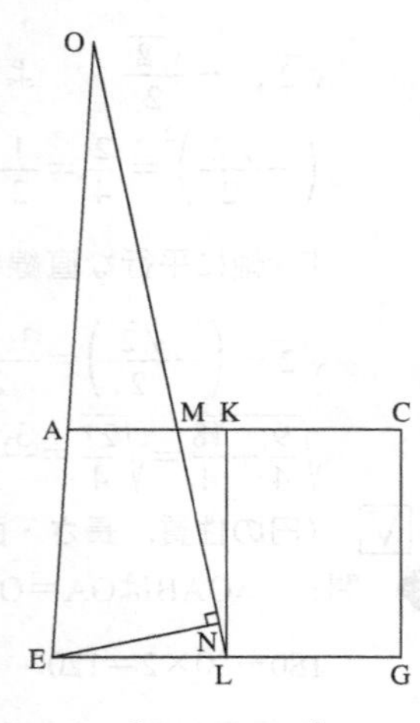

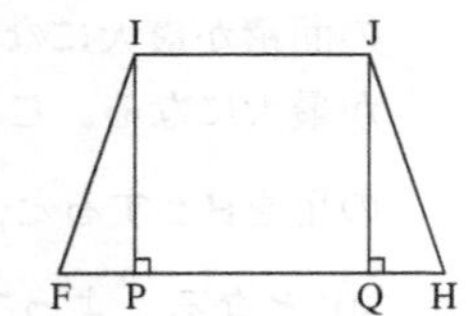

問2　立方体を切断したとき，頂点Eを含む立体は三角錐E－AIJと四角錐E－IFHJに分けることができる。AI＝AJ＝4(cm)，AB＝6(cm)より，三角錐E－AIJの体積は$\frac{1}{3}\times\frac{1}{2}\times4\times4\times6=16$(cm³)である。ここで，△AIJにおいて，三平方の定理より，AI：AJ：IJ＝1：1：$\sqrt{2}$であるから，AI：IJ＝1：$\sqrt{2}$　　4：IJ＝1：$\sqrt{2}$　　IJ＝$4\sqrt{2}$(cm)である。切断面IFHJにおいて，点I，Jから線分FHに下した垂線の足をそれぞれP，Qとする。四角形IFHJは等脚台形であるから，PQ＝IJ＝$4\sqrt{2}$，FP＝HQ＝(FH－PQ)×$\frac{1}{2}$＝($6\sqrt{2}-4\sqrt{2}$)×$\frac{1}{2}$＝$2\sqrt{2}\times\frac{1}{2}=\sqrt{2}$(cm)　　BI＝$\frac{1}{3}$AB＝2(cm)であるか

ら，△BIFにおいて，三平方の定理より，$IF=\sqrt{2^2+6^2}=\sqrt{4+36}=\sqrt{40}=2\sqrt{10}$(cm)であり，△IFPにおいて，三平方の定理より，$IP=\sqrt{(2\sqrt{10})^2-(\sqrt{2})^2}=\sqrt{40-2}=\sqrt{38}$(cm)である。よって，四角形IFHJの面積は$\frac{1}{2}\times(4\sqrt{2}+6\sqrt{2})\times\sqrt{38}=\frac{1}{2}\times10\sqrt{2}\times\sqrt{38}=10\sqrt{19}$(cm²)である。したがって，四角錐E－IFHJの体積は$\frac{1}{3}\times10\sqrt{19}\times\frac{18\sqrt{19}}{19}=60$(cm³)となるので，求める体積は$V=16+60=76$(cm³)となる。

★ワンポイントアドバイス★
やや難易度の高い問題もある。様々なパターンの解法をしっかりと身につけた上で，問題の取捨選択と確実に解く力が必要となる。

＜英語解答＞ 《学校からの正答の発表はありません。》

Ⅰ　(A)　1　う)　2　い)　3　え)　(B)　4　い)　5　あ)
(C)　6　There are three things you shouldn't forget
7　His brother often helps him with his homework on weekends.

Ⅱ　8　3番目　け　7番目　え　9　②　wrote　④　go　⑩　taught　10　い)
11　(誤)　learned　(正)　learn　12　⑥　い)　⑦　あ)　⑧　う)
13　To, France　14　い), お)

Ⅲ　15　3番目　あ　6番目　く　16　う)　17　あ)　18　あ)　19　う)
20　facilities　21　い), え)

Ⅳ　22　a)　right　b)　kind　23　a)　hand　b)　receive　c)　rest
24　a)　how to　b)　told, didn't, them

Ⅴ　25　a)　died, finishing　b)　No other　c)　had, could buy
26　a)　3番目　い)　5番目　き)　b)　3番目　え)　5番目　い)
27　a)　(例)　I wish I could go there with you.
b)　(例)　Ask the girl how old she is.

○推定配点○
Ⅰ，Ⅱ9，10，12，13，Ⅲ16～20，Ⅳ22，23　各2点×25
Ⅱ8，11，14，Ⅲ15，21，Ⅳ24，Ⅴ25，26　各3点×14　Ⅴ27　各4点×2　計100点

＜英語解説＞

Ⅰ　(リスニング問題)

(A)　1.　A man and a woman are talking about music at the party.

Man　: The music at this party is really good, isn't it?
Woman : Yes! I love jazz. It makes me relaxed.
Man　: Me too. I actually play the saxophone in a small jazz band.
Woman : That's cool! I play the piano, though not professionally. Maybe we can play together sometime.
Man　: Sounds great. Let's exchange numbers and plan something.

Question : What instrument does the woman play?

2. At a restaurant, a man and a woman are talking about food choices.

Man : Hey, you always seem to pick the most delicious dishes. What's your secret?

Woman : Thanks! I usually check online reviews before visiting a new place. Also, I sometimes ask the staff what they will recommend.

Man : That's a good idea. I often order the same things.

Woman : You should have more adventures! Food is all about exploring new flavors.

Man : True. I'll keep that in mind next time.

Question : How does the woman choose her dishes at a new place?

3. At the post office, a man and a clerk are talking.

Woman : May I help you?

Man : Hi, I'd like to send a package. It's around 2kg.

Woman : Sure. Where are you sending it?

Man : To Osaka.

Woman : It is 390km away from here. That will be ¥1,500.

Man : Oh wait, I just remembered he moved.

Woman : Where to?

Man : He's now abroad.

Woman : Alright, let me check… That would be ¥3,200 for a 2kg package.

Man : Great, thank you for letting me know. I'll be back soon.

Question : How much would it cost to send a 4kg package to him?

Weight	−200km	200−400km	400−600km		international
Up to 1kg	¥ 500	¥ 700	¥1,100		¥2,500
1kg−3kg	¥ 800	¥1,100	¥1,500		¥3,200
3kg−5kg	¥1,100	¥1,500	¥3,200		¥4,000

(B) 4. A man is talking about an item on TV.

Hello, everyone! I'll tell you about a very special product today. It is a beautiful bag. The bag is big and very strong. You can put many things inside. It is perfect for shopping, traveling, and more. The normal price of this bag is $60. But now, we have a special campaign. You can buy this bag for only $40! Isn't that great?

But wait, there is more good news. If you buy two bags, you get even more discount. Two bags are now only $70! You save $10! You can choose your favorite color from red, blue or green. This special campaign is only for a short time. Don't miss this chance!

Question : How much is a blue bag if you buy it now?

5. A man is making an announcement at the station.

Good morning, everyone. Today, we have an important notice. A train accident happened. We are very sorry for this trouble.

If you want to go to Station A, you can use the Blue Line on platform 1. But, it is 15 minutes late. For going to Station B, please use a different line, the Green Line. Today, the normal train to Station B is not running. It takes only 20 minutes to Station B. Please go to platform 2 for the Green Line.

Thank you for listening. Please be careful and safe. If you have questions, please ask us.

We are here to help you. Have a good day!
Question：If you take the Blue Line, where will you go?

ディクテーション　※6番は下線部のみを書かせる

6. There are three things you shouldn't forget: your wallet, your keys, and your phone.
7. His brother often helps him with his homework on weekends.

(A)　1. 男性と女性がパーティーで音楽について話をしている。

男性：このパーティーの音楽は本当にいいね？
女性：ええ！　私はジャズが大好きなの。それは私をリラックスさせてくれるわ。
男性：ぼくもだよ。ぼくは実は小さなジャズバンドでサクソフォンを吹いているんだ。
女性：それはかっこいいわね！　私はピアノを弾くの，プロのようにはいかないけれど。いつか一緒に演奏できるかもね。
男性：いいね。電話番号を交換して何か計画しよう。
質問：女性は何の楽器を演奏しますか。

あ）ギター。　い）バイオリン。　う）ピアノ。　え）ドラム。

2. レストランで，男性と女性が食べ物の選択について話している。

男性：ねえ，きみはいつもいちばんおいしい料理を選ぶようだね。秘訣は何？
女性：ありがとう！　私はふつう，初めての店に行く前にオンラインのレビューをチェックするの。それと，ときどき店員に何がお勧めか聞くわ。
男性：それはいい考えだ。ぼくはよく同じものを注文するよ。
女性：もっと冒険するべきよ！　食べ物と言えば，新しい風味を探求することよ。
男性：その通りだね。次は心に留めておくよ。
質問：女性は初めての店でどのようにして料理を選びますか。

あ）彼女は毎回同じものを注文する。　い）彼女はオンラインのレビューをチェックする。
う）彼女は値段に応じて決める。　え）彼女はいつもシェフの特別料理を注文する。

3. 郵便局で，男性と職員が話している。

女性：どんなご用でしょうか。
男性：やあ，小包を送りたいんです。2kgくらいです。
女性：はい。それをどこへ送るのですか。
男性：大阪です。
女性：そこはここから390km離れています。1,500円になります。
男性：ああ，待って，彼が引っ越したのを思い出した。
女性：どちらですか。
男性：今，海外にいます。
女性：わかりました，調べますね…　2kgの小包で3,200円になりますが。
男性：いいですね，知らせてくれてありがとう。すぐに戻ります。
質問：彼に4kgの小包を送るのにいくらかかりますか。

重さ	200kmまで	200から400km	400から600km			国際便
1kgまで	500円	700円	1,100円			2,500円
1から3kg	800円	1,100円	1,500円			3,200円
3から5kg	1,100円	1,500円	3,200円			4,000円

あ）1,100円。　い）1,500円。　う）3,200円。　え）4,000円。

(B)　4. 男性がテレビで商品について話している。

みなさん，こんにちは！　今日はとても特別な製品についてお話しします。それは美しいバッグです。そのバッグは大きくてとても丈夫です。中にたくさんの物を入れることができます。それは買物，旅行，その他のことに最適です。このバッグの通常価格は60ドルです。でも今，特別キャンペーンを実施中です。このバッグをたった40ドルでお買いいただけます！　すごくないですか？

でもお待ちください，良いお知らせがさらにあります。バッグを2つ買えば，さらに値引きを受けられます。バッグ2つで，今はたった70ドルです！　10ドル節約になりますよ！　赤，青，緑からお気に入りの色を選べます。この特別キャンペーンは短期間しかありません。この機会をお見逃しなく！

質問：今，青いバッグを買えばいくらですか。

あ）　10ドル。　　い）　40ドル。　　う）　60ドル。　　え）　70ドル。

5.　男性が駅でアナウンスをしている。

おはようございます，みなさん。今日は，大切なお知らせがあります。電車の事故が発生しました。ご迷惑をおかけしまして申し訳ございません。

A駅に行きたければ1番ホームからブルー線をご利用いただけます。しかし，15分遅れています。B駅に行くには，違う線のグリーン線をご利用ください。今日は，B駅に行く各駅停車は運行しておりません。B駅までは20分しかかかりません。グリーン線には2番ホームへ行ってください。

お聞きいただき，ありがとうございました。気を付けて安全に願います。ご質問がありましたらお尋ねください。こちらで対応いたします。良い1日を！

質問：ブルー線に乗るとどこへ行きますか。

あ）　A駅。　　い）　B駅。　　う）　15分。　　え）　20分。

【ディクテーション問題】

6.　あなたが忘れてはいけないことが3つあります。財布，鍵，そして携帯電話です。

7.　彼の兄は週末によく彼の宿題を手伝う。

Ⅱ　（長文読解問題・説明文：語句整序，語句補充，指示語，正誤問題，文選択補充，内容吟味）

（全訳）　アリス・コグスウェルは1805年8月21日にコネチカット州で生まれた。彼女の父，メイソン・コグスウェルはコネチカット州の有名な医者だった。彼は目から白内障を取り除く最初の治療を行った。2歳のとき，アリスは，今でははしかと考えられている紅斑熱で倒れて耳が聞こえない，つまり聴覚をすべて失って，のちには話すこともできなくなった。当時は，耳が聞こえない人は話すこともできないのだから，考えたり判断したりすることもできないと一般に考えられていた。中には，過去にとても悪いことをしたから耳が聞こえなくなるのだとか，耳が聞こえない人はとても悪い気性なのだと信じている人さえいた。また，耳が聞こえない人には教えることができないと広く信じられていた。コグスウェル医師はアリスのことが大好きで，彼がもう娘とコミュニケーションを取ることができないということが彼をとても悲しませた。彼女は人生の早い時期を沈黙して過ごした。彼女はただ遠くから他の人々を見守るだけだった。彼女の兄弟や姉妹は，彼女にはもうその能力がないと思っていたので，彼女とコミュニケーションを取ろうとしなかった。

アリスが9歳のとき，新しい隣人のトマス・ホプキンス・ギャローデットは彼女が他の子供たちと遊ばずに外で1人で座って彼らが遊ぶのを見ているのに気づいた。彼がその訳を見つけようと出て行くと，他の子供たちがアリスは耳が聞こえないと彼に言った。トマスは手話を知らなかったので，自分の帽子を指さして土にH-A-Tと書くことでアリスとコミュニケーションをとろうとした。彼女は彼の言うことがわかった。ギャローデットはアリスの聡明さに驚き，すぐにアリスに読み書きを教え始めた。ギャローデットはとにかく彼女を元気づけるために少しの間彼女と過ごすことにして，彼らはしばらくの間土ぼこりに絵を描いて過ごした。その日コグスウェル医師が仕事から帰宅すると，アリスは新しい友だちのギャローデットと砂に文字を書くことができる様子を見せた。コグスウェル医師はとても感動したので，ギャローデットに娘を助けてくれるように頼んだ。アリスは耳が聞こえない人々についての固定観念の多くを打ち砕いた。ギャローデットは耳の聞こえない生徒にどう教えればよいか知らなかったので，それはゆっくりと進んだ。彼の教え方がうまくいくこともあったし，あまりうまくいかないこともあったし，まったく④進まないこともあった。数年後，アリスの父親はアメリカで聾学校を設立することについてギャローデットと話した。コグスウェル医師と数人の町の裕福で重要な男性たちは，40人を超える耳が聞こえない子供たちが自分たちの州にいることに気づき，他の州にも聾学校から恩恵を得られる耳の聞こえない子供たちがたくさんいるだろうと推測した。彼らは，ヨーロッパにはたくさんの聾学校があるので，ギャローデットがヨーロッパに旅して耳の聞こえない生徒に教えることについて学ぶことを提案した。そうすれば，彼は戻って来て大いに成功する聾学校を設立することができるだろう。コグスウェル医師は彼にヨーロッパで使われている手文字について話し，それはトマスの興味を引いた。

トマスは同意して，トマス・ブレイドウッドが創り出した耳の聞こえない人を教える方法を学ぶために合衆国を出てイギリスに向かった。ブレイドウッド家は読唇術と話すことにおいて耳の聞こえない人々を教育した。⑥トマス・ギャローデットは耳の聞こえない子供たちがよどみなく話すのを見てわくわくした。彼は手文字についてもっと学びたいと思った。⑦ロンドンにいる間，トマスはアビ・シカールが行う授業に出席した。アビ・シカールはパリ国立聾児研究所で耳の聞こえない生徒たちにフランス語手話を教えていた。この学校はアビ・ド・レペーによって設立された。⑧彼はまた，「聾者の父」としても知られていた。アビ・シカールには，ジャン・マシューとローラン・クレークという名の2人のきわめて優秀な教師がともにいた。ギャローデットはシカールの教え方にとても興味を持ち，アメリカで聾者の学校を設立するという考えをもって彼に近づいた。アビ・シカールは，自分の学校に出席してアメリカに持ち帰るためにできる限り多くのことを学ぶために，トマスをフランスに招いた。

数か月後，トマスはこれがとても厳しい仕事であること，そして1人ではそれができないことを悟った。トマスは聾者である指導者ローラン・クレークを，彼がアリスを教えるのを手伝ってくれるようコネチカット州に誘った。クレークは同意して，彼らはアメリカへの船旅に出た。船上，クレークはギャローデットに手話を教え，ギャローデットはクレークに英語の読み書きを教えた。

ギャローデットが遠くヨーロッパにいる間，アリスは妹と一緒に普通に聞き取る学校に通えるほど読み書きを覚えたが，この状況は理想的なものではなかった。彼らが戻って来たとき，アリスは自分の教師トマスと彼の新しい友達のローラン・クレークに会ってとても興奮した。ローランはすぐにアリスと勉強を始め，彼女に記号の名前を⑩教えた。のちにアメリカ聾学校と名称を変えたコネティカット聾唖教育指導施設がトマス・ギャローデットとローラン・クレークによって設立された。アリスは申し込んだ最初の人物だった。彼女はアメリカで最初に指でつづるアルファベットを教わった人物であったと信じられている。アリスは学校に出席するのが大好きだった。彼女は1824年に卒業し，それから国中を旅して次の数年間を過ごした。

アリスはとても活発な少女だった。彼女は読書をしたり，縫物をしたり，踊ったりすることが大好きで，特に両親がパーティーを開くときはそうだった。多くの人々が，彼女が完ぺきに他人の真似をしたので何時間もみんなを笑わせ続けたことを覚えている。アリスは特に音楽に興味があり，最善を尽くしてそれを理解するのに長い時間を費やした。彼女が25歳になったとき，コグスウェル医師が亡くなった。アリスはとても気を取り乱した。彼女は13日後に亡くなったが，多くの人々が悲嘆のせいだと言っている。アリスは亡くなったとき25歳だった。アリスは合衆国の聾文化の誕生にとても重要だった。彼女は多くの固定観念を打ち破り，耳が聞こえる人々に耳が聞こえない人々がいかに聡明であるかを知ってもらった。彼女の名誉のためにいくつかの像が建てられ，1つはギャローデット大学のキャンパスに，1つはアメリカン・スクールのキャンパスに，そして1つはコネチカット州のハートフォードに建てられている。

やや難 8 …, and that he could no longer communicate with his daughter made him so sad「…，そして彼がもう娘とコミュニケーションを取ることができないということが彼をとても悲しませた」 名詞節を作る接続詞 that を主語の部分で使い，that he could no longer communicate with his daughter を主語にする。no longer「もはや～ない」は助動詞の後に入れる。make は「～を…(の状態)にする」の意味。

9 ② 耳が聞こえないアリスに帽子を hat と表すことを教えている場面。地面に H-A-T とつづりを書いていると考えられるので，write の過去形 wrote を入れる。 ④ この時点でまだ聾者への教え方を知らなかったギャローデットがアリスに教えているときの様子を述べている箇所。空所を含む文の went well は「うまくいった」という意味で，この場合の go(went)は「(物事が)進行する」という意味。この went の後に not very well「あまり～ない」，not ~ at all「まったく～ない」と続いている。動詞はいずれも went で didn't に続くので原形 go が入る。
⑩ 聾者の指導者であるローランがアメリカに着いてすぐにアリスに教えだした場面なので，a sign name「記号の名前」を「教えた」とすると文脈に合う。teach の過去形 taught を入れる。

基本 10 It はギャローデットが耳の聞こえない生徒への教え方を知らなかったために進みが遅かったことで，さらにこの後で述べられているように，うまくいったりいかなかったりしたことなので，い)「アリスに読み書きを教えること」が適切。 あ)「ギャローデットにアリスを助けるように頼むこと」，う)「コグスウェル医師を感動させること」，え)「アリスと時間を過ごすこと」，お)「砂に字を書くこと」。

11 They suggested の後にthat節が続く文。that 以下の主語は Gallaudet でその直後に should travel と続き，さらに and learned と動詞がある。文意として，この learn は助動詞 should に続くのが自然なので，原形にする必要がある。travel to Europe and learn about … の間に because ~ there が挿入されている。

12 全訳を参照。⑥ 直後の「彼は手文字についてもっと学びたいと思った」ことのきっかけとなることとして，い)「トマス・ギャローデットは耳の聞こえない子供たちがよどみなく話すのを見てわくわくした」が適切。 ⑦ 直後でアビ・シカールという人物が初めて出てきているので，あ)「ロンドンにいる間，トマスはアビ・シカールが行う授業に出席した」を入れると，自然な流れに合う。 ⑧ アビ・シカールの基本的な立場を述べた後に，アビについて別の情報を追加する内容になる，う)「彼はまた，『聾者の父』としても知られていた」が適切。

13 まず，下線部のことが very hard work「とても厳しい仕事」であることを押さえる。下線部を含む文の直前で，アビ・シカールが自分の学校に出席してトマスがアメリカに持ち帰るためにできる限り多くのことを学ぶためにトマスをフランスに招いたことが述べられている。また，直後では，1人ではそれができないことを悟り，トマスがローラン・クレークにアリスを教えるのを手伝ってもらうためにコネチカット州に誘ったことが述べられている。これらのことから，空所に To，France を入れて，トマスがアリスを教えるのに必要なことをすべてフランスで学ぶことが「とても厳しい仕事」であったと考えると文脈に合う。

14 あ)「アリスの父親は，ニューヨークに聾学校を設立するためにギャローデット氏を支えたかった」(×) 第2段落第11文以降で，アリスの父親，ギャローデット氏，町の有力者たちが聾学校を設立することについて話し合ったことが述べられているが，ニューヨークに学校を設立するとは述べられていない。 い)「アリスの兄弟と姉妹たちは，彼女にはもはや自分たちと一緒に遊ぶのに必要な能力はないと思っていた」(○) 第1段落第11文に，アリスの兄弟や姉妹が，アリスにはもうその能力がないと思って彼女とコミュニケーションを取ろうとしなかったことが述べられていることと一致する。コミュニケーションをとる能力がないということは，一緒に遊ぶうえでの支障になる。 う)「ギャローデット氏に英語の手話を最初に知らせた人物はシカールだった」(×) 第4段落第4文を参照。ギャローデット氏に手話を初めて教えたのはクレークで，さらに，彼はフランス人で英語はできなかった。 え)「クレークは船の上でギャローデットから聾者の教え方を学んだ」(×) 聾者の指導をしていたのはクレークの方である。また，ギャローデットが船上でクレークに教えたのは英語の読み書きである。 お)「アリスのおかげで，耳が聞こえる人々は聾者は知的であることを知って理解するようになった」(○) 最終段落第9文の内容と一致する。 か)「アリスが聴力を失ったとき，彼女はトマスとクレークが設立した学校に申し込んだ」(×) アリスが聴力を失ったのは2歳のときで，学校が設立されたのはそれからのちのことである。 き)「アリスは，トマスと一緒に砂に帽子の絵を描いて父親のコグスウェルを感動させた」(×) 第2段落第3文を参照。アリスが砂に帽子の絵を描いたのではなく，ギャローデットがH-A-Tという文字を書いた。

Ⅲ (長文読解問題・説明文：語句整序，語句選択補充，内容吟味，指示語)

(全訳) ①クエイル島には，ハンセン病と呼ばれる病気で具合が悪くなった人々に関する歴史がある。

クエイル島はニュージーランドの南島，クライストチャーチ市の近くにある。マオリ族の人々が最初にクエイル島に行った人々だった。彼らは島から鳥の卵や他の食べ物を集めた。1851年，白人のニュージーランド人たちが平地でヒツジを育て始めた。島に自分たちの名を与えた土着のウズラは，A不幸なことに，農耕によって間もなく全滅した。1875年，太平洋のすべてのイギリスの植民地から新たに来た人と動物の健康診断の場がそこに設立されたとき，島は隔離の場所となった。それはジフテリアやスペイン風邪のような病気が国中に広まるのを防ぐことにおいて重要な役割を果たした。

1903年7月のある朝，ウェリントン市議会はウェリントン市からハンセン病が発生した可能性に対して警報を出された。議会の主任衛生検査官のジェームズ・ドイルが調べに出かけた。彼は果物店の店員の1人に会った。彼の顔は斑点で覆われていた。さらに，彼の腕と脚は異常な形だった。ドイルは誤った警報に慣れていたが，この状況は事実だと思った。その果物店の店員は1906年にクエイル島に送られ，それはニュージーランドで唯一のハンセン病患者が居留する場となった。そこにはその後，さらに数名の患者が来た。人々は見た目がとても違うことから，ハンセン病患者に大いに不平を言った。②ハンセン病への恐怖心は，病気そのものの実際の危険よりも大きかった。

居留所で，患者たちはB厳しい生活を送っていた。彼らは家族から切り離され，仕事も趣味も失い，旅行をすることもできなかった。島の環境はひどく，食べるものはほとんどなく，夜はとても寒くなった。ハンセン病患者は決して良くならないと考えられていたので，彼らは人生の終わりまで島に留められた。中にはチャールズ・アップハム医師のように，病気の痛々しい進行過程を記録して治療を試みることによって助けようとする者もいたが，これらの試みはほとんど役に立たなかった。この状況にもかかわらず，患者たちは③自分たちが残してきたものと替えるためにクエイル島で新しい関係を築いた。彼らは友達になり，悲しかったりうんざりしたときには気持ちを話す方法を覚えた。

1924年，島で家畜を飼う農民たちが居留所に異議を唱えた。それは，クエイル島が相容れない2つの異なることのために使われていたからだった。そこはハンセン病の人々のための場所だったが，また，健康診断のために滞在する動物たちのための場所でもあった。この問題は議会の会合で持ち上がった。農林省と保健省はそれについて大いに話し合った。ニュージーランドにはハンセン病の人が多くなかったので，政府はクエイル島に良い居留所を作ることができなかった。彼らは数名の患者のために職員や建物に多くの金を使いたくなかったのだ。この患者が少ないということのために，ハンセン病患者を助けることへの彼らの関心は薄くなった。ハンセン病の人々はしばしばひどい扱いを受け，必要な治療を与えられなかった。

1か月後，フィジーがニュージーランドに，イギリスの西太平洋植民地のハンセン病患者がフィジーの島の1つであるマコガイ島のハンセン病施設に集められる予定だと言った。西サモアはすでにそこへ自国のハンセン病患者を送っていた。1925年，ニュージーランドは，より良い医療を受けさせるために残っているハンセン病患者をマコガイ島に送った。到着したとき，ニュージーランドから来た8人の患者と何人かの医療職員はマコガイ島の施設に感動した。それらはクエイル島の④ものよりも優れていた。

マコガイ島はクエイル島とはかなり違っていた。患者たちは患者ではなく，新しい職員と考えられていた。島のすべての患者が自分の食べ物を栽培するものと考えられていた。彼らはまた，工芸品を作り，釣りをし，畜牛の世話をしていた。8人のうちの5人は決してニュージーランドに戻らず，マコガイ島に留まることにした。

クエイル島には人々が忘れたい悲しい歴史がある。ハンセン病はいつか，人々がずっと昔に患った病気になるかもしれないが，私たちはそれを不当な扱いと差別を引き起こしたものとして覚えておくべきである。2つの島の物語は覚えておく価値がある。私たちはこの歴史から多くのことを学ぶことができるのだ。

重要 15 Quail Island has a history about people who got sick (with a disease called leprosy.)
「クエイル島には，ハンセン病と呼ばれる病気で具合が悪くなった人々に関する歴史がある」
Quail Island a history「クエイル島には歴史がある」という文を作る。a history を後ろから修飾するように，about people「人々についての」と続け，さらに関係代名詞 who を使って people を修飾するように who got sick「具合が悪くなった」と続ける。

16 空所Aを含む文では，島の名前の由来となったウズラが農耕によって全滅したという不幸なことが述べられているので，unfortunately「不幸なことに」が適する。空所Bを含む文では島に隔離されたハンセン病患者たちの暮らしについて述べられ，直後で具体的に「家族から切り離され，仕事も趣味も失い，旅行をすることもできなかった」と補足されているので，tough「厳しい」が適する。

17 クエイル島の歴史について説明している第2段落に着目する。この段落では，「マオリ族の人々が最初にクエイル島に行った人々だった」，「1851年，白人のニュージーランド人たちが平地でヒツジを育て始めた」，「島に自分たちの名を与えた土着のウズラ」，「1875年，太平洋のすべてのイギリスの植民地から新たに来た人と動物の健康診断の場がそこに設立されたとき，島は隔離の場所となった」ことが述べられている。当初，島は外部から島に入る人や動物の健康診断のための場所として利用されたので，あ)があてはまらない。

18 下線部は，病気そのものの危険よりもハンセン病に対する恐怖心の方が強かったことを述べている。その理由として，直前の文で「人々は見た目がとても違うことから，ハンセン病患者に大いに不平を言った」と述べられている。一般の人々は，ハンセン病患者の見た目が普通の人と大いに異なることに対して恐怖心を抱いていたということを述べている。

19 「彼ら(＝島に隔離されたハンセン病患者たち)が残してきたもの」に替えて「新しい関係(＝relationships)」を築いたということなので，ones は同じ文の relationships を指す。新しい友達との関係ができる以前の関係なので，それを具体的に表しているのは，う)である。

基本 20　those は複数を表す前出の可算名詞を受ける。better と「クエイル島の～」と比べられているものは，(Makogai's) facilities「(マコガイ島の)施設」である。

21　あ)「白人のニュージーランド人はマオリ族よりも前にクエイル島に住んでいた」(×)　第2段落第2文に，マオリ族の人々が最初にクエイル島に行った人々だったことが述べられている。
い)「最初のハンセン病患者は1906年にクエイル島に連れて来られた」(○)　第3段落第3～7文を参照。ジェームズ・ドイルがハンセン病と判断した果物店の店員は1906年にクエイル島に送られ，そのままニュージーランドで唯一のハンセン病患者の居留場となったことが述べられている。
う)「ジェームズ・ドイルはチャールズ・アップハム医師に患者の世話をするように頼んだ」(×)　ジェームズ・ドイルについては第3段落で，チャールズ・アップハム医師にについては第4段落で述べられているが，2人の接点や関係については述べられていない。　え)「農林省と保健省はクエイル島の利用法について話し合った」(○)　第5段落第1～5文を参照。農林省と保健省はクエイル島をハンセン病の人々のための場所として使うか，健康診断のために滞在する動物たちのための場所として使うかについて話し合ったことが述べられている。　お)「フィジーのハンセン病患者の生活と西サモアのそれは同じだった」(×)　第6段落第2～3文から，西サモアはニュージーランドよりも前に，より良い医療体制を求めてハンセン病患者をフィジーのマコガイ島に送ったことが述べられているので，フィジーと西サモアのハンセン病に対する医療体制が同等であったとは言えない。　か)「8人の患者はフィジーからニュージーランドに戻った」(×)　第7段落最終文から，8人のうちの5人はニュージーランドに戻らず，マコガイ島に留まることにしたことがわかる。　き「今ではハンセン病患者に公正な治療を行っているので，ハンセン病に苦しむ人々への差別は忘れられるだろう」(×)　最終段落で，筆者は「ハンセン病はいつか，人々がずっと昔に患った病気になるかもしれない」と述べているが，患者への差別がいずれ忘れられるとは述べていない。

Ⅳ　(語い問題，同意文書きかえ問題：不定詞，接続詞)

22　a)　上は「誰もが言論の自由の権利を持つべきだ」という意味。「権利」の意味の right を入れる。下は「次の角を右へ曲がりなさい」という意味。「右へ」の意味の right を入れる。
b)　上は「ローラは私の世話をしてくれる。彼女はとても親切な少女だ」という意味。「親切な」の意味の kind を入れる。下は「メヌエットはダンス音楽の一種だ」という意味。「種類」の意味の kind を入れる。

23　a)「彼の演説はすばらしかったので，聴衆は彼に盛大な拍手をした」〈give ＋人＋ a big hand〉で「(人)に盛大な拍手をする」という意味。他に，handclap「拍手」という名詞を使うこともできる。　b)「私は昨日あなたに小包を送りました。それを受け取りましたか」 receive「受け取る」。　c)「あなたはとても疲れているように見えます。あなたは休憩をとる必要があります」 rest「休憩」。

24　a)「あなたはサンホセへ行く道を知っていますか」という意味の文。the way to ～「～への道」を，how to go to ～「～への行き方」と言いかえる。　b)　上は「ヘレンは少年たちに，『私はあなたたちと一緒に行きたくない』と言った」という意味。下の文ではヘレンの発言内容を直接引用しない形で表す。that節が続く場合は say は使えず，〈tell ＋人＋ that ～〉「(人)に～だと言う」の形で表す。文の動詞が過去形(told)なので，that 以下の動詞も合わせて過去形(didn't want)にする。また，第三者がヘレンの発言内容を表す形になるので，that 以下のヘレンを指す代名詞は she，the boys を指す代名詞は them となる。

Ⅴ（同意文書きかえ問題，語句整序問題，和文英訳：動名詞，比較，助動詞，不定詞，間接疑問文）

25 a） 上の文は「ピーターの最後の交響曲は，彼が死んだとき完成していなかった」という意味。下の文では「ピーターは最後の交響曲を完成させずに死んだ」と考えて，died と finishing を入れる。died は die「死ぬ」の過去形，without は前置詞なので後に続く動詞は動名詞（～ing形）にする。 b） 上の文は「アンナはこの学校でいちばん背が高い少女だ」という意味。下の文では girl が主語で，後に「アンナと同じくらい背が高い」という内容が続くので，否定を表す no を用いて No other girl を主語にする。〈no other ＋単数名詞〉の後に比較級や as ～ as … を続けると，「誰も［何も］…ほど～ではない」という意味になり，下の文は「この学校のどの少女もアンナほど背が高くない」という意味になる。 c） 上の文は「私は十分なお金を持っていないので，その車を買えない」という意味。下の文では If で始まることから，「もし私が十分なお金を持っていたらその車を買えるのに」という仮定法の文を考える。仮定法では動詞，助動詞の過去形を使うので，それぞれ had，could buy と入れる。

重要 26 a） The teacher let us draw a picture on the blackboard.「先生は私たちに黒板に絵を描かせてくれた」〈let ＋人＋動詞の原形〉で「（人）に～させてやる［～するのを許可する］」という意味を表す。 b） I want you to go to Japan next (month.)「私はあなたに来月日本に行ってもらいたい」〈want ＋人＋ to ＋動詞の原形〉で「（人）に～してもらいたい」という意味を表す。

やや難 27 a）「～できたらいいのに」は，現実としてはできないことを願望する言い方で，仮定法を用いた〈I wish ＋主語＋（助）動詞～.〉の形で表す。仮定法なので助動詞を過去形にすることに注意。 b）「（人）に～を尋ねる」を〈ask ＋人＋もの・こと〉の語順で表す。「何歳なのか」は，「彼女が何歳なのか」ということなので，〈疑問詞＋主語＋動詞〉で表し，間接疑問文にする。その他，age「年齢」という名詞を使って，Ask the girl her age.「その少女に彼女の年齢を尋ねなさい」と表すこともできる。

★ワンポイントアドバイス★

Ⅳの22では，一方の英文の空所に入る語がわからなくても，もう一方の空所に入る語がわかれば正解の確率は高まる。先に，文意をつかみやすそうな方の英文について考えよう。

＜国語解答＞ 《学校からの正答の発表はありません。》

一 問一 ① 発散 ② 決裂 ③ 停滞［停頓］ ④ 虚偽 問二 ① ア ② ウ
問三 イ 問四 ① はんぷ ② だいたい ③ らいさん

二 問一 ウ 問二 Ⅰ エ Ⅱ イ 問三 想定外 問四 試行錯誤を図面上で行う
問五 エ 問六 失敗にたいする「病的な恐怖」 問七 イ 問八 ア
問九 （例） スピーチの際に準備した原稿をただ読み上げるのではなく，あらかじめおおまかな話の内容だけを考えておき，当日は聴衆の反応を見ながら変更を加えてスピーチを進めたところ，自分の考えをうまく伝えることができた。（100字）

三 問一 ア 問二 Ⅰ ウ Ⅱ ア 問三 ウ 問四 イ 問五 イ
問六 （はじめ） 課長は警戒 （終わり） らりと見た 問七 ア 問八 ウ

問九 (例) 俊介は研究課長を思考が速いだけでなく，被害を防ごうと真摯に対応する素朴で純真な人物であるととらえ，敬意を抱いたから。(58字)

○推定配点○
一 各2点×10 二 問二 各2点×2 問九 10点 他 各4点×7
三 問二 各2点×2 問九 6点 他 各4点×7(問六完答) 計100点

＜国語解説＞

一 (漢字の読み書き，同義語・対義語，品詞・用法)

やや難 問一 ① 吸い取るという意味なので，対義語は外へ散らばって出るという意味の語。 ② 「だけつ」は利害の対立する二者が合意に達するという意味なので，対義語は意見がまとまらずもの別れになるという意味の語。 ③ 事態が進展するという意味なので，対義語は事態が動かないという意味の語。 ④ 対義語は真実のように見せかけるという意味の語になる。

基本 問二 ① アは形容詞で，他は打ち消しの意味を表す助動詞。 ② ウはおおよその程度を表す副助詞で，他は範囲を限定する意味を表す副助詞。

問三 「バットで打つタイミングを計る」 ア 量る イ 計る ウ 図る エ 測る

問四 ① 広く配ること。「頒」を使った熟語には，他に「頒価」がある。 ② 見合ったものに変えること。 ③ すばらしいとほめたたえること。「礼」の他の音読みは「レイ」。

二 (論説文―大意・要旨，内容吟味，文脈把握，接続語の問題，脱文・脱語補充，語句の意味，ことわざ・慣用句，作文)

問一 aは，「計画は……重要である」という前に対して，後で「なぜ計画は重要なのだろうか」と予想と反する内容が続いているので，転換か逆接の意味の語が想定されるが決定できない。bは，計画が重要な理由を，直前の段落で「その場で考えたのでは間に合わない」と述べ，後で「せっかく行ったことが無駄になる」と付け加えているので，添加の意味を表す語があてはまる。ここでウを選ぶことができる。cは，一つ前の文の「計画を立てないと，やったことが無駄になるどころか，邪魔にさえなる」例を，後で「動かした机が邪魔になって，そこに本棚を置くことができなかった」と挙げているので，例示の意味を表す語があてはまる。dは，計画が重要であるという前までの内容に対して，後で「計画を立てるには，それなりの時間と労力がかかる」と予想される反論が書かれているので，言うまでもなく，無論，と相手の考えを一旦肯定する意味を表す語があてはまる。

問二 Ⅰ 前後の「机上の空論」「現実と噛み合わない上滑りの思考」には，良い考えもないのに長く考え込むのは時間の無駄だという意味の語が入る。イは，話の下手な人ほど長々と話したがるという意味なので適切ではない。 Ⅱ 直後の「少し込み入った話をした」のはなぜか。誤解がないように細かく検討するという意味の語が入る。

基本 問三 前後の文脈から「どれほど緻密に計画を立てても」「必ず」「起こる」のはどのようなことか。事前に予想した範囲を越えるという意味の表現を探す。

やや難 問四 一つ後の段落に「家具の配置換えについて計画を立てる」と同様の内容を述べる表現はあるが，指定字数に合わない。同じ一つ後の段落で，「そのような」とまとめた後で「試行錯誤を図面上で行う」と表現している。

問五 一つ後の文以降で「事柄によって，それが生じたときにどれだけ成功を妨害するかが異なる……妨害量の大きい事柄ほど，それが生じたときに成功を大きく妨げる」に着目する。「生じる確率だけで」なく，妨害量の大きいものを優先して対応策を考えるべきだと言い換えているエが最も適切。イは，この内容に反する。アの「命の危険」については述べていない。ウの「絶対に失敗しないような綿密な対策」は不可能だと筆者は述べている。

問六　「緻密な計画」を立てようとする原因を述べている部分を探すと，「仕事の打合わせのなかで」で始まる段落に「緻密な計画にこだわるのは，失敗に対する『病的な恐怖』による」とあるのに気づく。ここから指定字数に合う箇所を抜き出す。

問七　直前に「したがって」とあるので，この前に理由が書かれている。直前の「起こる可能性のある事柄はほぼ無限にあり，そのすべてを考慮することはできないから……想定外とするしかない。しかし，想定外の事柄も，生じる確率がゼロでない以上，起こりうる。そして，もしそれが起これば，計画はおそらく失敗するだろう」に，イの説明が最も適切。想定外の事柄が起こることについて述べているので，「予想済みのことが起きても」とあるアは適切ではない。ウの「成功率を高める」，エの「緻密な計画自体が絶対に成り立たない」とは述べていない。

問八　「ジレンマ」は，相反する二つの事柄の板ばさみになって進退きわまること。アは，成立しない逆説という意味を表し，二つの事柄の板ばさみになっていないので誤っている。

重要　問九　直前の「適度な計画を立て，あとはその場のやりくりに任せる」ことで成功した具体例を，スピーチや文章の創作などの場面を設定して説明する。

三　（小説一主題・表題，情景・心情，内容吟味，文脈把握，脱文・脱語補充，ことわざ・慣用句）

問一　研究課長は，俊介に「こうなることははじめからわかっていた」と言われ「狼狽の表情」を見せている。さらに，直後に「自分の手の内を見すかされたと思って恥ずかしがっている」とあることから，アが最も適切。「恥ずかしがっている」様子に，イの「動揺」や，ウの「困惑」はそぐわない。前の俊介の言葉に，エの「責める」様子は見られない。

やや難　問二　Ⅰ　直前の「べつに命令されたわけでもない仕事に熱を入れる」にふさわしい語が入る。イの「いんくんし」は，俗世をのがれて隠れ住む人のことなので，適切ではない。　Ⅱ　俊介が「手の内」を明かす場面で，研究課長に「だから黙っていたんだね」と聞かれて，「そうです」と答えている。したがって，直前の「最小のエネルギーで最大の効果」は，黙っていたほうがよいという意味なので，アを選ぶ。ウは思いがけない幸運が舞い込むことなので，適切ではない。

問三　直後の「不安と嫉妬」からは，上申書が採用され俊介だけが認められるのではないかという気持ちが読み取れるので，ウが入る。「嫉妬」という描写に，アとエはそぐわない。イの「本当は優秀なのでは」という疑いだけでは，「不安」につながらない。

基本　問四　俊介が企画書を局長に提出したときには不安と嫉妬から俊介を疎外し，俊介が失敗したら同情から近づいてきたという同僚たちの行動から判断する。同僚たちの想定の枠を越えると「友情」は破綻しているので，イが最も適切。ここでの「友情」は皮肉の意味が込められているので，他の選択肢は適切ではない。

問五　俊介の予想通りにネズミが大量発生しているとわかったときの課長の表情である。傍線部③の「いらだち」を「焦り」に，「混乱」を「困惑」と言い換えているイを選ぶ。課長は鼠害に対して「いらだちや混乱」を感じているわけではないので，アは適切ではない。課長の言動から，ウの「後悔」は読み取れない。後で課長はすぐに責任転嫁しようとしているのでエも合わない。

問六　俊介に対する課長の言動を述べている部分に着目する。同じ段落の「課長は警戒するように俊介の顔をちらりと見た」から，課長の俊介に対する不信感が読み取れる。

問七　俊介が「どっちつかず」の態度でいる部分を探すと，上申が失敗した後，酒場で「俊介自身は意見を求められても薄笑いするばかりで相手になろうとしなかった」や，鼠害について述べている部分で「いろいろと手はあると思ったが，事件ははじまったばかりなので，いままでどおり俊介はどっちつかずに黙っていることにした」などとある。この「いつもの俊介」の様子にアが最も適切。イの「自分以上の実力がある人物がいない」，ウの「何をしても上手くいくはずはない」，エ「同僚や上司がいかに幼いか」と俊介が思っているとは読み取れない。

重要 問八　傍線部⑥の「倦怠から逃げたくて」は，前の「たいくつしのぎ」の言い換えであることを確認する。俊介が「大きな自然の営みから分断される」ことが読み取れる描写はないので，適切でないのはウ。俊介が上申書を提出したときと失敗したときの同僚たちの態度の違いを述べるアは適切。「課長はにがりきった」で始まる段落の「俊介は自分がピラミッドの底辺に立っていることをそのときあらためて知らされた」にイも適切。鼠害について課長と話す場面の「俊介はばからしさのあまり，あいた口のふさがらないような気がした」に，エも適切。

やや難 問九　俊介の研究課長(農学者)に対する気持ちが読み取れる部分を探す。「研究課長は彼に」で始まる段落の「この男は純真だ」や，鼠害について二人が話す場面の「彼に恐慌の壮大なイメージと暗示をはじめにあたえてくれたのはこの男だし，その後すべての人間に軽蔑され，疎外された彼を理解して惜しまず資料を提供してくれたのもこの男だ」「彼は相手の言葉に好意を感じたし，自分をするどく追いつめたその思考の速度に敬意を抱きもした」にも着目する。設問は研究課長(農学者)の人物像を問うているので，「俊介は研究課長を～な人物であるととらえ，敬意を抱いたから。」などの形でまとめる。

★ワンポイントアドバイス★

例年対義語が出題されている。普段から幅広い読書を心がけ，語彙量を増やして対応しよう。

大切なことはメモしておこうネ！

T-G

2023年度

★★★★★★★★★★★★★★★★★★★★★★★★★

入　試　問　題

2023年度

法政大学第二高等学校入試問題

【数　学】（50分）　<満点：100点>

【注意】 1. 定規，コンパス，ものさしおよび分度器は使わないこと。

2. 電卓・時計・携帯電話等についている計算機能は使わないこと。

3. 必要ならば，円周率はπを用いること。

4. 図は正確でない場合がある。

5. 答えは分母に根号を含まない形で答えること。

Ⅰ 次の各問に答えなさい。

問１．$\sqrt{12}$の小数部分をa，$\sqrt{3}$の小数部分をbとするとき，abの値を求めなさい。

問２．x，yについての連立方程式$\begin{cases} 2(y-4)=-(x-1) \\ x-\dfrac{y+4}{2}-2=0 \end{cases}$を解きなさい。

問３．２次方程式 $(x+2)^2+x^2=(x+4)^2-12$ を解きなさい。

問４．x^2-2x-y^2+2yを因数分解しなさい。

Ⅱ 次の各問に答えなさい。

問１．$x+y=-1$，$xy=-\dfrac{3}{5}$のとき，$x^2-3xy+y^2$ の値を求めなさい。

問２．$\sqrt{n^2-105}$ が整数になる最大の自然数nを求めなさい。

問３．定義域が$-6 \leqq x \leqq -2$である２つの関数$y=\dfrac{1}{2}x^2$，$y=ax+b\ (a<0)$ の値域が一致するような定数a，bの値を求めなさい。

問４．１辺の長さが12cmの正三角形ABCに円O_1が内接している。また，円O_2は△ABCの２辺AB，CAと円O_1に接している。このとき，円O_2の半径を求めなさい。

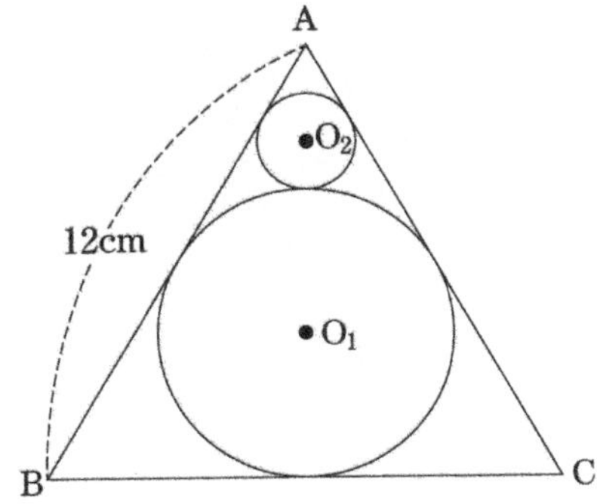

Ⅲ １，２，７，17が書かれたカードがそれぞれ１枚ずつある。この中から無作為に１枚引き，書かれた数を記録してから元に戻す。この操作を３回繰り返し，記録した３つの数をすべて掛け合わせた整数を作る。次の各問に答えなさい。

問１．作られた整数が１となる確率を求めなさい。

問２．作られた整数が2023となる確率を求めなさい。

問３．作られた整数が素数となる確率を求めなさい。

Ⅳ　関数 $y=\frac{1}{4}x^2$ のグラフとそのグラフ上に点P $(a,\ b)$（a は正の定数）がある。
点Qの座標を $(a,\ -1)$，点Rの座標を $(0,\ 1)$，原点をOとする。次の各問に答えなさい。

問１．PQ＝３のとき，線分PRの長さを求めなさい。

問２．$a=4$ のとき，△PQRの面積を求めなさい。

問３．$a=4$ のとき，点Pを通り四角形OQPRの面積を二等分する直線の式を求めなさい。

Ⅴ　図のように点Oを中心とする半径２㎝の円周上に長方形の頂点となるような４点A，B，C，Dがある。この長方形ABCDは，BC＝２㎝である。また，辺ADの延長線上にAC＝AEとなるような点Eをとり，線分CEと円との交点をF，線分AFと辺CDとの交点をGとする。次の各問に答えなさい。

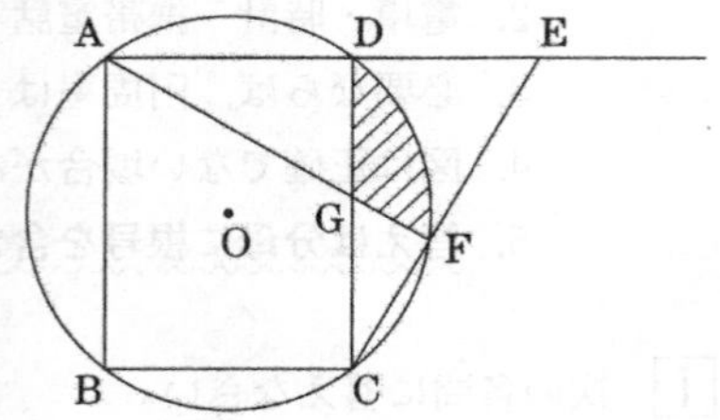

問１．線分AGの長さを求めなさい。

問２．△CFGの面積を求めなさい。

問３．図の斜線部分の面積を求めなさい。

Ⅵ　図のように，１辺の長さが８㎝の立方体ABCD－EFGHがある。

辺AD，CDの中点をそれぞれM，Nとする。次の各問に答えなさい。

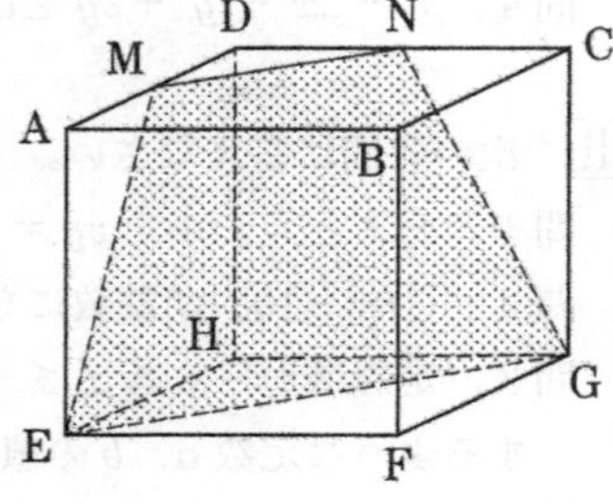

問１．四角形MEGNの面積を求めなさい。

問２．点Hから四角形MEGNまでの距離を求めなさい。また，その考え方を書きなさい。

【英　語】（50分）　＜満点：100点＞　　※リスニングテストの音声は弊社HPにアクセスの上，音声データをダウンロードしてご利用ください。

【注意】 1．スペリングや記号はまぎらわしい書き方をしないこと。書き方のくせ，大文字と小文字にも注意すること。とくに筆記体の *e* と *l*, *b* と *f*, *u* と *v*, *y* と *g*, *a* と *o* などの区別をはっきりさせること。

2．英単語の頭文字が指定されている場合，必ずその文字から書き始めること。

3．電子辞書機能のある機器は使用しないこと。

I　＜リスニング問題＞

(A) 男女の会話がそれぞれ1回読まれます。その会話に対する以下の質問の答えとして最も適切なものをそれぞれ1つ選び，記号で答えなさい。

1．

(1) How will the weather be this evening?

あ）Rainy.　　い）Snowy.

う）Cloudy.　　え）Sunny.

(2) What will they do tomorrow?

あ）See the weather report.　　い）Exercise at the gym.

う）Go jogging.　　え）Read at the library.

2．

(1) How long will the man be in Europe?

あ）For one week.　　い）For three weeks.

う）For five weeks.　　え）For six weeks.

(2) How many times has the woman been to the California Museum?

あ）Once.　　い）Three times.

う）Four times.　　え）Five times.

3．

(1) How much money do the two people have with them?

あ）$1.　　い）$4.

う）$5.　　え）$6.

(2) What will the man do first?

あ）Get one more dollar.　　い）Call Mary.

う）Go to the cafeteria.　　え）Wait for Mary.

4．

(1) Why did the man see the movie?

あ）Because his brother wanted to see it.

い）Because he wanted to see the man who lived with a wild tiger.

う）Because his favorite actor was in it.

え）Because he likes animals that lived millions of years ago.

(2) Why was the woman happy?

あ) Because she could act well.

い) Because she was popular.

う) Because she shook hands with a famous actor.

え) Because she performed in the movie.

5．＊以下の番組表を見ながら会話を聞きなさい。

<table>
<tr><th></th><th>Channel 1</th><th>Channel 3</th><th>Channel 4</th><th>Channel 8</th><th>Channel 9</th><th>Channel 10</th></tr>
<tr><td>7:00</td><td>News</td><td rowspan="4">Movie</td><td>News</td><td rowspan="2">Variety Show</td><td rowspan="3">Documentary</td><td rowspan="2">News</td></tr>
<tr><td>7:30</td><td rowspan="4">Music program</td><td rowspan="3">1</td></tr>
<tr><td>8:00</td><td rowspan="2">Documentary</td><td rowspan="3">Movie</td></tr>
<tr><td>8:30</td><td>News</td></tr>
<tr><td>9:00</td><td>News</td><td>Drama</td><td>Quiz Show</td><td>Drama</td></tr>
</table>

(1) What should be in [1] in the program guide?

あ) Magic show　　い) Movie

う) Documentary　　え) Quiz show

(2) What channels will they probably watch?

あ) Channel 1 and 8.　　い) Channel 3 and 8.

う) Channel 1 and 9.　　え) Channel 3 and 9.

(B) これから読まれる英文を聞いて，下線部を埋めなさい。英文はそれぞれ3回読まれます。（解答欄には下線部分のみ書きなさい。）

1．＿＿＿＿＿＿＿＿＿＿＿＿＿＿＿＿＿？

2．A：I can't find my keys anywhere.

B：＿＿＿＿＿＿＿＿＿＿＿＿＿＿＿＿＿.

Ⅱ　次の英文を読んで，設問に答えなさい。（＊印の語には注釈がつけてあります。）

孤児院からやってきたWilliam。しかし，引き取り手の老兄妹（ElizabethとRobert）の望む子どもは…。

When William woke up the next morning, he felt happy. He jumped out of bed and ran to the window and looked outside. It was a beautiful Sunday morning. The sun shone and the sky was blue. William opened the window. Outside, there was a fruit tree with beautiful flowers. In the sky, birds were flying up in the air and singing beautifully. William could see many other trees and flowers, and a small river, too.

"This is a wonderful place!" he thought. Then, suddenly, he remembered. He felt very sad. "But I can't stay here anymore. They don't want me because I'm not a girl," he thought.

Soon Elizabeth came into the room. "Good morning, William. It's such a beautiful day," she said. "Breakfast is waiting. Wash your face and put on your clothes."

"I'm feeling very hungry," William said. "I can never be sad in the mornings. I love mornings," he thought.

After breakfast, William washed the plates and cups. Elizabeth watched carefully, but William did the job well.

"This afternoon I'm going to drive to San Francisco," Elizabeth said. "You'll come with me, William, and we'll talk to Mrs. Anderson."

Robert didn't say anything, but he looked very sad. Later, he went to the *garage and got the car ready for Elizabeth. Elizabeth drove, and William sat next to her.

"(ア)" asked William.

"About eight kilometers," answered Elizabeth. "I know you like to talk, William. So tell me your story."

"It isn't very interesting," said William. "I was born in Spokane in Seattle, and I was eight last July. My mother was a singer and my father was a pianist at a big theater. But they both got sick and died when I was a baby. So their cleaner, Mrs. Palmer, took me into their house. Mr. Palmer ran a *grocery store. They had four children. When I was around five, I helped Mrs. Palmer with the children. But then, something terrible happened. Mr. Palmer died in an accident. Mrs. Palmer and the children went to Mr. Palmer's parents. They took me with them. Mr. Palmer's parents were happy to be with their grandchildren but not with me. They didn't want me."

"Then Mrs. Eliot, Mrs. Palmer's friend, took me into her house. She had a *cattle ranch and had eight children. They were very hard work. Then Mrs. Eliot sold her ranch and moved far away with her children. I had to go to the *orphanage because nobody wanted me. I was there for five months."

"(イ)" asked Elizabeth.

"No, not often," answered William. "I didn't have time. I was always busy with the children. But I like reading very much."

"Were these women – Mrs. Palmer and Mrs. Eliot – kind to you?" asked Elizabeth.

"They wanted to be kind," William said slowly. "But they were always very tired. They couldn't really be kind to me."

① Elizabeth suddenly felt very sorry for William. The little boy's life was very sad. Nobody wanted him or loved him.

When Mrs. Anderson saw Elizabeth and William, she was very surprised. Elizabeth told her about the problem they had.

"I'm very sorry," answered Mrs. Anderson. "I made a big mistake. But I have an idea. My neighbor, Mrs. Bessinger, has a new baby. She wants a boy to help her. William can go and live with her. Mr. Bessinger is a *fisherman. He has his own fishing boat. William can help him someday."

"Oh," said Elizabeth. She knew about Mrs. Bessinger. Mrs. Bessinger had a lot of children, but she wasn't very kind to them.

"Look!" said Mrs. Anderson. "Here's Mrs. Bessinger now."

Mrs. Bessinger had small, cold eyes.

"This is Elizabeth Carpenter from Palo Alto," Mrs. Anderson told her. "And this little boy is from the orphanage. I brought him for Elizabeth but she wants a girl. (ウ)"

Mrs. Bessinger looked at William for a long time. She didn't smile. "He's very thin," she said. "I hope he's strong. He'll have to work hard from early in the morning to late at night every day. Yes, Mrs. Anderson, I'll take this boy. He can come home with me now."

Elizabeth looked at William's unhappy face. "I can't give William to Mrs. Bessinger," she thought. "Wait," she said. "First I have to discuss things with my brother, Robert. He wants William to stay with ②us."

William looked at Elizabeth in surprise. Then he jumped up and ran across the room. "Can I really stay with you at Palo Alto?" he asked. "Did you really say that?"

"I don't know," said Elizabeth. "Now sit down and be quiet."

When Elizabeth and William came back home, Robert was waiting in front of the garage. He was very happy when he saw William. Later, Elizabeth told him about Mrs. Bessinger. She told him William's story, too. Robert wasn't usually angry, (A) he was very angry about Mrs. Bessinger.

"That Bessinger woman is very unkind," he said.

"I know," said Elizabeth. "I don't like her either. All right, Robert, William can stay here with us. But I don't know very much about children. I hope I don't make any mistakes with him."

"Thank you, Elizabeth," said Robert happily.

"William's a very interesting little boy. Be good to him. Then he'll always love you," said Elizabeth with a smile in her face.

(注) garage 車庫　grocery store 食料品店　cattle ranch 牧場　orphanage 孤児院
fisherman 漁師

1．(ア)～(ウ)に入る最も適切な文をあとのあ)～か)の中からそれぞれ1つ選び，記号で答えなさい。

あ) Did they often help you?

い) How long does it take to get there?

う) Did you go to school?

え）Would you like him?

お）What would you like her to do for you?

か）Is it a long way to San Francisco?

2．次の質問に主語・動詞のある3語の英語で答えなさい。

When William was a baby, what did his parents do for a living?

3．下線部①はなぜそのように感じたのか，以下のあ）～え）の中から最も適切なものを1つ選び，記号で答えなさい。

あ）両親をなくしたことを，William は誰にも理解されていなかったから。

い）両親がなくなった後，誰も William を引き取ろうとせず，家から追い出そうとしたから。

う）両親がなくなった後，William を愛する人は誰もいなかったから。

え）両親がなくなった後，William の行った家庭では，大人たちが自分たちの子どもを理解していなかったから。

4．Mrs. Anderson と Mrs. Bessinger のやりとりから，Mrs. Bessinger の気持ちを最もよく表しているものを以下のあ）～え）の中から1つ選び，記号で答えなさい。

あ）自分は子ども好きなので，William を引き取って自分の子どもとして育てたい。

い）Elizabeth は女の子をほしがっているので，自分が仕方なく William を引き取らなければならない。

う）自分は労働力を必要としているので，William には自分のために働いてもらいたい。

え）自分は男の子の教育に力を入れているので，William を引き取って教育を受けさせたい。

5．下線部②が指している人物を以下のあ）～え）の中から1つ選び，記号で答えなさい。

あ）Elizabeth and Robert

い）Elizabeth and Mrs. Anderson

う）Elizabeth, Robert and Mrs. Anderson

え）Elizabeth, Mrs. Anderson and Mrs. Bessinger

6．（A）に入る最も適切な接続詞1語を答えなさい。

7．本文の内容に当てはまるものを，以下のあ）～き）の中から全て選び，記号で答えなさい。

あ）William stayed with the Palmer family after his parents died.

い）William went to Mrs. Palmer's parents' house because they wanted him.

う）William liked reading, so he went to school to read books every day.

え）William wanted to go to Mrs. Bessinger's house because Mrs. Bessinger had a lot of children.

お）Robert was pleased when Elizabeth came back home because she was with William.

か）Robert was angry about Mrs. Anderson because she made a mistake.

き）Elizabeth didn't know enough about children when she decided to take William home.

Ⅲ 次の英文を読んで，設問に答えなさい。(＊印の語には注釈がつけてあります。)

Do you need to own a phone? A sofa? A car? Some people want to buy things and use them for many years. But in a *circular economy, you don't have to. This is because many businesses are moving away from traditional ownership models of selling products. Instead, they are moving to different models that include paying money to use their products or offering "products-as-a-service." The key to the success of these *usership models is that products are high quality and can have a long life and many users.

When people move into their first home, they often look for furniture that is not so expensive. Many of them go to stores like IKEA, a famous European furniture company, to buy things like chairs and tables. However, some of this furniture is not designed − or expected − to last very long. When it breaks, the owners often just throw it away. In the United States alone, a huge amount of furniture is buried under the ground every year. IKEA is trying to solve this waste problem in several ways. First, the company has begun to *rent some of its products in parts of Europe. Each time a product comes back from a renter, it is cleaned and repaired to make the life of the product longer. Second, customers who buy new furniture can sell or rent it to a new customer. [ア] With this in mind, IKEA has started to design its products for longer life and easier repair. It is testing which parts of chairs, tables, lamps, etc. may break or become weaker first. The company wants to repair or change just that part to give each piece of furniture a longer life. Their goal is to realize this process. This model works well for products we use every day, such as furniture, but it also works for products that we use (①) frequently, for example, camping equipment and wedding dresses. They both have growing rental and *resale markets.

Renting and reselling are not the only *trends away from ownership. More and more consumers are choosing to pay a monthly fee for a service that allows them to use products instead of buying them. [イ] This model − sometimes called product-as-a-service − is already popular in the music business. It is becoming more common across other businesses, such as the smartphone market. Fairphone, one of the phone companies in *the Netherlands, makes smartphones using materials which are strong enough to use for a long time and environmentally friendly methods. But it doesn't (②) its phones. Instead, customers pay a monthly fee to use them. Because the company designs high-quality phones that are easy to repair, they last a long time, and they don't go straight to the trash can after they are used for a while.

For consumers, the good points of usership are clear. [ウ] They don't have to pay a high cost or worry about keeping the product in good condition. They can easily and cheaply repair or *upgrade their products. Young people, in particular, are attracted to usership models. They prefer using products to owning them. Many of them don't want to own a lot of things. Consumers' interest in ③ these kinds of services is increasing for everything from cars to clothing. A recent report found that sales of these kinds of services have grown over 300 percent worldwide in seven years.

For businesses, usership also has good points. Fairphone's service provides the company with money from their users every month. For IKEA, usership strategies are helping the company to plan for the future. It will be harder to get the non-renewable raw materials needed to produce furniture someday. [エ] And for IKEA and other companies as well, moving to a usership model can improve their public image — it shows that they pay attention to the environment. This positive image is good for business.

The move from (X) to (Y) will probably continue growing, partly in response to growing consumer need for ④ greener products. A recent survey of 15,000 people in Asia, Europe, and North America found that consumers increasingly worry about the environmental damage that waste can cause. More than half of them said they would pay a higher price to be sure that products are made in an environmentally friendly way. As the need for environmentally friendly products and services grows, product makers may need to move more quickly to prepare themselves for the end of (Z).

(注) circular economy 循環型経済　usership models 使用権モデル
rent （お金を払って）ものを賃借する　resale 転売，再販　trends 傾向
the Netherlands オランダ　upgrade （製品などの）品質・性能をよくする

1．空所（①）に入る最も適切な語を以下のあ）～え）の中から1つ選び，記号で答えなさい。
あ）little　い）less　う）much　え）more

2．空所（②）に入る最も適切な1語を本文中より探し，答えなさい。

3．下線部③の例として，最も適切なものを以下のあ）～え）の中から1つ選び，記号で答えなさい。
あ）renting products and fixing them after they are returned
い）fixing the products customers bought
う）offering a special price for young customers
え）paying a monthly fee to buy the products

4．次の1文が入る最も適切な箇所を本文中の [ア] ～ [エ] の中から1つ選び，記号で答えなさい。
The company is preparing for the future.

5．下線部④ "greener products" とは，具体的にどのような製品か。以下の語の後に続けて，答えなさい。
products made (　　)(　　)(　　)(　　)(　　)

6．空所（X）～（Z）に入る単語の最も適切な組み合わせを，次のあ）～え）の中から1つ選び，記号で答えなさい。

あ）（X） usership　（Y） ownership　（Z） usership

い）（X） renting　（Y） selling　（Z） renting

う）（X） ownership　（Y） usership　（Z） ownership

え）（X） selling　（Y） renting　（Z） renting

7．本文の内容に当てはまるものを，次のあ）～え）の中から1つ選び，記号で答えなさい。

あ）Fairphone sells its smartphones and when they break, the company collects the phones and repairs them for free.

い）Both IKEA and Fairphone are designing products that last longer and are easier to repair and by doing so, customers can use their products again and again.

う）Fairphone is planning for a decrease in the raw materials which are necessary to make its phones, and the company is recycling the precious metal parts in their phones.

え）IKEA doesn't sell its products because its customers have to return the products after they have used them for one year.

Ⅳ 指示に従って以下の設問に答えなさい。

1．次の各組の（ ）に入る同じつづりの英語1語を答えなさい。

a）It's cold. May I (　　) the window?
You can walk to the station. It's very (　　) from here.

b）I tried to use the new coffee maker but I couldn't (　　) out how to use it.
Look at this (　　). This shows the number of people who visited Japan last year.

2．それぞれの英文の意味が通じるように（ ）に入る英語1語を答えなさい。ただし，頭文字が指定されている場合は，それに従うこと。

a）This shirt is too small for me. Show me (a　　) one, please.

b）Boys, you can take any food you want. Please help (　　).

c）The concert is tomorrow. I'm really looking (　　) to it.

3．次の各組の2つの英文がほぼ同じ意味になるように，（ ）に入る最も適切な英語1語を答えなさい。

a）There is a big supermarket in my hometown.
(　　)(　　)(　　) a big supermarket.

b）Nancy speaks French very well.
Nancy is (　　)(　　)(　　) French.

V　指示に従って以下の設問に答えなさい。

1．次の各組の英文がほぼ同じ意味になるように，下線部に入る最も適切な単語（英語１語）または語句（英語２語以上）を答えなさい。

a）My dog died three years ago.
　Three years ________________ since my dog died.

b）The Nile is longer than the Amazon.
　The Amazon is not ________________ as the Nile.

c）What is the English name of this flower?
　________________ do you call this flower ________________?

2．与えられた［　］内の語または語句を並べ加えて意味の通る英文を完成させ，４番目と６番目に来る語または語句の記号を答えなさい。なお，文頭に来る語（句）も小文字で示されています。

a）［あ）my favorite　い）same　う）by　え）worn　お）sweater
　か）the　き）I　く）bought　け）actor］.

b）［あ）go　い）her　う）why　え）you　お）last　か）did　き）out
　く）let　け）night］?

3．以下の日本語の意味を表す英文を答えなさい。ただし（　）に指示がある場合は，それに従うこと。

a）私は明日までに自分の部屋の掃除をし終えるつもりです。

b）その映画を観た後に買い物に行きませんか。（shall を使うこと）

持ちはどのようなものであるか。その説明として最も適切なものを次から選び、記号で答えよ。
ア、先生と向き合うことで勝負とは異なる心の通じ合いが生じ、その時を堪能する気持ち。
イ、敬愛する先生に強くなった自分の力を見せることができたという充実感に浸る気持ち。
ウ、先生と今の時間を共有することで、勝負へのこだわりを捨て無言で語り尽くそうとする気持ち。
エ、格上の先生との剣を通しての語り合いによって、自分の至らなさを心から実感する気持ち。

問八　傍線部⑥「剣道は二度とやるまいと誓いました」とあるが、先生はどのような経緯から決意したのか。その説明として最も適切なものを次から選び、記号で答えよ。
ア、本当は人を助けるために医学の道に進んだにも関わらず、剣道の有段者であったために戦争で人を殺す立場になったため、これからは部下への罪を償おうと剣道を辞める決意をした。
イ、本来剣道は人を殺すためではなく人間を活かすためのものであるべきなのに、軍国主義に利用され自身もその一端を担ったため、そうした世の中に反抗する手段として剣道を辞める決意をした。
ウ、剣道の有段者であったため斬り込み隊長に任じられたが、戦争では貧弱な武器しか持たない部下に斬り込みを命じる立場に立つことになり、その原因となった剣道を辞める決意をした。
エ、戦時中に斬り込み隊長として今でも忘れられないほどの厳しい経験をしたきっかけとなるのが剣道であり、そこから離れることで少しでも自分の心の傷を癒やすために剣道を辞める決意をした。

問九　傍線部⑦「段にこだわっている自分」とあるが、こうした雄吉のあり方を具体的に示す表現を本文中より十五字以上二十字以内で抜き出し、はじめとおわりの三字をそれぞれ答えよ。

問十　傍線部⑧「方便として、相手を前に置く」とあるが、これはどういうことか。剣道における「方便」が何を意味するのかを明らかにした上で、八十字以上百字以内で説明せよ。ただし、句読点等も字数に含むものとする。

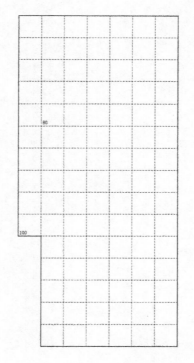

下書き用（必要に応じて使用すること）

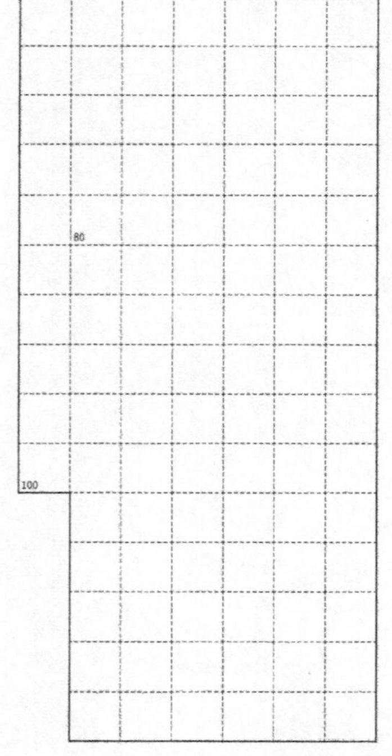

雄吉は老師とうなずき合い、盃を上げて飲み干した。

（佐江衆一「勝敗に非ず」より）

［注］※1　ゴボウ剣……旧日本陸海軍における銃剣の俗称。銃剣とは小銃に装着するための短剣のことを言う。
※2　柳生宗矩（やぎゅうむねのり）……武将、剣術家（一五七一―一六四六）。
※3　沢庵禅師（たくあん）……臨済宗の僧（一五七三―一六四五）。
※4　澤木興道（さわきこうどう）……曹洞宗の僧（一八八〇―一九六五）。

問一　空欄［A］に入る表現として最も適切なものを次から選び、記号で答えよ。

ア、厳寒の荒野に一人静かにたたずんでいる
イ、ライバルと道場で修行に切磋琢磨する
ウ、秋の夕暮れに一人で虫の音に耳を傾ける
エ、清流の岸辺に立って風に吹かれている

問二　本文中に二カ所ある空欄［B］に共通して入る言葉として最も適切なものを次から選び、記号で答えよ。

ア、やっと　　イ、おのずと　　ウ、おもむろに　　エ、にわかに

問三　傍線部①「人格」とあるが、これはどういうことか。その説明として最も適切なものを次から選び、記号で答えよ。

ア、その人の個性的な人柄がただにじみ出ている姿。
イ、社会的な関係性から距離を置いた孤独な姿。
ウ、他者との関係により生じる像ではない自身の姿。
エ、他人との利害関係を削り去った無私の姿。

問四　傍線部②「その程度の人生」とあるが、これはどのような人生のことか。その説明として最も適切なものを次から選び、記号で答えよ。

ア、会社で評価を受けることを目標に、全力で邁進した人生。
イ、気力と体力が充実し、会社での評価が高いだけの人生。
ウ、心を見失い、会社という場に安住の地を見い出した人生。
エ、収入や利害にとらわれず、信念だけで頑張れた人生。

問五　傍線部③「号令」とあるが、雄吉にとって「号令」とはどのようなものであるか。その説明として**適切でないもの**を次から一つ選び、記号で答えよ。

ア、戦争中の苦い思い出につながるもの。
イ、組織における規律や上下関係。
ウ、これまで見失っていた本来の自分。
エ、剣道の自分の段位に対する劣等感。

問六　傍線部④「子供たちには良い道徳教育ね」とあるが、ここでの妻の考えはどのようなものであるか。その説明として最も適切なものを次から選び、記号で答えよ。

ア、礼儀の大切さを知る機会のない子供たちにとって、剣道はそれを伝えるのにふさわしいものだというもの。
イ、年上の人が率先して相手に敬意を示すことによって、子供に礼を重んじる姿勢を身につけさせられるというもの。
ウ、昇段試験に何度も挑戦している年長者が号令をかけることで、子供たちはその人を敬愛する姿勢が学べるというもの。
エ、年上の号令はそれに従う人たちに人生の奥行きを感じさせ、子供たちもそこで礼の大切さを知ることができるというもの。

問七　傍線部⑤「静かな境地にいる自分」とあるが、この時の雄吉の気

酒をすすめた。

「江戸時代までは剣術に段などありませんでしたね。それぞれの流派の道場主が弟子の技量を認めて免許皆伝を与えたものです。それも商売みたいなものですがね。私は子供のころから剣道を習ったので、医学生のときに四段でしたが、それで南方戦線に出征したとき、医官なのにガ島で斬り込み隊長をやらされました」

老先生は酒盃を静かに口にはこびながら、自身に語りかけるように低い声で話しはじめた。

太平洋戦争中の昭和十七年八月から翌年二月にかけて日本軍とアメリカ軍が激戦し、日本軍将兵三万余名の三分の二が戦死あるいは餓死したガダルカナル島の先生が生き残りだとは雄吉は聞いていたが、家族にも口をとざして語らなかったというそのときのことに先生は触れたのだ。

「斬り込み隊といってもわずか五人の班で、軍刀を持っていた少尉の私も若かったが、私のほかは銃につけたゴボウ剣※1で白兵突撃する若い兵たちでした。深夜、真暗闇のジャングルを敵陣へ忍び寄るので、木の幹にしるしをつけて帰れるようにしたが、斬り込む前に敵に発見され銃撃されて、部下が次々に斃(たお)れました……」

声が途絶え、瞑目(めいもく)した先生はしばらくして夕なずむ庭へ視線をやると、言葉をついだ。

「餓死もせずに生き残って復員した私は、⑥剣道は二度とやるまいと誓いました。それが戦後二十年たって誓いを破ったのは、患者さんと竹刀を交えて汗を流すことが〝和の剣道〟だと気づいたからです」

「〝和の剣道〟ですか」と雄吉はその言葉を繰り返した。

「それも屁理屈(へりくつ)ですがね」

先生は苦笑してつづけた。「江戸時代の柳生宗矩※2は沢庵禅師※3の教えを得て、殺人刀(せつにんとう)を活人剣(かつにんけん)に変えましたが、所詮人殺しの剣が人を活かすというのは矛盾がありますね。だが明治以降、人殺しの剣術が竹刀による剣道となって、人間修行の道になった。その剣道が軍国主義に利用されたのは悲しいことです」

「私も道場で号令をかけるとき、ふと戦争中を思い出すことがあるのですが……」

「号令をかけたり段位制のある剣道界は、一種の階級社会ですからね。私も号令は好きではありません。本来、人間は号令をかけたりかけられたり、旗を振ったり振らせたりするものではありません。段もいりませんね。私は戦時中の四段を戦後に返上しましたから、以来、無段ですよ」

「えッ、先生は無段ですか。無段でその腕前。いいですね。範士八段の先生とやって勝ちますね」

世辞ではなく、雄吉は心からそう思い、⑦段にこだわっている自分を恥じた。老先生はいった。

「剣道は段位や勝った負けたではありません。ご承知と思うが、寺を持たぬ禅僧だった澤木興道※4師はこういっていますね。『剣道とは剣を手にし、方便として相手を前に置き、仮りに勝負を論じ、精一杯の力を尽して、今かぎり此処かぎり真の自己を鍛錬し、新しい自己を創造することである』と」

「⑧方便として、相手を前に置く――のですね」

「方便」とは、仏教で衆生(しゅじょう)を導くために用いる便宜的な手段という意味である。竹刀を交える相手は、勝負を決する敵ではなく、おのれである。いや、仏かもしれなかった。

見失っていたのかもしれなかった。

　次の土曜日、雄吉は防具を担いでしばらくぶりに久保道場を訪ねた。六段をとったらお礼と報告をと思っているうちに、ずいぶんとご無沙汰してしまっていた。

　八十六歳の久保先生は、とうに医院を息子にゆずって隠居していたが、道場では患者さんや近所の子供たちにまだ教えていた。小柄ながら長年の稽古で鍛えた均整のとれた体軀と姿勢の良さが米寿近い者とは思えない。

「おや、めずらしい人がお見えになった。久しぶりにお手合わせ願えますね」

　稽古が終わって汗を拭っていた老先生は、無沙汰を詫びる雄吉へにこやかにそういうと、自分の隣に座らせて子供たちへも紹介してから、いかにもうれしそうに面をつけた。

　雄吉は何年ぶりかで久保先生と竹刀を構えて正対した瞬間、おやと思った。小柄な先生が以前は大きく見えて威圧されたものだが、いま竹刀を合わせている先生は一まわりも二まわりも小さく感じられた。お齢を召されて縮んだのか。いや、自分の腕が上がったのだと思った。

　数年前から県の高齢者剣友会にも入会して、高齢の高段者との稽古も積んできた雄吉は、最近では相手が六十代の六段なら負けることがほとんどなかったし、同年配の七段の先生でも勝つことがあった。

（今日は六段の実力を先生に見てもらえる）

　雄吉は自信に充ちた気合を発すると、剣尖をやや低めにつけてジリッと攻めた。小柄な先生はゆったりと構えたまま微動だにしない。わずかに剣尖が鶺鴒の尾のように揺れている。面金の奥の目が優しい。さあ、どこからでもいらっしゃいといっているようだ。腕を上げましたね、そう語りかけてもいる。だが、一分の隙もなく、気勢さえ読ませない。雄吉が気力をこめて攻めると、竹刀が軽く乗ってくる。中心をとって乗ってはくるが、柔らかい剣尖だ。雄吉のどのような攻めにも瞬時に対応できる構えである。が、雄吉も互角。互いの竹刀の剣尖が軽く触れ合って、微かな音をたてた。二人が心の内で語り合っている、その言葉のように。

　雄吉は先生に勝とうとも負けるとも思わず、張りつめた清らかな気持で剣の攻防を繰り返しながら、そのような⑤静かな境地にいる自分を先生に伝えるよろこびの中にいた。

——剣で語り合う。

　そうした相手とはめったに出会えるものではなかった。

（中略）

「参りました」

　さわやかな胸の内から［B］その言葉が出た。

　竹刀を収めてから先生の前に正座して改めて礼をのべると、先生は鄭重な辞儀を返してにこやかにいった。

「見事な面を頂戴しました。ありがとう。見違えるほど腕を上げましたね」

　シャワーを浴びてから先生の隠居所で日本酒をご馳走になった。

「そうですか。自分で受かったと思ったなら、それが一番いいことです。審査は所詮他人の評価です。気にしないことです」

　今度も六段に不合格だったと報告すると、老先生はそういって雄吉に合慣れする必要があった。剣道をはじめて五年、三段をとった六十歳の秋、市の剣道大会ではじめて若者二人に勝って三位の賞状をもらった。

その三年後、六十三歳のとき県単位で行われる四段の審査に二度目で合格した雄吉は、試合にはほとんど「出ると負け」だったが、ひとつの開眼をした。

——勝ちたい勝ちたいと思って勝てるものではなく、負けると思えば必ず負ける。

といって、勝てると思っても勝てるとは限らない。要は、勝ちたいという我欲を捨てて、無心の技が［ B ］出たときに勝てる。

（中略）

雄吉には一生つづけても八段受審は夢のまた夢だが、六十七歳で五段になれた彼は高齢者への受審資格短縮特例で七十歳から六段を受審してきて、七十五歳にして十回も落ちつづけているのである。

かなり酔って高木と新幹線に乗った雄吉は、三十分ほど熟睡し、ふと目覚めて、闇が疾走していく車窓のガラスに映る自分の疲れきった老いの酔顔へつぶやいていた。

——私の人生のピークは、疲れも諦めも知らなかった五十代前半の名古屋営業所長時代のあのころだったな……。

②その程度の人生だったかと寂しくも思うが、その後の老いの下り坂が剣道のおかげで力づけられているとも思った。

「残念だったわね。お疲れさま。もう受けるのはおやめなさいよ。これを最後にするっていってたでしょう?」

「まあ、そうなんだが……」

慰めてくれる老妻へ雄吉はあいまいな返事をしたが、諦める気はなかった。

「七十面下げて稽古のとき③号令をかけるのは、いい加減に願い下げにしたいんだよ」

冗談半分にいったが、それも早く六段になりたい理由の一つだった。

稽古では、道場の上座に八段、七段、六段の先生方が居並び、五段以下は段位の高い古い順に下座に正座するのが普通である。そして五段筆頭者が「着座」「黙想」「神前に礼」「先生方に礼」「お互いに礼」といった号令をかけ、最後には全員で「ありがとうございました」と高段者の先生方に大声で両手をついて礼をいう。四段になってから市の合同稽古や他の道場で稽古するようになった雄吉は、五段の筆頭になってから号令をかけてきて、五段の若い人が雄吉を追い抜いて六段に昇段して上座に移るので、いつまでも号令役なのだ。

「キリッとしていいじゃありませんか。それが〝礼に始まり礼に終る〟剣道なんでしょう。④子供たちには良い道徳教育ね」

妻はそういい、雄吉も規律ある団体行動に身心の心地良い緊張を感じるが、号令をかけるたびにではないにしても、戦争中の苦い思い出がふとよみがえってくるのだ。国民学校（小学校）で級長をしていた彼は、朝礼や皇居遥拝や分列行進のときなどに「気をつけ」「最敬礼」「歩調トレ」「頭ァ右ッ」などと号令をかけさせられ、声が小さいと先生や上級生からビンタをもらい、立派な兵隊さんになれないと叱られた。そして考えてみれば、会社勤めの間、そんな号令ではないけれども、組織の規律に縛られて安心と心地良さを味わってきたのだ。殊に営業所長時代はその先頭に立って成績向上のために号令をかけて、本来あるべき自分をずだ。

問九　波線部X「真の才能」とあるが、「閉塞感漂う現代社会」における「真の才能」とはどのようなものだと考えられるか。次の条件に従って説明せよ。

【条件】

・「閉塞感漂う現代社会」に相当する具体的な社会状況を少なくとも一つは例として挙げること。その上で「真の才能」について説明すること。

・字数は百字以上百五十字以内とし、段落は作らずに一マス目から詰めて書くこと。ただし、句読点等も字数に含むものとする。

下書き用（必要に応じて使用すること）

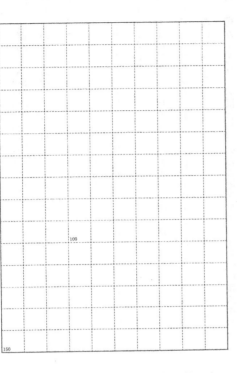

三　次の文章を読んであとの各問に答えよ（なお、出題の都合上、本文を省略した所がある）。

雄吉が久保道場に入門したのは、名古屋営業所から東京本社にもどって間もなくのころだった。営業所長として四年間懸命に頑張り成績を上げたのに、本社にもどってみると期待したポストではなく、出世コースからはずれた職場だった。定年までの五年間、いわゆる窓際族として過さねばならない。つき合いゴルフのほかにはこれといった趣味もなかった。無力な五十男の自分に突然向き合わされたようで、定年後をどのように生きたらいいのかの迷いもあった。

その雄吉に「門前に立って迷っていないで、中に入ってみることです」との言葉は、何か大きな力で背中をやさしく押されたようだった。

竹刀の構え方、振り方、足運びなどの剣道の基本を習い、ゴルフのスイングと同じように左手で振り右手は添えるだけだといわれても、相手がボールではないのでうまくいかなかったが、防具をつけて相手と竹刀を交えるうちに、剣道は一対一で人間に対する道だと知った。これまでも会社の仕事でさまざまな人と対してきたが、竹刀の先の相手は、肩書きも収入の上下も、利害関係も全くない、①人格があるだけの一個の人間だった。子供は無邪気でその子らしく、おとなはそれぞれの性格と悩みを持っていたが、すべてを忘れて裸の人間になろうとしていた。雄吉自身、稽古に熱中して全身からしぼるほど汗を流すたびに、それまでの自分が削ぎ落されて、［　A　］ような気がした。

初段をとってからは試合にも出たが、二、三合打ち合ううちに「面」や「小手」や「胴」をとられてあっけなく負けた。試合経験ゆたかな若者にとても勝てるものではなかった。試合に勝つには、場数を踏んで試エ、「起死回生の逆転劇」を演じられるような大ぶりな若者には、自らの力で自己評価を適正なレベルまで下方修正する習慣があるから。

問四　傍線部②「富貴の人は根源的になることがない」とあるが、これはどういうことか。その説明として最も適切なものを次から選び、記号で答えよ。

ア、今の世の中はスマートな仕組みに支えられているが、これに適応して権力や財貨や威信や人望を持つ人の根源的な存在価値は認められないということ。

イ、お金のある人には孔子の生き方は虚構であり、むなしさを感じさせるものでもあるため、今の世の中を生きるロールモデルにはなりえないということ。

ウ、豊かで健康な人間は自分の循環器系や内分泌系の仕組みを知らずとも今の世の中で生きていけるため、身体を根源的に追究することがないということ。

エ、今の世の中の仕組みに精通し、必要なものを身につけて楽しく暮らしていける人は、この世の中や人間のあり方を深く考察することがないということ。

問五　傍線部③「そういう時」とあるが、その指示する内容を、解答欄の「時」に続く形で本文中より十五字で抜き出して答えよ。

問六　傍線部④「すべてが崩れるように見えるカオス的状況においても局所的には秩序が残る」とあるが、ここで言われている「局所的に残る『秩序』」とはどのようなものか。その内容として適切な表現を、本文中より八字で抜き出して答えよ。

問七　傍線部⑤「一番スマートな人たち」とあるが、これはどのような人たちのことか。その説明として最も適切なものを次から選び、記号で答えよ。

ア、いずれ訪れる閉塞感のある社会を見通して非常時対応の才能を身につけ、その中でなんとか生き抜こうとする人たち。

イ、閉塞感の漂う現代の社会から逃げ出し、非常時であれ平時であれ、双方に対応して確実に生きていこうとする人たち。

ウ、平時で成功を収めたものの社会の閉塞感を敏感に感じとり、自分の持っている価値観のまま逃げ出そうとする人たち。

エ、平時や非常時も、さらに閉塞感のある社会ももとのともせず、外国へ逃れてでも自己を保って生き抜こうとする人たち。

問八　本文における筆者の主張として最も適切なものを次から選び、記号で答えよ。

ア、今の日本の社会状況を考えると、人間が共同的に生きることのできる場を作るだけの経済力を持つ人こそが、この先に必要とされるのだ。

イ、日本社会のシステムの崩壊に備え、今のうちから「逃げ支度」をしておくことは、社会の再建という仕事を放棄する無責任な行動だ。

ウ、今の日本は「閉塞感漂う現代社会」であり、しかも社会のシステムが崩れ始めているため、諦めてこの現状を受け止める才能が必要だ。

エ、今の日本の学校教育のシステムにおいてあまり評価されることのない子どもたちの中にこそ、社会の閉塞感を打破する人材がいるはネルギーが流れているはずの器官が硬直して、もろもろの制度がすでに可塑性（かそせい）や流動性を失っている。今の日本はそうなっている。それは上から下までみんな感じている。システムの受益者たちでさえ、このシステムを延命させることにしだいに苦痛を覚え始めている。

⑤一番スマートな人たちは、そろそろ店を畳んで、溜め込んだ個人資産を無傷で持ち出して、「日本ではないところ」に逃げる用意を始めている。シンガポールや香港に租税回避したり、子どもたちを中学から海外の学校に送り出そうとしたり、日本語より英語ができることをありがたがったりするのは、「逃げ支度」の一つの徴候である。

彼らはシステムが瓦解する場には居合わせたくないのである。破局的な事態が訪れた後、損壊を免れたわずかばかりの資源と手元に残っただけの道具を使って、瓦礫から「新しい社会」を再建するというような面倒な仕事を彼らは引き受ける気がない。

だから、私たちがこの先頼りにできるのは、今のところあまりスマートには見えないけれど、いずれ「ひどいこと」が起きたときに、どこにも逃げず、ここに踏みとどまって、ささやかだが、それなりに条理の通った、手触りの優しい場、人間が共同的に生きることのできる場所を手作りしてくれる人々だということになる。

いずれそのような重大な責務を担うことになる子どもたちは、たぶん今の学校教育の場ではあまり「ぱっとしない」のだろうと思う。「これを勉強するといいことがある」というタイプの利益誘導にさっぱり反応せず、「グローバル人材育成」戦略にも乗らず、「英語ができる日本人」にもなりたがる様子もなく、遠い眼をして物思いに耽（ふけ）っている。彼らはたしかに何かを「諦めている」のだが、それは地平線の遠くに「どんなことがあっても、諦めてはいけないもの」を望見しているからである。たぶんそうだと思う。

（内田樹『武道論　これからの心身の構え』より）

［注］※1　白川静……漢文学者（一九一〇―二〇〇六）。

※2　鈴木大拙（すずきだいせつ）……仏教学者（一八七〇―一九六六）。

※3　賦活（ふかつ）……活力を与えること。

※4　ノーメンクラトゥーラ……旧ソ連や東欧諸国における共産党・政府のエリート層や支配階級のこと。

問一　二重傍線部ａ「イノベーティブ」の言い換えとして最も適切なものを次から選び、記号で答えよ。

ア、普遍的　イ、革新的　ウ、保守的　エ、功利的

問二　空欄 A ・ B に入る最も適切な言葉を、本文中よりそれぞれ抜き出して答えよ。ただし A は五字、 B は四字で抜き出すこと。

問三　傍線部①「いささかも懸念するには及ばない」とあるが、これはなぜか。その説明として最も適切なものを次から選び、記号で答えよ。

ア、「起死回生の逆転劇」を演じられるような大ぶりな若者は地道な努力により成功を手にするため、年寄りの説教に耳を貸す必要がないから。

イ、開花するはずの才能が開くことなく終わるという悲劇は、「起死回生の逆転劇」を演じられるような大ぶりな若者には起きそうもないから。

ウ、中には一〇万人にひとりくらいの割合で、ほんとうに「起死回生の逆転劇」を演じられるような大ぶりな若者がいることもあるから。

はどんな場合でも残る。あるいは瓦礫(がれき)の中から真っ先に再生する。

どれほど悲惨な難民キャンプでも、そこに暮らす人々の争いを鎮めるための司法機関と、傷つき病んだ人を受け容れるための医療機関と、子どもたちを成熟に導くための教育機関と、死者を悼み、神仏の加護と慈悲を祈るための霊的な場だけは残る。そこが人間性の最後の砦だからである。それが失われたらもう人間は集団的には生きてゆけない。

司法と医療と教育と宗教。この四つの制度の働きを動詞で言い換えると、「裁く」と「癒す」と「学ぶ」と「祈る」ということになる。この四つの根源的な動詞が言い表す営みが集団が集団として存続するための必須のものなのである。それを担うためにはどんな集団であっても、そこに一定数の「大人」が存在しなければならない。

別に成員の全員が「大人」である必要はない。せめて一割程度の人間が、どのようなカオス的状況にあっても、この四つの根源的な仕事がなければならないということを知っているならば、システムが瓦解した後でも、カオスの大海に島のように浮かぶその「条理の通る場」を足がかりにして、私たちはまた新しいシステムを作り上げることができる。

私はそんなふうに考えている。

自分の将来について考えるときに、「死ぬまで、この社会は今あるような社会のままだろう」ということを不可疑の前提として、このシステムの中で「費用対効果のよい生き方」を探す子どもたちと、「いつか、この社会は予測もつかないようなかたちで破局を迎えるのではあるまいか」という漠然とした不安に囚われ、その日に備えておかなければならないと考える子どもたちがいる。「平時対応」モードの子どもたちと「非常時対応」モードの子どもたちと言い換えてもいい。

実は、彼らはそれぞれのモードに従って何かを諦めている。

「平時対応」を選んだ子どもたちは、「もしもの時」に自分が営々として築いてきたもの、地位や名誉や財貨や文化資本が「紙くず」になるリスクを負っている。「非常時対応」の子どもたちは、「もしもの時」に備えるために、今のシステムで人々がありがたがっている諸々の価値の追求を断念している。どのような破局的場面でも揺るがぬような確かな思想的背骨を求めつつ同時に「富貴」であることはできないからである。

人間は何かを諦めなければならない。これに例外はない。自分が平時向きの人間であるか、非常時向きの人間であるかを私たちは自己決定することができない。それは生得的な傾向として私たちの身体に刻みつけられているからである。

それが言うところの「あるがままの自己」である。

だから、「あるがままの自己」を受け入れるということは、「システムが順調に機能しているときは羽振りがよいが、カオスには対応できない」という無能の様態を選ぶか、「破局的状況で生き延びる力はあるが、システムが順調に機能している時はぱっとしない」という無能の様態を選ぶかの二者択一をなすということである。どちらかを取れば、どちらかを諦めなければならない。

以上は一般論である。そして、より現実的な問題は今私たちがいるのが「閉塞感漂う現代社会」の中だということである。閉塞感というのは、システムがすでに順調に機能しなくなり始めていることの徴候である。

制度が、立ち上がったときの鮮度を失い、劣化し、あちこちで崩れ始めているとき、私たちは閉塞感を覚える。そこにはもういきいきとしたものが感じられないからだ。壁の隙間から腐臭が漂い、みずみずしいエこれが話の前提である。

私が問題にしているのはX「真の才能」である。なぜ、私が「自己評価の下方修正」についての原稿をまず「真の才能とは何か?」という問いから始めたかというと、「真の才能」を一方の極に措定しておかないと、「才能」についての話は始まらないからである。というのは、私たちがふだん日常生活の中でうるさく論じ、その成功や失敗について気に病んでいるのは、はっきり言って「どうでもいい才能」のことだからである。「富貴」をもたらし、「享楽主義」や「現世利益」と相性がよいのは「どうでもいい才能」である。それは思想とも宗教とも関係がない。そんなものは「あっても、なくても、どうでもいい」と私は思う。

ところが現代人は、まさにその「あっても、なくても、どうでもいい才能」の多寡をあげつらい、格付けに勤しみ、優劣勝敗巧拙をうるさく言挙げする。

今の世の中で「才能」と呼ばれているものは、一言で言ってしまえば「この世界のシステムを熟知し、それを巧みに活用することで自己利益を増大させる能力」のことである。だから、「才能ある人」たちはこの世の中の仕組みを理解し、その知識を利用して、「いい思い」をしている。

彼らは、なぜこの世の中はこのような構造になっているのか、どのような与件によってこの構造はかたちづくられ、どのような条件が失われたときに瓦解するのかといったことには知的資源を用いない。この世の中の今の仕組みが崩れるというのは、「富貴の人」にとっては「最も考えたくないこと」だからである。

考えたくないことは、考えない。フランス革命の前の王侯たちはそうだったし、ソ連崩壊前のノーメンクラトゥーラ※4もそうだった。そして、「考えたくないことは考えない」でいるうちに、しばしば最も考えたくないことが起き、それについて何の備えもしていなかった人たちは崩れ落ちる大伽藍とともに大地の裂け目に呑み込まれて行った。

この世のシステムはいずれ崩壊する。これは約束してもいい。いつ、どういうかたちで崩壊するのかはわからない。でも、必ず崩壊する。歴史を振り返る限り、これに例外はない。二五〇年間続いた徳川幕府も崩壊したし、世界の五大国に列した大日本帝国も崩壊した。戦後日本の政体もいずれ崩壊する。それがいつ、どういうかたちで起きるのかは予測できないが。

私たちが「真の才能」を重んじるのは、それだけが「③そういう時」に備えているからである。「真の才能」だけが「そういう時」に、どこに踏みとどまればいいのか、何にしがみつけばいいのか、どこに向かって走ればいいのか、それを指示できる。「真の才能」はつねに世界のありようを根源的なところからとらえる訓練をしてきたからだ。

問題はすべてが崩れることではない。④すべてが崩れるように見えるカオス的状況においても局所的には秩序が残ることである。「真の才能」はそれを感知できる。

カオスにおいても秩序は均質的に崩れるわけではない。崩れ切ってしまう部分と、局所的に秩序が生き延びる場が混在する。秩序と混乱が混在するからカオスなのである。すべてが均質的に壊れる状態、例えば、地球上の全員が一瞬で死んでしまうような破局(いきなり彗星が激突するとか)は「カオス」とは呼ばれない。「無」である。

混沌と無は別物である。カオスにおいては、秩序と混乱が混在する。そして、それなしでは人間が集団的に生きてゆくことができない制度というようなことを書いたかに記憶している。その意見は今も変わらない。

才能というのはまわりの人間がその開花を妨害しようとすればつぶせるようなやわなものではない。むしろ「自分をつぶしにかかっている」という現実そのものを滋養にして開花するのである。説教一つでつぶれてしまうような才能は「才能」とは呼ばれない。

真に[a]イノベーティブな才能は、その人の出現によって、それまで「旧(ふる)いシステム」に寄食していた何千人か何万人かの面目を丸つぶれにしたり、失業に追いやってしまうものである。だからこその出現が既得権益者によって妨害されるのは当然のことなのである。

万人がその出現を諸手を挙げて歓迎する才能などというものはこの世に存在しない。

かつて[※1]白川静は孔子を評してこう書いたことがある。

「孔子の世系についての『史記』などにしるす物語はすべて虚構である。孔子はおそらく、名もない巫女(みこ)の子として、早くに孤児となり、卑賤のうちに成長したのであろう。そしてそのことが、人間についてはじめて深い凝視を寄せたこの偉大な哲人を生み出したのであろう。思想は富貴の身分から生まれるものではない」(白川静、『孔子伝』、中公文庫、二〇〇三年、二六頁)

思想は富貴の身分から生まれるものではない。これは白川静がその実存を賭けて書いた一行である。

「富貴の身分」というのはこの世の中の仕組みにスマートに適応して、しかるべき権力や財貨や威信や入望を得て、今あるままの世界の中で愉快に暮らしていける人のことである。「富貴の人」はこの世界の仕組みについて根源的な考察をする必要を感じない(健康な人間が自分の循環器系や内分泌系の仕組みに興味を持たないのと同じである)。「人間いかに生きるべきか」というような問いを自分に向けることもない(彼ら自身がすでに成功者であるのに、どこに自己陶冶(とうや)のロールモデルを探す必要があるだろう)。

②富貴の人は根源的になることがない。

やり方を知らないし、必要もない。そういう人間から思想が生まれることはないと白川静先生は言ったのである。

同じようなことを[※2]鈴木大拙も書いていた。『日本的霊性』において、平安時代に宗教はなく、それは鎌倉時代に人が「大地の霊」に触れたときに始まったという理説を基礎づける中で大拙はこう書いている。

「享楽主義が現実に肯定される世界には、宗教はない。万葉時代は、まだ幼稚な原始性のままだから、宗教は育たぬ。平安時代に入りては、日本人もいくらか考えてよさそうなものであったが、都の文化教育者はあまりに現世的であった。外からの刺激がないから、反省の機会はない。(……)宗教は現世利益の祈りからは生まれぬ。」(鈴木大拙、『日本的霊性』、岩波文庫、一九七二年、四一―四二頁、強調は内田)

白川静が「思想」と呼んでいるものと、鈴木大拙が「宗教」と呼んでいるものは、呼び方は違うが中身は変わらない。世界のありようを根源的にとらえ、人間たちに生き方を指南し、さらに一人ひとりの生きる力を[※3]賦活する、そのような言葉を語りうることである。

思想であれ宗教であれ、あるいは学術であれ芸術であれ、語るに足るものは「 A 」や「 B 」や「現世利益」からは生まれない。

ふたりの老賢人はそう教えている。

【国語】（五〇分）〈満点：一〇〇点〉

一 次の各問に答えよ。

問一 次の①～④の傍線部の語の「対義語」を正確に漢字二字で答えよ。

① 幼少期に濃密な人間関係を築く。
② 農家が閑散な時期には町へ出稼ぎに行く。
③ 都会の生活に浸り、暮らしぶりが華美に流れる。
④ 複雑な現象を単純な要素に分けて解明するのが分析だ。

問二 次の①～②の傍線部の中から一つだけ文法的な説明が異なるものを選び、記号で答えよ。

① ア、機械の故障ではなさそうだ。
イ、桜の開花が早まりそうだ。
ウ、今年の夏は暑くなるそうだ。

② ア、もう夕方なのに、依然として仕事は山積みだ。
イ、夏の高原でさわやかな朝の空気を吸う。
ウ、あの音楽家は世界的に有名なので、取材希望が絶えない。

問三 次の傍線部の語の中から一つだけ活用の種類が異なるものを選び、記号で答えよ。

ア、親に苦労をかけないよう、倹約を心がける。
イ、主力選手が欠け、戦力が著しく低下した。
ウ、その事実を書けば、世間が騒然とするに違いない。

問四 次の①～③の傍線部の漢字の読みをひらがなで答えよ。

① 自らを卑下する。　② 格別の恩恵を被る。
③ 品位を保つため自重する。

二 次の文章を読んであとの各問に答えよ。

「半分諦めて生きる」という不思議なお題を頂いた。「あるがままの自己を肯定し、受け入れるためには、上手に諦めることも必要なのでは。閉塞感漂う現代社会でどう生きていけばいいのか」という寄稿依頼の趣旨が付されていた。

『児童心理』という媒体からのご依頼であるから、不適切な（過大な）自己評価をしている子どもたちの自己評価を下方修正させることの効用と、そのための実践的な手順についてのお訊(たず)ねなのであろうと思った。

なぜ私にそのような原稿発注があったかというと、ずいぶん前に学校教育について論じた中で、「教師のたいせつな仕事の一つは子どもたちの過大な自己評価を適正なレベルにまで下方修正することにある」と書いたことがあるからである。これはたしかにほんとうの話で、「宇宙飛行士になる」とか「アイドルになる」とか「サッカー選手になる」とかいうことを「将来の夢」として小学生が卒業文集に書く分には可憐だが、二〇歳過ぎて仕事もしないで家でごろごろしている人間が語るとあまりかわいげがない。そういう人はどこかで「進路修正」のタイミングを失したのである。むろん、そういう人の中にも一〇万人にひとりくらいの割合で、それからほんとうにNASAに就職したり、グラミー賞を受賞したり、セリエAにスカウトされたりする人も出てくることがあるので、あまり断定的には言えないが、そういう「起死回生の逆転劇」を演じられるような大ぶりな若者は年寄りの説教など端(はな)から耳を貸さないので、こちらががみがみ言ったくらいで「大輪と咲くはずだった才能が開花せずに終わった」というような悲劇は起きないから、①いささかも懸念するには及ばないのである。

MEMO

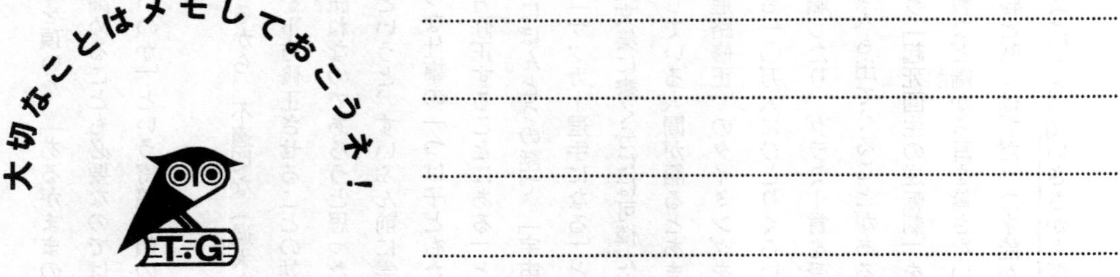

2023年度

解　答　と　解　説

《2023年度の配点は解答欄に掲載してあります。》

＜数学解答＞ 《学校からの正答の発表はありません。》

Ⅰ　問1　$ab=9-5\sqrt{3}$　　問2　$x=5$, $y=2$　　問3　$x=0$, 4　　問4　$(x-y)(x+y-2)$

Ⅱ　問1　$x^2-3xy+y^2=4$　　問2　$n=53$　　問3　$a=-4$, $b=-6$　　問4　$\frac{2}{3}\sqrt{3}$cm

Ⅲ　問1　$\frac{1}{64}$　　問2　$\frac{3}{64}$　　問3　$\frac{9}{64}$

Ⅳ　問1　PR＝3　　問2　△PQR＝10　　問3　$y=\frac{11}{6}x-\frac{10}{3}$

Ⅴ　問1　AG＝$\frac{4}{3}\sqrt{3}$cm　　問2　△CFG＝$\frac{2}{3}\sqrt{3}$cm^2　　問3　$\frac{2}{3}\pi-\frac{2}{3}\sqrt{3}$cm^2

Ⅵ　問1　72cm^2　　問2　（考え方）解説参照　　（答）$\frac{16}{3}$cm

○推定配点○

Ⅰ　各5点×4　　Ⅱ　各5点×4　　Ⅲ　各5点×3　　Ⅳ　各5点×3　　Ⅴ　各5点×3

Ⅶ　問1　5点　　問2　（考え方）5点　　（答）5点　　計100点

＜数学解説＞

Ⅰ　（数の性質，式の値，連立方程式，2次方程式，因数分解）

問1　$3=\sqrt{9}<\sqrt{12}<\sqrt{16}=4$より，$\sqrt{12}$の整数部分は3だから，小数部分は，$a=\sqrt{12}-3$　　$1=\sqrt{1}<\sqrt{3}<\sqrt{4}=2$より，$\sqrt{3}$の整数部分は1だから，小数部分は，$b=\sqrt{3}-1$　　よって，$ab=(\sqrt{12}-3)(\sqrt{3}-1)=(2\sqrt{3}-3)(\sqrt{3}-1)=2\sqrt{3}\times\sqrt{3}-2\sqrt{3}\times1-3\times\sqrt{3}+3\times1=6-2\sqrt{3}-3\sqrt{3}+3=9-5\sqrt{3}$

問2　$2(y-4)=-(x-1)$…①　　$x-\frac{y+4}{2}-2=0$…②　　①より，$2y-8=-x+1$　　$x+2y=9$…③　　②より，$2x-y-4-4=0$　　$2x-y=8$…④　　③＋④×2より，$5x=25$　　$x=5$　　③に$x=5$を代入すると，$5+2y=9$　　$2y=4$　　$y=2$

問3　$(x+2)^2+x^2=(x+4)^2-12$より，$x^2+4x+4+x^2=x^2+8x+16-12$　　$x^2-4x=0$　　$x(x-4)=0$　　$x=0$, 4

問4　$x^2-2x-y^2+2y=x^2-y^2-2x+2y=(x+y)(x-y)-2(x-y)=(x-y)(x+y-2)$

Ⅱ　（式の値，数の性質，一次関数と二乗に比例する関数，相似，三平方の定理，円の性質）

問1　$x^2-3xy+y^2=x^2+y^2-3xy=(x+y)^2-2xy-3xy=(x+y)^2-5xy=(-1)^2-5\times\left(-\frac{3}{5}\right)=1+3=4$

問2　Xを正の整数として，$\sqrt{n^2-105}=\mathrm{X}$とおく。両辺を2乗して，$n^2-105=\mathrm{X}^2$　　$n^2-\mathrm{X}^2=105$　　$(n+\mathrm{X})(n-\mathrm{X})=105$　　$105=1\times105=3\times35=5\times21=7\times15$より，$n$，Xの組み合わせは，$(n, \mathrm{X})=(53, 52)$，$(19, 16)$，$(13, 8)$，$(11, 4)$　　よって，最大の自然数$n=53$

問3　$y=\frac{1}{2}x^2$に$x=-6$，-2をそれぞれ代入すると，$y=\frac{1}{2}\times(-6)^2=\frac{1}{2}\times36=18$，$y=\frac{1}{2}\times(-2)^2=\frac{1}{2}\times4=2$　　よって，関数$y=\frac{1}{2}x^2$の定義域が$-6\leqq x\leqq-2$の時，値域は$2\leqq y\leqq18$となる。関数$y=ax+b$の定義域が$-6\leqq x\leqq-2$のとき，値域は$2\leqq y\leqq18$となるから，$a<0$であることより，関数$y=ax+b$は，$(-6,\ 18)$，$(-2,\ 2)$を通るので，傾きは，$a=\frac{18-2}{-6-(-2)}=\frac{16}{-6+2}=\frac{16}{-4}=-4$

関数$y=ax+b$に$a=-4$，$(-2,\ 2)$を代入すると，$2=-4\times(-2)+b$　　$2=8+b$　　$b=-6$

問4　頂点Aから辺BCに下した垂線の足をHとし，円O_1，O_2と辺ABとの接点をそれぞれ，P，Qとする。また，円O_1とO_2との接点をRとする。△ABCが正三角形であるから，△ABHは，∠ABH＝60°の直角三角形となる。よって，BH：AB：AH＝1：2：$\sqrt{3}$であり，AB＝12cmであるから，BH＝6cm，AH＝$6\sqrt{3}$cm　　同様に，△CAP，△CBPで考えると，AP＝BP＝6cm　　△ABHと△AO_1Pにおいて，∠AHB＝APO_1＝90°，∠BAH＝∠O_1APより，2組の角がそれぞれ等しいので，△ABH∽△AO_1P　　相似な図形の対応する辺の比は等しいので，O_1P：AO_1：AP＝BH：AB：AH＝1：2：$\sqrt{3}$であるから，$O_1P=2\sqrt{3}$cm　　よって，円O_1の半径は，$2\sqrt{3}$cmとわかるので，$O_1H=O_1R=2\sqrt{3}$cm　　△AO_1Pと△AO_2Qにおいて，∠APO_1＝∠AQO_2＝90°，∠PAO_1＝∠QAO_2より，2組の角がそれぞれ等しいので，△AO_1P∽△AO_2Q　　相似な図形の対応する辺の比は等しいので，O_2Q：AO_2：AQ＝O_1P：AO_1：AP＝1：2：$\sqrt{3}$　　円O_2の半径を$r$cmとすると，$O_2Q=O_2R=r$cm，$AO_2=AH-(O_1H+O_1R+O_2R)=6\sqrt{3}-(2\sqrt{3}+2\sqrt{3}+r)=6\sqrt{3}-4\sqrt{3}-r=2\sqrt{3}-r$(cm)　　よって，$O_2Q$：$AO_2=r$：$(2\sqrt{3}-r)=1$：2　　$2\sqrt{3}-r=2r$　　$3r=2\sqrt{3}$　　$r=\frac{2}{3}\sqrt{3}$(cm)

Ⅲ　**(確率)**

1，2，7，17が書かれたカードから無作為に1枚引き，書かれた数を記録してから元に戻す操作を3回繰り返したときの組み合わせは，4×4×4＝64(通り)

問1　作られた整数が1となるには，3回とも1を引かなければいけないので，1×1×1＝1(通り)　よって，求める確率は，$\frac{1}{64}$

問2　2023＝7×17×17なので，作られた整数が2023となるには，7を1回，17を2回引く必要がある。(7，17，17)，(17，7，17)，(17，17，7)の3通りあるので，求める確率は，$\frac{3}{64}$

問3　素数は約数を1とその整数しか持たないので，1を2回，1以外の整数を1回引く必要がある。(1，1，2)，(1，2，1)，(2，1，1)，(1，1，7)，(1，7，1)，(7，1，1)，(1，1，17)，(1，17，1)，(17，1，1)の9通りあるので，求める確率は，$\frac{9}{64}$

Ⅳ　**(図形と関数・グラフの融合問題)**

点Rから線分PQに引いた垂線の足をSとする。

問1　$P(a,\ b)$，$Q(a,\ -1)$，$R(0,\ 1)$，$S(a,\ 1)$である。PQ＝3より，$PQ=b-(-1)=3$　　$b+1=3$　　$b=2$　　$y=\frac{1}{4}x^2$に$P(a,\ 2)$を代入すると，$2=\frac{1}{4}a^2$　　$a^2=8$　　$a=\pm2\sqrt{2}$　　$a>0$より，$a=2\sqrt{2}$　　よって，$P(2\sqrt{2},\ 2)$，$R(0,\ 1)$，$S(2\sqrt{2},\ 1)$より，$PS=2-1=1$，$RS=2\sqrt{2}-0=2\sqrt{2}$　△PRSにおいて，三平方の定理より，$PR=\sqrt{PS^2+RS^2}=\sqrt{1^2+(2\sqrt{2})^2}=\sqrt{1+8}=\sqrt{9}=3$

問2　$P(4,\ b)$，$Q(4,\ -1)$，$R(0,\ 1)$，$S(4,\ 1)$である。$y=\frac{1}{4}x^2$に$P(4,\ b)$を代入すると，$b=\frac{1}{4}\times4^2=\frac{1}{4}\times16=4$　　よって，$P(4,\ 4)$となり，$PQ=4-(-1)=4+1=5$，$RS=4-0=4$　　△PQR＝

$\frac{1}{2}\times PQ\times RS=\frac{1}{2}\times 5\times 4=10$

問3　$\triangle ROQ=\frac{1}{2}\times 1\times 4=2$なので，四角形OQPR＝$\triangle PQR+\triangle ROQ=10+2=12$　求める直線と線分OQとの交点をTとし，Tから線分PQに引いた垂線の足をUとする。直線OQの傾きは，$\frac{-1-0}{4-0}=-\frac{1}{4}$なので，直線OQの式は，$y=-\frac{1}{4}x$と表せる。点Tの$x$座標を$t$とおいて，$y=-\frac{1}{4}x$に$x=t$を代入すると，$y=-\frac{1}{4}t$　よって，$T\left(t,\ -\frac{1}{4}t\right)$，$U\left(4,\ -\frac{1}{4}t\right)$と表せる。求める直線は，四角形OQPRの面積を二等分するので，$\triangle PTQ=12\times\frac{1}{2}=6$となればよい。$TU=4-t$より，$\triangle PTQ=\frac{1}{2}\times 5\times(4-t)=6$　$5(4-t)=12$　$20-5t=12$　$5t=8$　$t=\frac{8}{5}$　$-\frac{1}{4}t=-\frac{1}{4}\times\frac{8}{5}=-\frac{2}{5}$より，$T\left(\frac{8}{5},\ -\frac{2}{5}\right)$となるので，直線PTの傾きは，$\left\{4-\left(-\frac{2}{5}\right)\right\}\div\left(4-\frac{8}{5}\right)=\frac{22}{5}\div\frac{12}{5}=\frac{22}{5}\times\frac{5}{12}=\frac{11}{6}$　直線PTを$y=\frac{11}{6}x+c$とおいて，P(4, 4)を代入すると，$4=\frac{11}{6}\times 4+c$　$4=\frac{22}{3}+c$　$c=-\frac{10}{3}$　よって，求める直線の式は，$y=\frac{11}{6}x-\frac{10}{3}$

Ⅴ　(合同・相似，三平方の定理，円の性質，長さ・面積の計量)

問1　四角形ABCDは長方形なので，AD＝BC＝2cm，AD//BC　∠ADC＝90°　円Oの半径は2cmなので，OA＝OB＝OC＝OD＝2cm　よって，AE＝AC＝4cm　△OBCはOB＝OC＝BC＝2cmなので，正三角形であり，∠OCB＝60°　平行線に対する錯角は等しいので，∠DAC＝∠ACB＝60°　従って，△ACEは正三角形となる。△ACDと△ECDにおいて，CA＝CE　∠CDA＝∠CDE＝90°，CD＝CDより，直角三角形で斜辺と他の1辺がそれぞれ等しいので，△ACD≡△ECD　合同な図形の対応する角は等しいので，$\angle ACD=\angle ECD=60^\circ\times\frac{1}{2}=30^\circ$　円周角の定理より，$\overset{\frown}{DF}$に対する円周角は等しいので，∠DAF＝∠DCF＝30°　よって，△AGDは，DG：AG：AD＝1：2：$\sqrt{3}$の直角三角形となる。従って，$AG=AD\times\frac{2}{\sqrt{3}}=2\times\frac{2}{\sqrt{3}}=\frac{4}{\sqrt{3}}=\frac{4}{3}\sqrt{3}$(cm)

問2　∠CAF＝∠CAE－∠EAF＝60°－30°＝30°　△ACEは正三角形だから，∠ACE＝60°　△ACFにおいて，∠AFC＝180°－(∠CAF＋∠ACF)＝180°－(30°＋60°)＝180°－90°＝90°　よって，△CFGは，FG：CG：CF＝1：2：$\sqrt{3}$の直角三角形となる。問1と同様に，△ACF≡△AEFとなり，合同な図形の対応する辺は等しいので，$CF=EF=4\times\frac{1}{2}=2$(cm)　$FG=CF\times\frac{1}{\sqrt{3}}=2\times\frac{1}{\sqrt{3}}=\frac{2}{\sqrt{3}}=\frac{2}{3}\sqrt{3}$(cm)　$\triangle CFG=\frac{1}{2}\times CF\times FG=\frac{1}{2}\times 2\times\frac{2}{3}\sqrt{3}=\frac{2}{3}\sqrt{3}$(cm²)

問3　△OADと△OCFは1辺2cmの正三角形となるので，∠AOD＝∠COF＝60°　よって，∠DOF＝180°－(∠AOD＋∠COF)＝180°－(60°＋60°)＝180°－120°＝60°　問1より，∠DAC＝60°，∠CDA＝90°より，△ACDは，AD：AC：CD＝1：2：$\sqrt{3}$の直角三角形となるので，$CD=AD\times\sqrt{3}=2\times\sqrt{3}=2\sqrt{3}$(cm)　従って，求める面積は，(△OAD＋△OCF＋おうぎ形ODF)－(△ACD＋△CFG)＝$\left(\sqrt{3}+\sqrt{3}+\frac{2}{3}\pi\right)-\left(2\sqrt{3}+\frac{2}{3}\sqrt{3}\right)=2\sqrt{3}+\frac{2}{3}\pi-2\sqrt{3}+\frac{2}{3}\sqrt{3}=\frac{2}{3}\pi-\frac{2}{3}\sqrt{3}$(cm²)

Ⅵ　(三平方の定理，切断，長さ・面積の計量)

問1　点M，Nは，それぞれ辺AD，CDの中点であるから，AM＝MD＝CN＝ND＝4cm　△DMNにおいて，三平方の定理より，MN＝$4\sqrt{2}$cm　また，△EGHにおいて，三平方の定理より，EG＝

$8\sqrt{2}$cm　△AEM，△CGNにおいて，三平方の定理より，ME＝NG＝$4\sqrt{5}$cm　点M，Nから線分EGに下した垂線の足をそれぞれI，Jとする。四角形MEGNは等脚台形であり，MN//EGであるから，IJ＝MN＝$4\sqrt{2}$cm　よって，EI＝GJ＝$(8\sqrt{2}-4\sqrt{2})\times\frac{1}{2}=4\sqrt{2}\times\frac{1}{2}=2\sqrt{2}$(cm)　△MEI，△NGJにおいて，それぞれ三平方の定理より，MI＝NJ＝$\sqrt{(4\sqrt{5})^2-(2\sqrt{2})^2}=\sqrt{80-8}=\sqrt{72}=6\sqrt{2}$(cm)　したがって，四角形MEGN＝$(4\sqrt{2}+8\sqrt{2})\times6\sqrt{2}\times\frac{1}{2}=12\sqrt{2}\times6\sqrt{2}\times\frac{1}{2}=$72(cm²)

問2　直線ME，NG，DHの交点をPとする。△PMDと△PEHにおいて，∠MPD＝∠EPH，∠PDM＝∠PHE＝90°より，2組の角がそれぞれ等しいので，△PMD∽△PEH　相似な図形の対応する辺の比は等しいので，PD：PH＝MD：EH＝4(cm)：8(cm)＝1：2　よって，PD：DH＝PD：(PH－PD)＝1：(2－1)＝1：1より，PD＝DH＝8cmであり，PH＝16cm　△EGHを底面とすると，三角錐P－EGHの体積は，$\frac{1}{3}$×△EGH×PH＝$\frac{1}{3}\times\frac{1}{2}\times8\times8\times16=\frac{512}{3}$(cm³)　また，△PMNと△PEGにおいて，MN//EGなので，∠PMN＝∠PEG，∠PNM＝∠PGEより，2組の角がそれぞれ等しいので，△PMN∽△PEG　MN：EG＝$4\sqrt{2}$(cm)：$8\sqrt{2}$(cm)＝1：2より，相似比が1：2なので，面積比は$1^2:2^2$＝1：4　よって，四角形MEGN：△PEG＝(△PEG－△PMN)：△PEG＝(4－1)：4＝3：4であるから，△PEG＝四角形MEGN×$\frac{4}{3}=72\times\frac{4}{3}=96$(cm²)　点Hから四角形MEGNに下した垂線の長さを$h$cmとすると，三角錐P－EGHの体積は，△PEGを底面として，$\frac{1}{3}$×△PEG×$h=\frac{1}{3}\times96\times h=32h$(cm³)と表せる。したがって，$32h=\frac{512}{3}$　$h=\frac{16}{3}$(cm)

★ワンポイントアドバイス★

難易度の高い問題もあるが，よくある典型的な問題である。練習をたくさん積んで，解法を身につけておこう。

＜英語解答＞《学校からの正答の発表はありません。》

Ⅰ　(A)　1　(1)　い)　(2)　う)　2　(1)　え)　(2)　う)
3　(1)　い)　(2)　い)　4　(1)　う)　(2)　う)　5　(1)　え)　(2)　い)
(B)　1　Can I get you something from the restaurant?
2　I've just found them in the kitchen.

Ⅱ　1　(ア)　か)　(イ)　う)　(ウ)　え)　2　They were musicians.　3　う)
4　う)　5　あ)　6　but　7　あ)，お)，き)

Ⅲ　1　い)　2　sell　3　あ)　4　エ　5　in an environmentally friendly way
6　う)　7　い)

Ⅳ　1　a)　close　b)　figure　2　a)　another　b)　yourself　c)　forward
3　a)　My hometown has　b)　good at speaking

Ⅴ　1　a)　have passed　b)　as[so] long　c)　What, in English
2　a)　4番目　い)　6番目　え)　b)　4番目　く)　6番目　あ)

3　a)　(例)　I will[am going to] finish cleaning my room by tomorrow.

b)　(例)　Shall we go shopping after we see[watch] the movie?

○推定配点○

Ⅰ　各2点×12　Ⅱ　1，3～5　各2点×6　他　各3点×3(7完答)　Ⅲ　1～3　各2点×3
他　各3点×4　Ⅳ　各2点×7　Ⅴ　3　各4点×2　他　各3点×5　計100点

＜英語解説＞

Ⅰ　(リスニング問題)

(A)　1.　W：Did you see the weather report?

M：Yes, it will rain this afternoon and then snow in the evening.

W：Will it snow tomorrow as well?

M：No, it will just be cloudy.

W：How about going jogging or reading at the library tomorrow?

M：Let's go jogging. I need some exercise.

(1)　How will the weather be this evening?

あ)　Rainy.　い)　Snowy.　う)　Cloudy.　え)　Sunny.

(2)　What will they do tomorrow?

あ)　See the weather report.　い)　Exercise at the gym.

う)　Go jogging.　え)　Read at the library.

2.　M：Winter vacation starts in four weeks!

W：Yeah, I'm excited! Are you going anywhere?

M：Yes, I'm going to Europe for six weeks. And you?

W：I'm going to California for one week.

M：Have you ever been to the California Museum before?

W：Let's see. I've been there a few times. Once in 2015, once in 2017, once in 2019, and the last time was two years ago.

M：Wow, you've been there a lot!

(1)　How long will the man be in Europe?

あ)　For one week.　い)　For three weeks.

う)　For five weeks.　え)　For six weeks.

(2)　How many times has the woman been to the California Museum?

あ)　Once.　い)　Three times.　う)　Four times.　え)　Five times.

3.　M：Oh, no! I need two more dollars.

W：What for?

M：Those notebooks are four for $6

W：Sorry I can't help. I left my purse at home.

M：I have to call my sister, Mary, to bring me some more money.

W：OK. I will wait for you at the cafeteria.

(1)　How much money do the two people have with them?

あ)　$1.　い)　$4.　う)　$5.　え)　$6.

(2)　What will the man do first after the conversation?

あ） Get one more dollar.　い） Call Mary.
う） Go to the cafeteria.　え） Wait for Mary.

4. W：Have you seen the new dinosaur movie yet?
M：Yeah. It was really exciting.
W：Are you interested in dinosaurs?
M：Actually, no. But my favorite actor, Tom Pitt, was in it.
W：Tom Pitt! I love him! In fact, I shook hands with him when I saw him at the airport last month! Didn't I tell you about that? I was so pleased!
M：Wow, that's exciting.

(1) Why did the man see the movie?
あ） Because his brother wanted to see it.
い） Because he wanted to see the man who lived with a wild tiger.
う） Because his favorite actor was in it.
え） Because he likes animals that lived millions of years ago.

(2) Why was the woman happy?
あ） She could act well.　い） She was popular.
う） She shook hands with a famous actor.　え） She performed in the movie.

5. W：What do you want to watch, Richard?
M：What's on tonight?
W：Let me see … Superwoman is on tonight on Channel 10. It starts at eight.
M：Oh, I don't want to watch a movie tonight. What else is on?
W：The London Orchestra is playing Beethoven. This program starts at seven thirty and lasts for two hours.
M：Hmm … maybe that'll do. I prefer to listen to Mozart, though.
W：Wait. A Hundred Million Yen also begins at seven thirty. I want to watch this one.
M：What is it? A magic show or something?
W：A quiz show. It's quite interesting. It lasts ninety minutes.
M：That long? No, I can't watch a quiz show for that long. Let's watch something else.
W：Let me see … There's a documentary called Birds in the Amazon. It begins at eight.
M：Sounds great! Let's watch that and the news at nine.

<table>
<tr><th></th><th>Channel 1</th><th>Channel 3</th><th>Channel 4</th><th>Channel 8</th><th>Channel 9</th><th>Channel 10</th></tr>
<tr><td>7:00</td><td>News</td><td rowspan="4">Movie</td><td>News</td><td rowspan="2">Variety Show</td><td rowspan="3">Documentary</td><td rowspan="2">News</td></tr>
<tr><td>7:30</td><td rowspan="4">Music Program</td><td rowspan="3">1</td></tr>
<tr><td>8:00</td><td rowspan="2">Documentary</td><td rowspan="3">Movie</td></tr>
<tr><td>8:30</td><td>News</td></tr>
<tr><td>9:00</td><td>News</td><td>Drama</td><td>Quiz show</td><td>Drama</td></tr>
</table>

(1) What should be in 1 in the program guide?
あ） Magic show　い） Movie　う） Documentary　え） Quiz show

(2) What channels will they probably watch?
あ） Channel 1 and 8　い） Channel 3 and 8
う） Channel 1 and 9　え） Channel 3 and 9

(A) 1. 女性：天気予報を見た？

男性：うん，今日の午後は雨が降って，それから晩には雪になるよ。
女性：明日も雪が降るの？
男性：いいや，曇るだけだよ。
女性：明日はジョギングをしに行くか，図書館で読書をするかしない？
男性：ジョギングをしに行こう。ぼくには運動が必要だよ。

(1)　今晩，天気はどうなりますか。
あ）雨。　い）雪。　う）曇り。　え）晴れ。

(2)　彼らは明日，何をしますか。
あ）天気予報を見る。　い）体育館で運動する。
う）ジョギングをしに行く。　え）図書館で読書をする。

2. 男性：あと4週間で冬休みが始まるね！
女性：ええ，わくわくしているわ！　あなたはどこかへ行くの？
男性：うん，ぼくは6週間ヨーロッパへ行くつもりだよ。君は？
女性：私は1週間カリフォルニアへ行くつもりよ。
男性：カリフォルニア博物館に行ったことはあるかい？
女性：そうねえ。そこへは何回か行ったことがあるわ。2015年に1回，2017年に1回，2019年に1回，そして最後に行ったのは2年前ね。
男性：うわあ，ずいぶんそこに行ったことがあるんだね。

(1)　男性はヨーロッパにどれくらいの間いますか。
あ）1週間。　い）3週間。　う）5週間。　え）6週間。

(2)　女性はカリフォルニア博物館に何回行ったことがありますか。
あ）1回。　い）3回。　う）4回。　え）5回。

3. 男性：ああ，困った！　あと2ドル必要だ。
女性：何のために？
男性：あれらのノートは4冊で6ドルなんだ。
女性：悪いけどお役に立てないわ。家に財布を置いてきたの。
男性：姉さんのメアリーに電話をしてもう少しお金を持ってきてもらわなくては。
女性：いいわよ，カフェテリアのところであなたを待つわ。

(1)　2人はいくら持っていますか。
あ）1ドル。　い）4ドル。　う）5ドル。　え）6ドル。

(2)　男性は会話の後，まず何をするでしょうか。
あ）もう1ドル手に入れる。　い）メアリーに電話をする。
う）カフェテリアに行く。　え）メアリーを待つ。

4. 女性：あなたはもう新しい恐竜映画を観た？
男性：うん。とてもわくわくしたよ。
女性：あなたは恐竜に興味があるの？
男性：実はないんだ。でも，大好きな俳優，トム・ピットが出ていたんだ。
女性：トム・ピット！　彼は大好きよ！　実は，先月空港で彼に会ったときに彼と握手をしたの！　そのことは言わなかったかしら？　とてもうれしかったわ！
男性：うわあ，それはわくわくするね。

(1)　男性はなぜ映画を観たのですか。
あ）彼の兄弟がそれを観たがったから。

い） 彼は野生のトラと暮らす男性を観たかったから。

う） 彼の大好きな俳優がそれに出ていたから。

え） 彼は何百年も生きる動物が好きだから。

(2) 女性はなぜうれしかったのですか。

あ） 彼女は上手に演じることができた。 い） 彼女は人気があった。

う） 彼女は有名な俳優と握手をした。 え） 彼女は映画で演じた。

5. 女性：あなたは何を観たいの，リチャード？

男性：今晩は何があるの？

女性：ええと…今晩，10チャンネルで『スーパーウーマン』があるわ。8時に始まるわよ。

男性：ああ，今晩は映画を観たくないな。他には何があるの？

女性：ロンドン・オーケストラがベートーベンを演奏するわ。この番組は7時半に始まって2時間続くわ。

男性：うーん…それがいいかな。モーツァルトの方が聞きたいけれど。

女性：待って。7時半から『1億円』も始まるわよ。私はこれが観たいわ。

男性：それは何？ マジック・ショーか何か？

女性：クイズ番組よ。とてもおもしろいわよ。90分続くわ。

男性：そんなに長いの？ いや，ぼくはそんなに長くクイズ番組を観ることはできないな。何か他のを観ようよ。

女性：そうねえ…『アマゾンの鳥』というドキュメンタリーがあるわ。8時に始まるわ。

男性；いいね！ それを観て，9時にニュースを観よう。

<table>
<tr><th></th><th>1チャンネル</th><th>3チャンネル</th><th>4チャンネル</th><th>8チャンネル</th><th>9チャンネル</th><th>10チャンネル</th></tr>
<tr><td>7:00</td><td>ニュース</td><td rowspan="4">映画</td><td>ニュース</td><td rowspan="2">バラエティー番組</td><td rowspan="3">ドキュメンタリー</td><td rowspan="2">ニュース</td></tr>
<tr><td>7:30</td><td rowspan="4">音楽番組</td><td rowspan="3">1</td></tr>
<tr><td>8:00</td><td rowspan="2">ドキュメンタリー</td><td rowspan="3">映画</td></tr>
<tr><td>8:30</td><td>ニュース</td></tr>
<tr><td>9:00</td><td>ニュース</td><td>ドラマ</td><td>クイズ番組</td><td>ドラマ</td></tr>
</table>

(1) 番組表の 1 には何が入りますか。

あ） マジック・ショー い） 映画

う） ドキュメンタリー え） クイズ番組

(2) 彼らはおそらく何チャンネルを見るでしょうか。

あ） 1チャンネルと8チャンネル い） 3チャンネルと8チャンネル

う） 1チャンネルと9チャンネル え） 3チャンネルと9チャンネル

(B) 1. <u>Can I get you something from the restaurant?</u>

2. M：I can't find my keys anywhere.

W：<u>I've just found them in the kitchen.</u>

(B) 1. レストランからあなたに何かとりましょうか。

2. 男性：鍵がどこにも見当たらないよ。

女性：台所でちょうど見たわよ。

Ⅱ （長文読解問題・物語文：文選択補充，英問英答，内容吟味，指示語，語句補充）

（全訳） 翌朝ウィリアムが目覚めたとき，彼はうれしく思った。彼はベッドから跳び起きて窓のところまで走り，外を見た。良い天気の日曜日の朝だった。太陽は輝き，空は青かった。ウィリアムは窓を開けた。外にはきれいな花が咲いている果物の木があった。空には鳥たちが宙高く飛んでいて，きれいな声でさえずっていた。ウィリアムには他のたくさんの木や花，そして小川も見えた。

「ここはすばらしい場所だ！」と彼は思った。それから突然，彼は思い出した。彼はとても悲しく思った。「でもぼくはもうここにはいられないんだ。ぼくは女の子ではないから望まれていないんだ」と彼は思った。

間もなくエリザベスが部屋に入ってきた。「おはよう，ウィリアム。天気の良い日ね」と彼女は言った。「朝食の用意ができているわよ。顔を洗って服を着なさい」

「とてもおなかが空いているよ」とウィリアムは言った。「朝は決して悲しくなることはないんだ。ぼくは朝が大好きなんだ」と彼は思った。

朝食後，ウィリアムは皿とカップを洗った。エリザベスは注意深く見守ったが，ウィリアムはその仕事をうまくやった。

「今日の午後，私は車でサンフランシスコまで行くわ」とエリザベスが言った。「あなたも一緒に行くのよ，ウィリアム，そしてアンダーソン夫人と話をするの」

ロバートは何も言わなかったが，とても悲しそうだった。後になって，彼は車庫に行ってエリザベスのために車を出した。エリザベスが運転をして，ウィリアムが彼女の隣に座った。

「ア<u>サンフランシスコまでは遠いの？</u>」とウィリアムが尋ねた。

「8キロくらいよ」とエリザベスが答えた。「あなたはお話をするのが好きよね，ウィリアム。あなたのお話をしてちょうだい」

「あまりおもしろくないよ」とウィリアムは言った。「ぼくはシアトルのスポケーンで生まれて，この前の7月で8歳になったんだ。お母さんは歌手でお父さんは大きな劇場のピアニストだったんだ。でも2人とも病気になってぼくが赤ちゃんのときに死んだの。だから，掃除婦のパーマーさんが彼女たちの家にぼくを連れて行ったんだ。パーマーさんのご主人は食料品店をやっていたよ。彼女たちには4人の子供がいたんだ。ぼくが5歳ころのとき，ぼくはパーマーさんが子供の世話をするのを手伝ったんだ。でもそのとき，恐ろしいことが起こったんだ。パーマーさんのご主人が事故で死んだんだ。パーマーさんと子供たちはパーマーさんのご主人の両親のところに行ったよ。彼女たちはぼくを一緒に連れて行ってくれた。パーマーさんのご主人の両親は自分たちの孫たちと一緒で喜んでいたけれど，ぼくがいるのは喜ばなかったんだ。彼らはぼくを望まなかったんだ」

「それからパーマーさんの友達のエリオットさんがぼくを彼女の家に連れて行ってくれたんだ。彼女は牧場を持っていて，8人の子供がいたよ。それらは大変な仕事だった。エリオットさんは牧場を売って子供たちと遠くへ引っ越してしまったの。誰もぼくを望まなかったから，ぼくは孤児院に行かなくてはならなかったんだ。そこには5か月いたよ」

「イ<u>学校へは行ったの？</u>」とエリザベスが尋ねた。

「いいや，あまり行かなかったよ」とウィリアムは答えた。「時間がなかったんだ。ぼくはいつも子供たちがいて忙しかったんだ。でも本を読むのは好きだよ」

「女性たち，パーマーさんとエリオットさんは，あなたに優しくしてくれたの？」とエリザベスが尋ねた。

「彼女たちは優しくしたかったんだ」とウィリアムはゆっくりと言った。「でも，彼女たちはいつも疲れていた。ぼくに優しくすることが本当にできなかったんだ」

①<u>エリザベスは突然，ウィリアムをとても気の毒に思った</u>。その幼い少年の人生はとても悲しいものだった。誰も彼を望んだり愛したりしなかったのだ。

アンダーソン夫人がエリザベスとウィリアムに会ったとき，彼女はとても驚いた。エリザベスは彼女に自分たちが抱えている問題について話した。

「申し訳ありません」とアンダーソン夫人は答えた。「私は大きな間違いをしました。でも考えがあります。私の隣人のベッシンガーさんに新しい赤ちゃんがいます。彼女は手伝ってくれる少年を望んでいます。ウィリアムは彼女と暮らすことができます。ご主人は漁師です。彼は自分の釣り船を持っています。いつかウィリアムは彼の手伝いをすることができます」

「まあ」とエリザベスは言った。彼女はベッシンガー夫人のことを知っていた。ベッシンガー夫人にはたくさんの子供がいたが，彼女は子供たちにあまり優しくなかった。

「見て！」とアンダーソン夫人が言った。「ちょうどベッシンガーさんが来たわ」

ベッシンガー夫人は小さく冷たい目をしていた。

「こちらはパロ・アルトからいらっしゃったエリザベス・カーペンターさんよ」とアンダーソン夫人は彼女に言った。「そしてこの男の子は孤児院から来たの。私はエリザベスのために彼を連れて来たのだけど，彼女は女の子がほしいの。ウ彼が気に入るかしら？」

ベッシンガー夫人は長い間ウィリアムを見た。彼女はにこりともしなかった。「とてもやせているわね」と彼女は言った。「丈夫だとよいのだけど。彼は毎日朝早くから夜遅くまで一生懸命に働かなくてはならないわ。ええ，アンダーソンさん，この子を連れて行きます。もう私と一緒にうちに来てもいいわ」

エリザベスはウィリアムの悲しそうな顔を見た。「ウィリアムをベッシンガーさんに渡すことはできない」と彼女は思った。「待ってください」と彼女は言った。「まず，私は兄のロバートといろいろ話し合わなくてはなりません。彼はウィリアムが②私たちと一緒にいることを望んでいます」

ウィリアムは驚いてエリザベスを見た。それから彼は跳び上がって走って部屋を横切った。

「本当にパロ・アルトであなたたちと一緒にいてもいいの？」と彼は尋ねた。「本当にそう言ったの？」

「わからないわ」とエリザベスは言った。「さあ，座って静かにしなさい」

エリザベスとウィリアムが家に帰ると，ロバートが車庫の前で待っていた。彼はウィリアムを見たときとてもうれしかった。後になって，エリザベスは彼にベッシンガー夫人について話した。彼女は彼にウィリアムの話もした。ロバートはふだんは怒らない(A)が，ベッシンガー夫人にとても腹を立てた。

「そのベッシンガーって女性はずいぶん不親切だね」と彼は言った。

「そうなのよ」とエリザベスは言った。「私も彼女が気に入らないわ。いいわ，ロバート，ウィリアムは私たちと一緒にいていいわ。でも，私は子供のことはよくわからないの。彼に何か間違ったことをしなければよいのだけど」

「ありがとう，エリザベス」とロバートはうれしそうに言った。

「ウィリアムはとてもおもしろい男の子よ。彼に優しくしてね。そうすれば彼はいつでもあなたを愛するわ」とエリザベスは笑顔を浮かべて言った。

1 （ア） 直後でエリザベスが「8キロくらい」と距離を答えているので，サンフランシスコまでは遠いのかと尋ねている，か)が適切。 （イ） 直後でウィリアムが，時間がなくてあまり行けなかったが，本を読むことは好きだと答えていることから，学校には通っていたのかと尋ねている，う)が適切。 （ウ） アンダーソン夫人がベッシンガー夫人にウィリアムを紹介している場面。ベッシンガー夫人が孤児のウィリアムを引き取るかどうかを決めようとしている場面なので，ベッシンガー夫人にウィリアムの感想を尋ねている，え)が適切。

2 質問は，「ウィリアムが赤ちゃんだったとき，彼の両親は生活のために何をしていましたか」という意味。ウィリアムがエリザベスに自分の生い立ちを話している第10段落の第3文に，「お母さんは歌手でお父さんは大きな劇場のピアニストだった」とある。質問と条件に合わせて，主語は his parents を受ける they にして，「歌手」と「ピアニスト」を1語で表す musician 「音楽家」

を使い，They were musicians.「彼らは音楽家だった」と答える。

3　下線部①の直後の2文から，ウィリアムの身の上話を聞いたエリザベスが彼を気の毒に思い，「誰も彼を望んだり愛したりしなかった」と思ったことが述べられているので，う)が適切。

4　アンダーソン夫人がエリザベスにベッシンガー夫人の話をした場面から，ベッシンガー夫人には子供がたくさんいることがわかる。また，2人のやりとりの場面の中で，ベッシンガー夫人がウィリアムについて，「丈夫だとよいのだけど。彼は毎日朝早くから夜遅くまで一生懸命に働かなくてはならないわ」と述べていることから，ベッシンガー夫人は労働力としてウィリアムを引き取ろうとしていると考えられる。したがって，う)が適切。

基本　5　下線部を含む文の主語 He はエリザベスの兄，ロバートを指す。ロバートはウィリアムが自分たち(us)と一緒にいることを望んでいる，ということなので，この場合の us はロバートとエリザベスを指すと考えられる。この後，この言葉を聞いたウィリアムが喜んでいることからも，あ)が適切。

6「ロバートはふだんは怒らない」，「ベッシンガー夫人にとても腹を立てた」と対照的な内容をつなぐので but が適切。

7　あ)「ウィリアムは両親が死んだ後，パーマー家にいた」(○)　第10段落第4文以降で，ウィリアムが，両親が死んでから掃除婦のパーマーさんが彼女たちの家に彼を連れて行き，そこでパーマーさんの手伝いをしていたことを述べている。　い)「ウィリアムはパーマー夫人の両親が彼をほしがったので，彼らの家に行った」(×)　第10段落最後の3文から，ウィリアムはパーマーさんの夫が死んでからパーマー氏の両親の家に行ったが，そこでは歓迎されなかったことがわかる。また，ウィリアムが行ったのはパーマー夫人ではなく，パーマー氏の両親の家である。
う)「ウィリアムは読書が好きだったので，毎日本を読むために学校へ行った」(×)　空所(イ)を含む文とその後のエリザベスとウィリアムのやり取りから，ウィリアムは学校へはあまり行かなかったと考えられる。　え)「ウィリアムは，ベッシンガー夫人にたくさんの子供がいたので彼女の家に行きたかった」(×)　エリザベスとベッシンガー夫人のやり取りの中で，エリザベスはウィリアムをベッシンガー夫人に渡せないと言い，兄のロバートがウィリアムと一緒に暮らすことを望んでいると言っている。これを聞いたウィリアムが喜んでいることから，ウィリアムはベッシンガー夫人の家に行くことを望んでいなかったと考えられる。　お)「ロバートはエリザベスがウィリアムと一緒だったので，彼女が帰ったとき喜んだ」(○)　エリザベスがウィリアムを連れてサンフランシスコから自宅に帰ったとき，ロバートは車庫の前で待っており，ウィリアムの姿を見て喜んでいる。　か)「ロバートはアンダーソン夫人が間違いをしたために，彼女に腹を立てた」(×)　エリザベスがウィリアムを連れて自宅に帰った後，ロバートはエリザベスからベッシンガー夫人の話を聞き，ベッシンガー夫人に対して腹を立てた。　き)「エリザベスはウィリアムを自宅に連れて行くことに決めたとき，子供について十分に知らなかった」(○)　エリザベスがウィリアムを連れて帰り，ロバートと話しているときに，「私は子供のことはよくわからないの。彼に何か間違ったことをしなければよいのだけど」と述べている。

Ⅲ　(長文読解問題・説明文：語句選択補充，語句補充，内容吟味，脱文補充，語句解釈)

(全訳)　あなたは電話を持つ必要があるだろうか。ソファは？　車は？　物を買ってそれらを何年も使いたがる人々がいる。しかし，循環型経済においてはその必要はない。これは，多くの企業が製品を売るという昔ながらの所有権のモデルから離れていっているからである。代わりに，企業はその製品を使うためにお金を支払ったり，「製品のサービス化」を提供したりすることを含む異なるモデルへと移行している。これらの使用権モデルの成功の鍵は，製品が高品質で長持ちし，多くの使い手がいることである。

人が初めての家に引っ越すとき，あまり高価ではない家具を探すことが多い。彼らの多くはいすやテーブルなどの物を買うために，ヨーロッパの有名な家具会社であるIKEAのような店へ行く。しかし，これらの家具の中には長期間持つように設計されていない，あるいは想定されていないものもある。壊れれば，持ち主はただ捨ててしまうことが多い。合衆国だけでも，毎年大量の家具が地中に埋められている。IKEAはいくつかの方法でこの廃棄問題を解決しようと努めている。まず，その会社はヨーロッパの各地でその製品のいくつかを賃借し始めている。製品が借り手から戻って来るたびに，それは使用期間を長くするためにきれいにされ，修理される。次に，新しい家具を買う客は新しい客にそれを売ったり賃借したりすることができる。このことを念頭に置いて，IKEAはより長持ちし，修理しやすくなるように製品をデザインするようになった。それはいすやテーブルやランプなどのどの部分が最初に壊れたり弱くなったりするかを調べている。その会社は，それぞれの家具をより長持ちさせるためにその部分だけを修理するか交換することを望んでいる。かれらの目標はこの過程を実現することである。このモデルは，家具のような私たちが毎日使う製品にとってはうまく機能するが，例えばキャンプ用具やウェディングドレスなど，使う頻度が①より低い製品にとっても機能する。それらにはいずれも，拡大している賃借と転売の市場があるのだ。

賃借と転売は所有権から離れた唯一の傾向ではない。製品を買うのではなく，それらを使う許可をもらえるサービスに月々の使用料を支払うことを選ぶ客がどんどん増えている。このモデルは「製品のサービス化」と呼ばれることがあるが，音楽業界ではすでに広まっている。それは，スマートフォン市場など，他の業界の間でもさらに一般的になってきている。オランダの電話会社の1つであるフェアフォンは，長期間使うことができるほどの強度のある物質と，環境に優しい方法を使うスマートフォンを作っている。しかし，その電話は②売らない。代わりに，客はそれらを使うために月々の使用料を支払うのだ。その会社は修理しやすい質の高い電話を設計しているので，それらは長持ちし，しばらく使われてそのままゴミ箱に行くことがない。

客にとって，使用権の良い点は明確だ。彼らは高い費用を払ったり製品を良い状態に保ったりすることを心配する必要がない。彼らは簡単に，そして安価で製品を修理したり品質をよくしたりすることができる。特に，若者たちは使用権モデルに惹かれている。彼らは製品を所有するよりも製品を使うことを好む。彼らの多くは多くの物を所有したいと思っていない。客の③こうした種類のサービスへの関心は，車から衣服に至るまであらゆるものについて高まっている。最近の報告によると，これらのサービスの売り上げは7年間で世界で300パーセントを超える成長を遂げている。

企業にとっても，使用権には良い点がある。フェアフォンのサービスは，毎月使用者からのお金を会社にもたらす。IKEAにとっては，使用権戦略は会社が将来のための計画を立てるのに役立っている。いつか，家具を生産するのに必要な再生不可能な素材を得ることはさらに難しくなるだろう。エその会社は将来のために準備をしているのだ。そしてIKEAや他の会社にとっても，使用権モデルへの移行は一般大衆の印象をよりよくすることができる—それは，会社が環境に注意を払っていることを示すからだ。このプラスの印象は事業にとって好都合である。

(X)所有権から(Y)使用権への移行は，一部は客の④より環境に優しい製品への必要性に応じて，おそらく増え続けるだろう。最近のアジア，ヨーロッパ，北米の15000人についての調査では，客はますますゴミが起こす環境破壊を心配している。彼らの半数を超える人々が，製品が環境に優しい方法で作られていることを確信するためにはより高い価格を支払うと言っている。環境に優しい製品とサービスの必要性が高まるにつれて，メーカーは(Z)所有権の終わりに備えるためにもっと速やかに動く必要があるかもしれない。

1　空所を含む文の前半で「このモデル(＝使用権モデル)は，家具のような私たちが毎日使う製品にとってはうまく機能する」とあり，後半ではこれと比較して「～にとっても機能する」と述べている。前半では毎日使う製品について述べて but でつないでいるので，後半では家具などよりも使う頻度が低い製品について述べていることになる。したがって，less「より～でない」を入れると文意が通る。

2　本文では，企業が製品を売るのではなく，賃借するという形で利益を上げる傾向が強まっていることについて述べられている。その一例として，オランダの電話会社フェアフォンが長期間使えて環境に優しいスマートフォンを作っていることを挙げて，「しかし，その電話を～しない。代わりに，客はそれらを使うために月々の使用料を支払う」と続く。本文の趣旨と合わせると，自社で作った電話を売るのではなく，客から使用料を受け取る(＝賃借する)という文意にするのが適切。

3　下線部③の「こうした種類のサービス」とは，客が製品を買い取るのではなく，月々の支払いをすることで製品の使用権を得る「使用権モデル」のサービスのこと。第2段落第8文に，この形態のサービスを始めたIKEAの取り組みとして，「製品が借り手から戻って来るたびに，それは使用期間を長くするためにきれいにされ，修理される」とあるので，この内容に合う，あ)「製品を賃借して，戻ったら修理する」が適切。い)は「客が買った製品を修理する」，う)は「若い客に対して特別な価格を提供する」，え)は「製品を買うために月々の料金を支払う」という意味。使用権モデルでは，客は製品を買うのではなく，お金を払って「借りる」ので，い)，え)は不適切。

重要　4　抜き出されている英文は，「その会社は将来のために準備をしている」という意味。「使用権戦略は会社が将来のための計画を立てるのに役立っている。いつか，家具を生産するのに必要な再生不可能な素材を得ることはさらに難しくなるだろう」と将来と関連づけてIKEAという会社の動きについて述べている部分の直後のエに入れるのが適切。

5　下線部を含む文の直後の内容から客が環境に優しい製品に高い関心を示していることをつかむ。この場合の green は「環境に優しい」という意味。与えられている英語の made は直前の products「製品」を修飾する過去分詞と考え，「環境に優しい製品」という英語にする。最終段落最後から2文目の in an environmentally friendly way を made の後に続けると，「環境に優しい方法で作られた製品」となり，趣旨に合う。

6　本文では，企業が従来の「所有権モデル」から「使用権モデル」へと移行しつつあることについて説明されていることから，(X)に「所有権」，(Y)に「使用権」，(Z)に「所有権」と入れると本文の趣旨に合う。

7　あ)「フェアフォンは自社のスマートフォンを売り，それらが壊れると会社がその電話を集めて無料で修理する」(×)　フェアフォンのスマートフォンに関する記述は第3段落第5文以降にあるが，この中で電話を無料で修理するということは述べられていない。　い)「IKEAもフェアフォンもより長持ちしてより修理しやすい製品を設計し，そうすることで客は何度もその製品を使うことができる」(○)　第2段落第10文「(IKEAは)より長持ちし，修理しやすくなるように製品をデザインするようになった」，第3段落第5文「(フェアフォンは)長期間使うことができるほどの強度のある物質と，環境に優しい方法を使うスマートフォンを作っている」，第3段落第7文「(フェアフォンは)修理しやすい質の高い電話を設計している」，第4段落第3文「(客は)簡単に，そして安価で製品を修理したり品質をよくしたりすることができる」などの記述に合う。　う)「フェアフォンは自社の電話を作るのに必要な素材を減らすことを計画しており，自社の電話の貴金属の部分をリサイクルしている」(×)　フェアフォンが電話の製造に使う素材を減らし，電話に使われる貴金属を再利用しているという記述はない。　え)「IKEAは，客が1年間使ってから製品を返さなくてはならないので，自社の製品を売らない」(×)　IKEAの製品を1年後に返さなくてはならないという記述はない。

Ⅳ（語彙問題，同意文書きかえ問題：前置詞）

1 a) 上は「寒いです。窓を閉めてもいいですか」という意味。「閉める」の意味の close を入れる。下は「あなたは駅まで歩いて行けます。ここからとても近いですよ」という意味。「近い」の意味の close を入れる。 b) 上は「私は新しいコーヒーメーカーを使おうとしたが，それの使い方がわからなかった」という意味。「わかる」の意味の figure out の figure を入れる。下は「この図を見てください。これは去年日本を訪れた人の数を示しています」という意味。「図」の意味の figure を入れる。

2 a) 「このシャツは私には小さすぎます。別のものを見せてください」 先に出たものと同じ種類で別のものを指して「別の～，他の～」という場合に another を使う。 b) 「君たち，ほしい食べ物を何でも取っていいですよ。自由に取ってください」 help oneself で「(食べ物・飲み物を)自由に取る」という意味を表す。ここでは you に合わせて oneself を yourself とする。 c) 「コンサートは明日です。私は本当にそれを楽しみにしています」 look forward to ～ で「～を楽しみにする」という意味を表す。

3 a) 「私の故郷には大きなスーパーマーケットがあります」という意味の文。「(場所)に～がある」という表現は，上のように There is[are] ～. の文の他に，〈場所を表す語句＋ have[has] ～.〉」の形でも表すことができる。 b) 上は「ナンシーはとても上手にフランス語を話すことができる」という意味。下の文では is が使われていることと空所の数から，be good at ～「～が上手だ」を用いて表す。

Ⅴ（同意文書きかえ問題，語句整序問題，和文英訳：現在完了，比較，前置詞，分詞，不定詞，動名詞，助動詞，接続詞）

1 a) 上の文は「私のイヌは3年前に死んだ」という意味。下の文では Three years が主語，後に since ～「～して以来」とあることから，「私のイヌが死んでから3年が経った」という文を考えて，pass「(時間が)経過する，過ぎる」を用いて表す。since ～ が続くので現在完了で表す。 b) 上の文は「ナイル川はアマゾン川よりも長い」という意味。「アマゾン川」が主語なので，「アマゾン川はナイル川ほど長くない」という文にする。〈not as ～ as …〉で「…ほど～ない」という意味を表す。 c) 上の文は「この花の英語名は何ですか」という意味。下の文では do you call this flower「あなたはこの花を呼びますか」とあることから，「あなたはこの花を英語で何と呼びますか」という文にする。「～語で」は〈in ＋言語名〉で表す。

重要 2 a) I bought the same sweater worn by my favorite actor.「私は大好きな俳優が着ているのと同じセーターを買った」「私は同じセーターを買った」という文の the same sweater を後ろから修飾するように，過去分詞 worn を続ける。 b) Why did you let her go out last night?「あなたはなぜ昨夜彼女を外出させたのですか」 全体としては why で始まる「あなたはなぜ～したのですか」という疑問文。〈let ＋目的語＋動詞の原形〉で「～に…させてやる，～が…するのを許可する」という意味を表す。

やや難 3 a) 「～するつもりだ」は will または be going to ～ で表すが，will はその場で決めたことを，be going to ～ はすでに決まっている予定を表す場合に用いる。「掃除をし終える」は「掃除をすることを終える」と考え，finish の後に動名詞を続けて表す。「(期限)までに」は by で表す。 b) Shall we ～? は「(一緒に)～しませんか」と勧誘したり提案したりするときに用いる。「その映画を観た後に」は，接続詞の after を使えば after we see[watch] the movie，前置詞の after を使えば after seeing[watching] the movie と表せる。

★ワンポイントアドバイス★

Ⅲの4は本文中に文を補う問題，入れる文の意味に加え，入れる文で使われている語句に着目しよう。ここではfuture「将来」がポイントとなる。前後で将来について述べている箇所を探そう。

＜国語解答＞ 《学校からの正答の発表はありません。》

一　問一　①　淡泊　②　繁忙　③　質素　④　総合　問二　①　ウ　②　イ
問三　ウ　問四　①　ひげ　②　こうむ(る)　③　じちょう

二　問一　イ　問二　A　富貴の身分　B　享楽主義　問三　イ　問四　エ
問五　この世の中の今の仕組みが崩れる(時)　問六　人間性の最後の砦　問七　ウ
問八　エ　問九　(例)　新型コロナや戦争などの影響で物価や光熱費が軒並み高くなる一方，給与や賃金が上がらないことも相まって，将来に希望を見出せない閉塞感が現代社会に漂っている。そうした状況を嘆くばかりではなく，自分自身をよく理解し，生活の中に自分の好きなことなどを通して楽しみや喜びを見出すことができるのが真の才能だと思う。(150字)

三　問一　エ　問二　イ　問三　ウ　問四　ア　問五　ウ　問六　ア　問七　ア
問八　イ　問九　(はじめ)今日は　(おわり)らえる　問十　(例)　剣道を通して，相手と戦って勝負を決するのではなく，その戦いの瞬間に力を尽して，真の自己を鍛錬し，新しい自己を創造するために，自分自身としての相手を仮の相手として便宜的に置くということ。(92字)

○推定配点○
一　各2点×10　二　問一・問二　各2点×3　問九　10点　他　各4点×6
三　問一・問三～問五　各3点×4　問二　2点　問十　10点　他　各4点×4
計100点

＜国語解説＞

一　(漢字の読み書き，対義語，品詞・用法)

問一　密度が濃いという意味の①の対義語は，あっさりしているという意味の「淡泊」。暇ですることがないという意味の②の対義語は，用事が多くて忙しいという意味の「繁忙」。派手でぜいたくなさまという意味の③の対義語は，地味でつましいさまという意味の「質素」。単純な要素に分解するという意味の④の対義語は，個々の要素を一つにまとめるという意味の「総合」。

問二　①はウのみ伝聞の助動詞，他は様態の助動詞。②はイのみ形容動詞，他は断定の助動詞の連体形。

問三　ウのみ「書く」でカ行五段活用。アの「かける」，イの「欠ける」はいずれもカ行下二段活用。

問四　①は自分をあえて低い位置に引き下げてへりくだること。②は，いただく，たまわる，という意味。③は自分のふるまいに気をつけ，軽率にならないようにすること。

二　(論説文ー大意・要旨，内容吟味，文脈把握，指示語，脱語補充，語句の意味)

基本　問一　二重傍線部aは英語の「innovative」で，意味はイ。「革新」は「イノベーション」ともいう。

問二　空欄A・Bは「現世利益」と同様に，思想や芸術などが生まれないものなので，Aには「『孔子の世系……』」から続く3段落で述べている「富貴の身分(5字)」，Bは鈴木大拙の言葉を引用している「『享楽主義……』」で始まる段落の「享楽主義(4字)」がそれぞれ入る。

重要 問三　傍線部①は「『起死回生の逆転劇』を演じられるような大ぶりな若者は……こちらががみがみ言ったくらいで『大輪と咲くはずだった才能が開花せずに終わった』というような悲劇は起きない」ということに対するものなのでイが適切。「大ぶりな若者」に「悲劇は起きない」ことを説明していない他の選択肢は不適切。

問四　傍線部②直前の段落で，「世の中の仕組みにスマートに適応して……愉快に暮していける」「富貴の人はこの世界の仕組みについて根源的な考察をする必要を感じない」と述べているのでエが適切。②直前の段落内容を正しく説明していない他の選択肢は不適切。

問五　傍線部③は「彼らは，なぜ……」で始まる段落で述べている，「この世の中の今の仕組みが崩れる(15字)(時)」である。

問六　傍線部④の「局所的に」残る「秩序」は，「どれほど……」で始まる段落で述べている，司法機関や医療機関，教育機関，霊的な場所といった「人間性の最後の砦(8字)」のことである。

問七　傍線部⑤の段落で⑤の人は，溜め込んだ個人資産を閉塞感漂う日本から持ち出して，逃げる用意を始めている，と述べているのでウが適切。⑤の段落内容をふまえていない他の選択肢は不適切。

重要 問八　エは最後の2段落で述べている。アの「経済力を持つ人こそが，この先に必要とされる」，イの「無責任な行動だ」，ウの「この現状を受け止める才能が必要」はいずれも述べていないので不適切。

やや難 問九　解答例では，「閉塞感漂う現代社会」として給与や賃金を例に挙げて，生活の中に楽しみや喜びを見出せることを「真の才能」として述べているが，教育などの格差社会といったことも具体例として考えられるだろう。具体的な社会状を通して，「真の才能」がどのように発揮できるかを明確に述べていこう。

三　(小説－情景・心情，内容吟味，文脈把握，脱文・脱語補充)

問一　空欄Aには「……汗を流すたびに，それまでの自分が削ぎ落とされ」るような心情を「清流」にたとえているエが適切。

問二　いずれの空欄Bも「特に意識せず，自然に」という意味のイが適切。

問三　傍線部①は「肩書きも収入の上下も，利害関係も全くない」ものなのでウが適切。アの「個性的な人柄」，イの「孤独な」，エの「無私」はいずれも不適切。

問四　傍線部②は②直前と冒頭で描かれているように「営業所長として四年間懸命に頑張り成績を上げた」「名古屋営業所長時代」が「人生のピーク」だった，ということなのでアが適切。これらの内容をふまえていない他の選択肢は不適切。

問五　「妻はそういい……」で始まる段落で，傍線部③をかけることで組織の安心と心地良さを味わい，「本来あるべき自分を見失っていた」という雄吉の心情が描かれているので，ウは適切でない。

問六　「私」が道場で号令をかけることに対し，妻は「『……それが〝礼に始まり礼に終わる〟剣道なんでしょう』」ということとともに，傍線部④のように話しているのでアが適切。雄吉が号令をかけることを説明している他の選択肢は不適切。

重要 問七　傍線部⑤前後で，先生と竹刀を通して「心の内で語り合」い，「先生に勝とうとも負けるとも思わず，張りつめた清らかな気持ちで」いる⑤を「先生に伝えるよろこびの中にいた」という雄吉の心情が描かれているのでアが適切。イの「強くなった自分を見せることができたという充実感」，ウの「語り尽くそう」，エの「自分の至らなさ」はいずれも不適切。

重要 問八　傍線部⑥前後で，医学生のときに剣道の四段だったため，医官なのにガ島で斬り込み隊長をやらされたこと，人間修行の道となった剣道が軍国主義に利用されたのは悲しかったことを先生が話しているのでイが適切。⑥前後の先生の話をふまえていない他の選択肢は不適切。

問九　「次の土曜日……」で始まる場面で，「何年ぶりかで久保先生と竹刀を構え」た際に，「今日は六段の実力を先生に見てもらえる(18字)」と思っている雄吉の様子が描かれている。

やや難 問十　傍線部⑧直前で，先生が引用している澤木興道師の『剣道とは……方便として相手を前に置き，……精一杯の力を尽くして，今かぎり此処かぎり真の自己を鍛錬し，新しい自己を創造することである』という言葉をふまえて，⑧を説明する。

★ワンポイントアドバイス★

小説では，主人公の心情の変化とともに，その変化のきっかけもあわせて読み取っていくことが重要だ。

MEMO

大切なことはメモしておこう ネ！

T.G

2022年度

★★★★★★★★★★★★★★★★★★★★★★★★

入　試　問　題

2022年度

法政大学第二高等学校入試問題

【数　学】（50分）　＜満点：100点＞

【注意】 1．定規，コンパス，ものさしおよび分度器は使わないこと。
2．電卓・時計・携帯電話等についている計算機能は使わないこと。
3．必要ならば，円周率はπを用いること。
4．図は正確でない場合がある。
5．答えは分母に根号を含まない形で答えること。

Ⅰ　次の各問に答えなさい。

問1．$x^2y+2xy^2-24y^3$を因数分解しなさい。

問2．連立方程式 $\begin{cases}37x-53y=2\\17x-19y=1\end{cases}$ の解x，yに対し，解の比$x:y$を最も簡単な整数の比で答えなさい。

問3．2次方程式$7(x^2-10x+25)-3=0$を解きなさい。

問4．$\sqrt{2022-6n}$が自然数となるような正の整数nのうち，最も小さいnの値を求めなさい。

Ⅱ　次の各問に答えなさい。

問1．$a>0$とする。2つの関数$y=ax+2$と$y=ax^2$において，xが-1からaまで増加するときの変化の割合が等しいとき，aの値を求めなさい。

問2．n，Nを自然数とする。$N\leqq\sqrt{n}<N+1$を満たすnが15個あるとき，Nを求めなさい。

問3．aが2個，bが1個，cが1個ある。この4文字すべてを1列に並べる方法は何通りあるか，求めなさい。

問4．ある会社で製品Aと製品Bをつくっている。4月につくった製品Aと製品Bの個数の合計は650個であった。その翌月である5月は4月に比べて，製品Aの個数は40％減少し，製品Bは20％増えたので，製品Bは製品Aより60個多かった。4月につくった製品Aと製品Bの個数をそれぞれ求めなさい。

問5．図は2つの扇形を組み合わせたものである。斜線部分の図形を，直線ℓを軸として1回転してできる立体の体積を求めなさい。

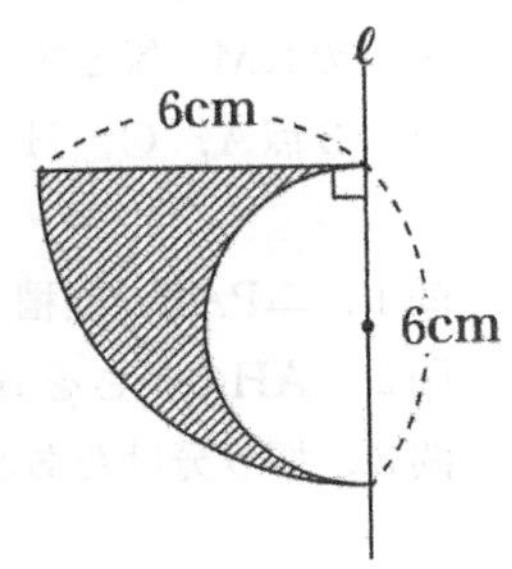

Ⅲ　2個のサイコロA，Bを1回だけ振って出た目の数をそれぞれa，bとする。このa，bに対し，放物線$y=ax^2$と直線$y=bx-1$を考える。一般に，放物線上にもあり，同時に直線上にもある

点のことを，放物線と直線の共有点という。次の問に答えなさい。

問１．放物線と直線との共有点が１つだけである確率を求めなさい。

問２．放物線と直線との共有点の x 座標が１となる確率を求めなさい。考え方も書きなさい。

Ⅳ　図のように放物線 $y=2x^2$ 上の原点Oと点E（1，2）の間に点Aをとる。点B，Cは x 軸上にあり，点Cと点Dの x 座標は１である。AB // DC，AD // BCであるとき，次の問に答えなさい。

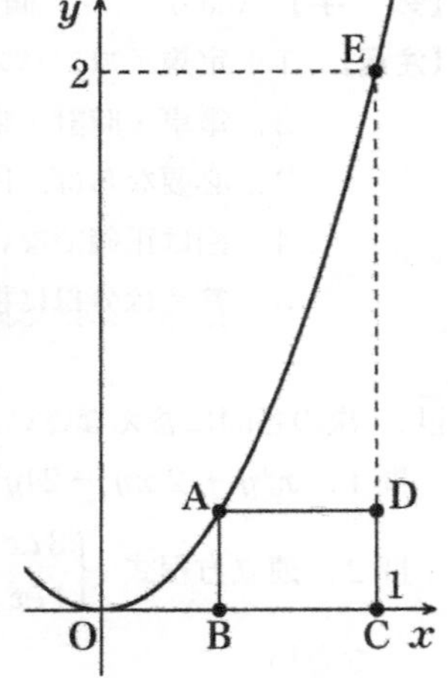

問１．四角形ABCDが正方形となる点Bの x 座標を求めなさい。

問２．四角形ABCDの４辺の長さの和が $\frac{7}{4}$ となる点Bの x 座標を求めなさい。

Ⅴ　図のような正方形ABCDがある。点E，F，G，Hは正方形の各辺の中点で，点Oは正方形の対角線の交点である。円Oは点Oを中心とし，CEとCHにそれぞれ接している。また，点Ｉは，CEとBDの交点である。次の問に答えなさい。

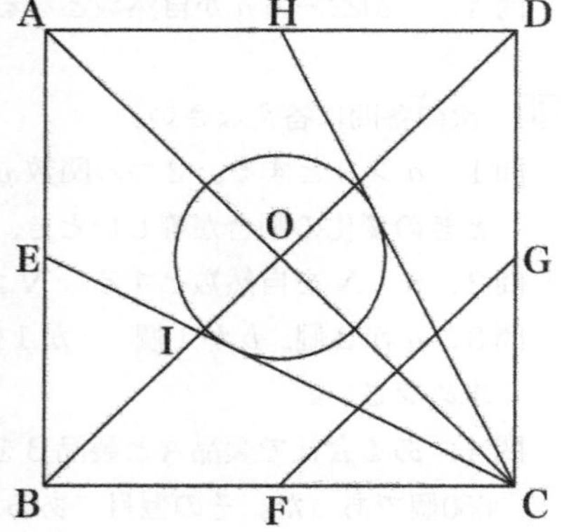

問１．AB＝4であるとき，△OICの面積を求めなさい。考え方も書きなさい。

問２．AB＝4であるとき，円Oの半径を求めなさい。

問３．円Oの面積が 5π であるとき，ABの長さを求めなさい。

Ⅵ　１辺の長さが $2a$ の正方形ABCDを底面とする正四角錐P－ABCDがある。AB，CDの中点をそれぞれM，Nとすると，∠PMN＝45°になった。いまPB上に∠AHP＝90°となるように点Hをとり，３点A，C，Hを通る平面でこの正四角錐を２つに切り分ける。次の問に答えなさい。

（図は，次のページにあります。）

問１．△PABの面積を a で表しなさい。

問２．AHの長さを a で表しなさい。

問３．切り分けたあとにできる２つの立体のうち点Bを含む方の立体の体積を a で表しなさい。

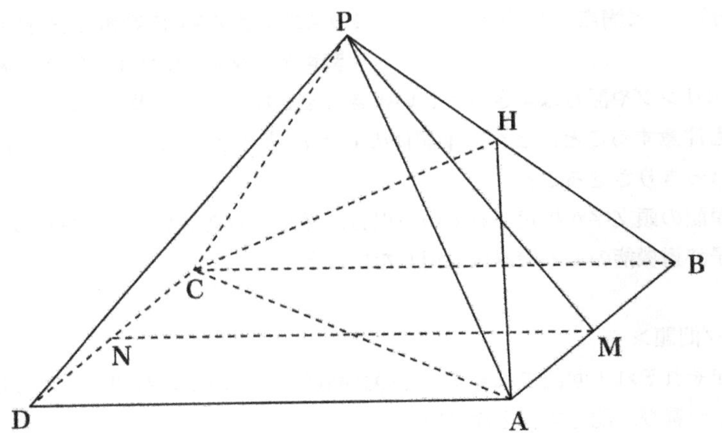
P
H
B
C
N
M
D
A

【英　語】（50分）　＜満点：100点＞　※リスニングテストの音声は弊社HPにアクセスの上，音声データをダウンロードしてご利用ください。

【注意】 1．スペリングや記号はまぎらわしい書き方をしないこと。書き方のくせ，大文字と小文字にも注意すること。とくに筆記体の *e* と *l*，*b* と *f*，*u* と *v*，*y* と *g*，*a* と *o* などの区別をはっきりさせること。
2．英単語の頭文字が指定されている場合，必ずその文字から書き始めること。
3．電子辞書機能のある機器は使用しないこと。

Ⅰ　＜リスニング問題＞

(A)　男女の会話がそれぞれ１回読まれます。その会話に対する以下の質問の答えとして最も適切なものをそれぞれ１つ選び，記号で答えなさい。

1．

(1) What is the woman's bag like?
あ）It's small, square and pink.　い）It's small, round and pink.
う）It's small, square and white.　え）It's small, round and white.

(2) Where is the woman's bag?
あ）on the sofa in the bedroom　い）on the table in the bedroom
う）on the sofa in the living room　え）on the table in the living room

2．

(1) Which country's team shirt will the man buy?
あ）Spain　い）Italy　う）France　え）Germany

(2) Which one is true?
あ）The man wants something for his daughter.
い）The man will buy a T-shirt for himself.
う）The man's son is a big soccer fan.
え）The man's son has no T-shirts of soccer teams.

3．

(1) Why is Miki calling Tom?
あ）to give him some advice　い）to show him the classroom
う）to remind him of the next class　え）to ask him for help

(2) What will Miki do before she meets Tom?
あ）clean her classroom　い）give a speech
う）have a break　え）listen to his advice

4．

(1) When will the man take a vacation?
あ）in June　い）in July　う）in August　え）in September

(2) What did the woman NOT do in Osaka?
あ）go to an amusement park　い）go to her friend's house
う）enjoy shopping　え）take photos

5．＊以下のスケジュール表を見ながら会話を聞きなさい。

Course	Time	Day
Hiking	13:00-16:00	Monday to Sunday
Yoga	6：00-7：20	Monday to Saturday
Tennis	7：30-9：00	Monday & Friday
Fishing	anytime	Monday to Friday
Painting	9：00-12：00	Tuesday & Sunday

(1) What time will they have breakfast on Saturday?
あ）5:30　い）6:30　う）7:00　え）7:30

(2) Which course will they take on Sunday?
あ）Hiking　い）Yoga　う）Painting　え）Fishing

(B) これから読まれる英文を聞いて，下線部を埋めなさい。英文はそれぞれ３回読まれます。（解答欄には下線部分のみ書きなさい。）

1．I have a problem. ＿＿＿＿＿＿＿＿＿＿＿＿＿＿＿?

2．This soup is so good. ＿＿＿＿＿＿＿＿＿＿＿＿＿＿＿?

Ⅱ 次の英文を読んで，設問に答えなさい。（＊印の語には注釈がつけてあります。）

When I was a little girl, we lived in New York City just down the block from my grandparents. Every evening my grandfather would go for his ①"constitutional." In the summers I would join him.

When Grandpa and I went for our walk one evening, I asked how things were different when he was a little boy. He told me about *outhouses instead of flush toilets, horses instead of cars, letters instead of telephones, and candles instead of electric lights. ②As he told me all the wonderful things that I never thought of living without them, my little mind *wandered and I asked him, "Grandpa, what was the hardest thing you ever had to do in your life?"

Grandpa stopped walking and stared at the horizon and didn't say a word for a minute or so. Then he took my hands and with tears in his eyes he began to speak.

"When your mom and uncles were little children, Grandma got very sick after your Aunt Mary was born. Grandma had to go to a place called a *sanitarium to get well for a long time. The little ones went to live with Grandma's sisters. But there was no one to take care of your mom and uncles so ③they went to an *orphanage. The *nuns took care of them for me so I could work two or three jobs to get your grandma well and everyone home again."

"The hardest thing I ever had to do was putting them in there. I went every week to see them but the nuns would not *let me talk to them or hold them. I *watched the three of them play from behind a one-way mirror. I brought them sweets every week and I hoped they knew they were from me. I would keep both hands on the mirror for 30 minutes. I was allowed to see them for only 30 minutes. I wished they would come and touch my hand. I went a whole year without touching my children. I missed them very much. But I knew it was a harder year for them. I will never forget that I couldn't hold them. But ④they said I would make them sad and they would have more trouble there. So I listened."

That was the first time I saw Grandpa cry like that. He held me ⑤close and I told him that I had the best Grandfather ever and that I loved him. We continued our walks for years (a) my family and Grandparents moved to different states.

Fifteen years went by and I never talked about that one special walk with Grandpa. After my grandmother died, my grandfather had *memory lapses and suffered from *depression. I was encouraging my mother to let Grandpa come and live with us. ⑥My mother and Grandpa were never very close. She was not interested in the topic of Grandpa. But I kept saying, "We have to find out what is best for him."

She angrily replied, "Why? He never cared about what happened to us!"

I somehow knew what she was talking about. "He has always cared and loved you," I said.

My mother replied, "You don't know what you are talking about!"

"The hardest thing he ever did was putting you, Uncles Eddie and Kevin in the orphanage."

"Who told you about that?" she asked.

My mother never discussed her days there with us.

"Mom, he came every week to see the three of you. He used to watch the three of you play from behind the one-way mirror. He used to buy you sweets when he went to see you. He never missed a week. He really wanted to hold you in his arms but he was not allowed to do so."

"You're lying! He was never there. No one ever came to see us."

"How would I know about the visits (b) he didn't tell me? How would I know about the treats he brought? He was there. He was always there. But the nuns wouldn't let him be in the room with you because they said it would be too hard when he had to leave. Mom, Grandpa loves you. He always has!"

That day changed my mother's relationship with her father. My grandfather came to live with us for the rest of his life. My mother learned that her father always loved her.

(注) outhouse 屋外便所　wander さまよう　sanitarium 療養所　orphanage 孤児院

nun　修道女　　let ＋ O ＋動詞の原形　O に～させる
watch(see) ＋ O ＋動詞の原形　O が～するのを見る　　memory lapse　記憶障害
depression　抑うつ

1．下線部① "constitutional" の言い換えとして最も適切な1語を本文中より抜き出しなさい。
2．下線部②には文法的に余分な単語カ付語含まれている。その単語を指摘しなさい。
3．下線部③と④は何を指しているか。本文中の同じ段落からそれぞれ抜き出しなさい。
4．下線部⑤の close の se の部分と同じ発音を含む単語を次から1つ選び，記号で答えなさい。
あ）apples　　い）bags　　う）shops　　え）houses
5．空所（a），（b）に入る最も適切な語を次から1つずつ選び，記号で答えなさい。
あ）while　　い）until　　う）because　　え）after　　お）if
6．下線部⑥とあるが，それはなぜか。その理由として最も適切なものを次から1つ選び，記号で答えなさい。
あ）My mother had to live with Grandma's sisters.
い）Grandpa bought her only sweets she didn't like.
う）Grandpa came to the orphanage twice a week.
え）My mother was left in the orphanage and she never met Grandpa there.
7．本文の内容と一致するものを次の中から1つ選び，記号で答えなさい。
あ）The author's mother and one uncle had to go to an orphanage.
い）Grandfather often went to the orphanage but couldn't see his children's faces at all.
う）The nuns didn't want Grandfather to see his children because they didn't like him.
え）Grandfather always lied to his daughter.
お）At last the author's mother found out that she was loved by her father.

Ⅲ　次の英文を読んで，設問に答えなさい。（＊印の語には注釈がつけてあります。）

Young People Win Climate Case in Germany

Germany's top *court has reached a decision that parts of the country's 2019 *climate action law must be changed because they don't do a good job of protecting young people. The result was a big victory for the nine young people who started the *lawsuit.

The court case gives great attention to an important part of the *climate crisis: (a). That's because the impacts of global warming will become more serious in the near future. Since the adults have paid no attention to these problems, young people will be left to handle them as they become adults.

In 2019, Germany passed a new law and the government promised, in the law, that the country would be *carbon neutral by 2050. The law made a plan of action until 2030. But the law didn't have any clear rules or plans for climate actions that would be taken between 2031 and 2050.

A group of nine young people aged 15 to 24 took the government to court about the law. They said that the government didn't make a careful plan and it was putting their future lives in danger. Under the government's plan, they felt they would be left to face the most difficult *emissions challenges when they were adults.

On April 29, 2021, the *judges of Germany's highest court agreed with the young people and said that parts of the German law didn't follow Germany's *constitution. The judges said that if the government does not take climate action, it might take away the basic right of young people to a better future.

The young people *challenged the government's law in four areas. The judges didn't agree with all of the challenges. They agreed with only a part of their challenges. But even a part of their case is seen as a big victory.

Luisa Neubauer is one of the young people who took the government to court. She works with the climate action group Fridays For Future. Ms. Neubauer said, "①Climate protection is our basic right and that's official now. This is a huge win for the climate movement. It changes a lot."

The court has given the German government a year, until the end of 2022, to fix the law. The climate law will now need to have a much more careful plan for the actions that will be taken after 2030 to cut Germany's pollution and lead the country to be carbon neutral by 2050.

Germany's government has said that ②it will quickly begin working to make the needed changes.

One important part of high court decisions like this is that they act as guides or examples for future decisions. This means that in the future, Germany's lawmakers will more probably think about the climate future of young people when they create their (b).

Other groups of young people around the world are also bringing lawsuits against governments. Last year a group of six young people from Portugal began a lawsuit against 33 European countries in *the European Court of Human Rights. Recently young people in Australia, Brazil, and the United Kingdom have also taken their governments to court about climate action.

(注) court 裁判所　climate action law 気候保護法　lawsuit 訴訟　climate crisis 気候危機
carbon neutral カーボンニュートラル（環境用語）。二酸化炭素の排出を「全体としてゼロにする」こと。つまり排出量と植物などが吸収する量を差し引きゼロにすること。
emissions challenges 排出量の課題　judge 裁判官　constitution 憲法
challenge ～に関する妥当性を問う　the European Court of Human Rights 欧州人権裁判所

1．空所（ａ）に入る最も適切なものを次の中から１つ選び，記号で答えなさい。

あ) the climate crisis will influence young people much more than adults

い) the climate crisis will destroy the natural environment all over the world

う）the climate crisis will cause the country to lose a lot of money

え）the climate crisis will result in record-breaking high temperatures

2．Ms. Neubauer が下線部①のように言った根拠は何か。最も適切なものを次の中から１つ選び，記号で答えなさい。

あ）In 2019, the German government created a new law about becoming carbon neutral.

い）Germany's highest court said that the climate crisis was a difficult problem to solve.

う）Germany's top court agreed that a basic right of young people should be protected by taking climate action.

え）The new climate action law didn't follow the German constitution.

3．下線部②の it が具体的に指すものを，本文の中から抜き出して答えなさい。

4．本文の内容に合うように，空所（ｂ）に入る最も適切な語を次の中から１つ選び，記号で答えなさい。

あ）government　い）groups　う）problems　え）laws

5．以下の英文にある空所ア，イにそれぞれ入る年を算用数字（西暦）で答えなさい。

Germany's top court ordered that the government should change the climate action law until the end of（　ア　）and the new law should have more careful plans for climate action until（　イ　）.

6．本文の内容と一致するものを次の中から１つ選び，記号で答えなさい。

あ）The judges of Germany's highest court agreed that the 2019 climate action law protected young people's future enough.

い）The young people challenged the climate action law in four areas, but the judges didn't agree with any of them.

う）The top court's decisions will influence the government's action for the climate future of the country's young people.

え）The climate action group Fridays For Future talked with young people around the world and they started a lawsuit against the government.

Ⅳ　指示に従って以下の設問に答えなさい。

1．次の各組の（　）に入る同じつづりの英語１語を書きなさい。

ａ）We had a picnic in the（　　　）.
You can't（　　　）in this street.

ｂ）The police saved their（　　　）.
Paul（　　　）with his family.

2．それぞれの英文の意味が通じるように（　）に入る英語１語を書きなさい。ただし，頭文字が指定されている場合は，それに従うこと。

ａ）The black one is my bicycle.　This silver one is also（　　　）.

ｂ）I got caught in the rain.　I want to change my（c-　　　）.

c）I can't eat anything now. I have a（s- ）.

3．次の各組の２つの英文がほぼ同じ意味になるように，（ ）に入る最も適切な英語１語を書きなさい。

a）It snowed a lot in the mountains in France last year.

They（ ）（ ）snow in the mountains in France last year.

b）I finished my homework. Ben helped me.

Ben（ ）（ ）（ ）my homework.

V 指示に従って以下の設問に答えなさい。

1．次の各組の英文がほぼ同じ意味になるように，下線部に入る最も適切な単語（英語１語）または語句（英語２語以上）を書きなさい。

a）I have never seen such a terrible movie.

This is ________ movie that I ________ seen.

b）I can't buy that car because it costs a lot.

I can't buy that car because of its ________ price.

c）All of the students in this school have an iPad.

________ student in this school has an iPad.

2．与えられた［ ］内の語または語句を並べかえて意味の通る英文を完成させ，２番目と４番目に来る語または語句の記号を答えなさい。なお，文頭に来る語（句）も小文字で示されています。

a）［ あ）been い）five hours う）for え）has お）my brother か）reading き）that book ］.

b）［ あ）do い）has う）know え）the key お）the person か）who き）you ］?

3．以下の日本語の意味を表す英文を書きなさい。

a）もし僕が君なら，彼女にその花は買わないよ。

b）その少女がなぜ泣いているのか私に教えてください。(Please で始めること)

で説明せよ。ただし、句読点・記号等も字数に含むものとする。

問九　傍線部⑧「もっと大きな、自分がいつしか背負ってしまった現実が恨めしい」とあるが、ここにおける「自分」とはどのような自分か。その説明として最も適切なものを次から選び、記号で答えよ。

ア、東京の生活になじんでしまって、質素よりもぜいたくで今の母親を喜ばせようとしている自分。

イ、東京の街でのとげとげしい雰囲気にすっかりなじんでしまって、母の行いを許容できない自分。

ウ、母のようになりたかったはずが、東京での生活の中で望まなかった価値観に染まっている自分。

エ、何でもお金のことばかり気にする母をうとましく思い、そうした母を思いあざ笑っている自分。

オ、東京での生活で、いつの間にか質素な母の誠実さを忘れ浪費こそ美徳と思うようになった自分。

問三　傍線部②「母の髪は薄く、つむじの辺りは大きく地肌が見えていた」とあるが、この表現は母に関わるどのようなものの存在を象徴しているか。この傍線部以降の本文中より十五字以上二十字以内で抜き出し、はじめとおわりの三字をそれぞれ答えよ。

問四　傍線部③「佳代子は、周囲のテーブルに母の声が届いてしまうことを恐れた」とあるが、それはなぜか。その理由の説明として最も適切なものを次から選び、記号で答えよ。

ア、母の質素な生き方を周囲の人は理解できないと思ったから。
イ、贅沢さえ知らずに節約を得意げに語る母が哀れだったから。
ウ、母の言葉を裕福な女性たちに聞かれたらみっともないから。
エ、母の声が大きいため周囲の人が驚いて迷惑だと思ったから。
オ、最初に下駄を新調すれば恥ずかしくなかったと思ったから。

問五　傍線部④「ちびた下駄の音がからからと空疎だった」とあるが、佳代子はこの時、下駄の音をどのような気持ちで聞いていたのか。その説明として最も適切なものを次から選び、記号で答えよ。

ア、この下駄が汚く感じられてしまい疎ましい気持ち。
イ、自分と母の気持ちがかみ合わずやるせない気持ち。
ウ、下駄はより内側が痛んでいて買い換えたい気持ち。
エ、その音に母の老いが感じられて悲しく思う気持ち。
オ、自分と母の理想がかけ離れていて絶望する気持ち。

問六　傍線部⑤「母が母なのは、故郷とこの家の中だけなのだ」とあるが、これはどういうことか。その説明として最も適切なものを次から選び、記号で答えよ。

ア、東京の街に出れば頼りなく気後れしたようになってしまうこと。
イ、東京の街に出かけるとすぐ周りを気にしなくなってしまうこと。
ウ、東京の街に行けば見るものすべてをお金に換算してしまうこと。
エ、東京の街に出れば何でも怖がって好奇心を持てないでいること。
オ、東京の街に出かけると母の態度がかたくなになってしまうこと。

問七　傍線部⑥「努めて明るく言う」とあるが、これは佳代子のどのような様子を表しているか。その説明として最も適切なものを次から選び、記号で答えよ。

ア、母だけでなく自分も疲れているのでこうした提案をしているが、あくまで母のためであることを強調するために疲れを見せまいとしている様子。
イ、年老いた母を気遣って提案をしているのに自分の老いを受け入れない頑固な母に対し、どうにかこちらの提案を受けてもらおうとしている様子。
ウ、東京に関しては自分の方が詳しいので母に甘えて欲しいが、素知らぬ顔の母に苛立ちを感じてしまい、どうにかそれを抑えようとしている様子。
エ、上京してきた母を喜ばせるための提案をしているのに、それを受けてくれない母に対しての苛立ちを表面に出さないようにしている様子。
オ、思い通りに動いてくれない母に対する怒りが爆発しそうになるのを、自分なりに懸命に抑え込もうとして、冷静にふるまっている様子。

問八　傍線部⑦「得意顔で包みを解いた」とあるが、ここには母のどのような気持ちが反映していると読み取れるか。三十字以上四十字以内どうしてちゃんとできないの？」

母を責める言葉が、止まらなかった。この残酷な気持ちはどこから来るのだろう。なにが許せないのだろう。きっと母でも、東京でもない。⑧もっと大きな、自分がいつしか背負ってしまった現実が恨めしいのだ。それを受け入れたくなくてぐずっているのだ。

母は目に、うっすら涙を浮かべて立ちすくんでいた。それから小声で「お母さん、もう佳代ちゃんの家に帰りたいよぉ」と言った。

道の真ん中で、幼女がふたり、哭（な）いていた。

その夜、佳代子は慎重に母に詫びた。

母はけれど、なにもなかったかのように優しく居て、その後数日を過ごした。佳代子は母の上京を台無しにしてしまったことを悔いた。この後悔から一生逃れられないだろうと思った。もう、それを取り戻す機会は残されていない予感があった。

母が帰る日、夫と一緒に上野駅まで送った。母は夫に何度も頭を下げた。「お世話になりました。安心しました。佳代子をよろしくお願いします」。それから佳代子に向かって、「お陰様でほんとに楽しかったよ。いい思い出ができたよ」と何度も何度も礼を言った。

汽車が滑り出すと、母は開けた窓からちょこんと顔を出し、遠ざかりながらやはり何度も頭を下げた。白いほつれ髪がふらふらと風にもてあそばれていた。

母がすっかり見えなくなってから、佳代子は手の甲に触れてみた。みみず腫れはもうすっかり引いていて、桃色のかき傷だけがうっすらと残っていた。

（木内昇『茗荷谷の猫』より）

［注］※1 御不浄……便所を丁寧にいう語。
※2 復員……戦争の軍務を解かれて帰郷すること。
※3 タイピスト……タイプライター（指でキーをたたいて紙に文字を印字する機械）を打ち、文字を印字することを職業とする人。かつては女性が中心に担った。
※4 雷蔵……八代目市川雷蔵。一九五〇年代後半から一九六〇年代にかけて活躍した歌舞伎役者出身の映画俳優。
※5 資生堂パーラー……銀座にある明治三十五年創業の高級洋食店。
※6 精養軒……上野恩賜公園内にある明治五年創業の高級洋食店。
※7 日水……日本水産の略称（ニッスイ）。魚肉ソーセージで知られる食品会社。

問一 空欄 X ～ Z に入る言葉として最も適切なものをそれぞれ次から選び、記号で答えよ。

空欄 X
ア、働き者　イ、果報者　ウ、わがまま　エ、孝行者

空欄 Y
ア、すまし顔　イ、したり顔　ウ、仏頂面　エ、泣きっ面

空欄 Z
ア、怒り　イ、笑い　ウ、動揺　エ、興奮

問二 傍線部①「母は、なにひとつ変わっていなかった」とあるが、佳代子にとってこれまで母はどのような存在であったか。これがわかる表現を本文中より二十字以上二十五字以内で抜き出し、はじめとおわりの三字をそれぞれ答えよ。

母の朝食を食卓に並べ、仕事に向かう夫を送り出した。母が使っている部屋に入ると既に布団は上げてあり、塵ひとつなく隅々まで掃き清められていた。変わらぬ母の証があった。けれど⑤母が母なのは、故郷とこの家の中だけなのだ。

母はこの日、見慣れぬ風呂敷包みを持って表に出た。

「私が持ちましょう」

玄関口で佳代子が手を伸ばすと、慌てて風呂敷をかき寄せ胸に抱いた。その拍子に母の爪が触れ、佳代子の手の甲にひっかき傷を作った。上野まで歩く途中、その傷はみみず腫れになった。

母は昔、佳代子を叱るとき決まって平手で腿を撲(ぶ)った。華奢(きゃしゃ)なくせに力が強く、その跡はいつもみみず腫れになった。佳代子は夜寝るときや学校の帰り道、たびたびそこを触ってみた。不思議と悲しい気持ちにはならなかった。むしろ、なだらかに盛り上がった丘陵は指に心地よいものだった。母の、てのひらの跡。自分の身体に刻まれた、母の強さだった。

不忍池(しのばずのいけ)を歩きながら「大きな蓮だねぇ」とはしゃぐ母が、軽く足を引きずっているのに佳代子は気付く。

「足、お辛いんじゃないの？」

母は急いで素知らぬ顔を作った。

なぜ甘えてくれないのだろう。佳代子は、得体の知れない苛立ちに覆われた。車だって喫茶店で休むのだっていくらもしないことなのに。ただ、お母さんに喜んで欲しいだけなのに。

「やっぱり下駄を買いましょう。車で行けばいいわ。お昼は精養軒[※6]を予約してあるからそのあとで」

⑥努めて明るく言うと、母はやにわに今朝の風呂敷を佳代子の顔の前に差し出し、⑦得意顔で包みを解いた。そこには塩むすびが四つと、いつの間に買ったのか、日水のソーセージ[※7]が二本入っていた。

「お母さんのために、そんなにお金を使うことはないよ、佳代ちゃん。食べるものなんてなんでもいいんだから」

佳代子は、母のてのひらを見つめたまま、ぼんやり立ちつくした。

そのとき、ちょうど後ろを通りかかった若い二人連れが、道を塞いでいた母の背にぶつかった。その拍子にソーセージがぽろりと風呂敷の中から転げ落ちた。

佳代子の中でかにかが爆(は)ぜた。

「道の真ん中で立ち止まっちゃ迷惑じゃない！」

あまりの剣幕に、母より若者たちのほうが驚いてこちらを見た。

「そんなちびた下駄を履いてちゃダメじゃない！　こんなところでおにぎりなんか、みっともないんだわ」

佳代子は大声で泣き出したかった。どうして泣きたいのか、怒りなのか哀しみなのか、なにもわからなかった。わからなくなって佳代子は駄々をこねたのだ。

こうして癇癪(かんしゃく)を起こすと、母は必ず佳代子を叱ったものだった。凄まじい厳しさで。凛と美しい仕草で。けれど目の前の母は所在なげに風呂敷を丸めて、小さくうつむいている。「ごめんよ。悪いことしたね」と心細げに詫びている。

「お母さん、田舎者で……佳代ちゃんに恥ずかしい思いをさせちゃって」

「どうして周りが見えないの？　どうしてお金のことばかり言うの？

にも買わないんだから入ったら申し訳ないよ、と小声で返して沿道から建物を見上げるのだ。

そういうときの母の身体は、妙な具合に曲がっていた。腰が曲がっているというのではなく、そう、ちょうど子供をおぶったときのような、背中の重く傾（かし）いだ形によく似ていた。母の背はもうピンと張ってはいない。そこにはもう、なにかが貼り付いてしまっている。長い歳月がもたらす、逃れられないなにかが。

お昼は資生堂パーラー[※5]でとった。母はメニューを見て「高いよ。高いねぇ」と念仏のように呟いた。

「いいのよ、私も食べたいもの。たまの贅沢だもの」

佳代子がそう言うと不承不承、「じゃあ、佳代ちゃんと同じものをいただこうかね」と顔に不安を浮かべたまま言った。節々が鉤（かぎ）状に曲がった指でコップを摑んで、一口水を含み、「帰りは歩きで行こうね」と微笑んだ。

「無理よ。ここから千駄木まで歩くのは」

「平気だよ。お母さん、足は丈夫だよ」

母はテーブルの下からひょいと下駄をのぞかせた。鼻緒は美しかったが、よく見ると歯のちびた下駄だった。

「歩きやすいんだから。鼻緒をすげ替えてもう十五年も履いてるんだ」

③佳代子は、周囲のテーブルに母の声が届いてしまうことを恐れた。そういう心持ちになったのは初めてのことだった。

「そうだお母さん、帰りに新しい履き物を買いましょうよ。銀座だったら質のいいものをたくさん置いているはずだから」

母はとんでもないと首を振り、「新しいのを買ったって、生きているうちに履ききれないもの」と、そう言った。なんの感傷もない、あまりに自然な物言いだった。だから無駄になっちゃうよ、と母は言ったのだ。

佳代子はこういう高級レストランに出入りする婦人たちを、常々疎ましく思っていた。つつましい暮らしこそが理想だった。けれど今日ばかりは彼女たちの華美な装いや振る舞いが羨ましかった。こんな風に奔放で浪費家の母だったら、どれほど気が楽だったろう、と。

母は、人混みというものに至って無頓着だった。そんなものがこの世にあるということなど、まるで知らないようだった。

翌日行った浅草でも、ふたりはうまく人の流れに乗ることができず、仲見世や浅草寺の人混みに、波間に浮かぶ木の葉のようにもてあそばれた。母は気になるものがあると周りも見ずに立ち止まり「あれ、ごらん」と幼げな声で佳代子に話しかける。そのたびに人波が遮断され、過ぎゆく人々が迷惑顔を容赦なくこちらに向けた。佳代子が母を守るように手を添えても、みな平気でぶつかっていく。腹の中に言いしれぬ怒りが湧いて治まらなかった。東京という街の雑な味気なさを憎らしく思った。きっとこの街は、あっけらかんとすべてを暴いてしまうのだ。

慣れないことで佳代子もすっかり人酔いし、足も疲れたから甘味処に寄りましょうと誘ってみると、母はやはり「六十円もするもの」と首を振った。佳代子は、自分の厚意がいちいち値踏みされるようで虚しかった。母はそんな佳代子に構わず、楽しげに昔話をした。幼い頃の佳代子の話を。④ちびた下駄の音がからからと空疎だった。

「佳代ちゃん、悪いけど、今日はご飯を多めに炊いてくれないかい」

母が言ったのは、上野見物に行く日の朝だ。佳代子はその通りにし、を勧めると深々と会釈してからほんの少し口をつけた。佳代子の作ったちらし寿司をしつこいくらいに褒めた。

「なんだか夢のようだねぇ。こうして佳代ちゃんの家で」

そう言って、目を細める。

「こんなあばら家で居心地が悪いでしょう」

夫が恐縮すると、母は大きすぎる仕草でかぶりを振った。

「東京で家を構えられるなんて立派ですよ。佳代ちゃんは［X］だ、感謝しないといけないよ」

「でもほんとはね、もっといい家があったのよ。茗荷谷でね、庭があって、柘榴が植わってて。私はそこに移りたかったんだけど、この人が……」

佳代子は夫へ恨みがましい目をやる。

「いや、だって、あそこはなんだかげんが悪いようだったろう」

夫は［Y］になり、それを笑顔に作り替えてから母に向いた。

「なんでも、その家に前に住んでいた男がご近所の若奥さんと駆け落ちしたらしいんですよ。それで僕はどうも気乗りがしませんでね」

母はビールのつがれたコップを両手で包み込んだまま、目を丸めた。

「その出奔した若奥さんの旦那さんが、まだご近所にいるっていうから、やはり気まずいんじゃないかと思いまして」

「あら。でもその方だってすぐに若くてきれいな後妻さんをおもらいになったんでしょ。そんなに気にすることもなかったんじゃないかしら」

ふたりが言い合うのをしばらく目で追っていた母は、長い溜息をついて、

「東京らしい出来事だねぇ」

と、しみじみした声で言った。若い夫婦は顔を見合わせてから、大きく笑った。

銀座、浅草、日本橋。明日から母を案内する。母が居る間、佳代子は仕事も休みをもらい、車を雇えばいい、という夫の言葉に甘え、少し贅沢な東京観光を計画していた。暮らし向きは楽ではないけれど、ふたりにはまだ子もおらず、共稼ぎでもあったから少々の蓄えはあるのだ。

「職業婦人だなんて」と夫の両親は眉をひそめ、子供ができないことと結びつけてたびたび佳代子を責めたが、母のような女性になりたくてタイピスト※3という仕事を選んだ彼女は、微塵の負い目も感じなかった。

「明日、街へ出たら映画もいいでしょう。確か雷蔵※4の新しいのが封切られましたから」

夫が言うのに応えようとした母の口から突然、蛙の鳴くような音が漏れた。佳代子も夫も何事が起こったのかと母の口元を凝視した。それが大きなゲップであることに、すぐには考えが行き着かなかったのだ。夫は場を取りなすように「ビールのせいでしょう。僕もよくやります」と穏やかに笑った。佳代子はなにも言えず、ただ内心の［Z］を隠すのに必死だった。こんな行儀の悪いことをする人ではなかった。咀嚼の音さえも厳しく注意する人なのだ。けれど、その音にもっとも驚いていたのは母自身には違いなかった。母は愕然とした様子で口を押さえ、それから黙ってうつむいた。さっきは気付かなかったが、②母の髪は薄く、つむじの辺りは大きく地肌が見えていた。

翌日銀座へ向かう車の中で、母は落ち着かなく身を揺らし「こんな無駄遣いはいけないよ」と拝むような口調で言った。並木通りで車を降り、和光や松坂屋を眺める。中に入ってみましょうと佳代子が誘っても、な

下書き用（必要に応じて使用すること）

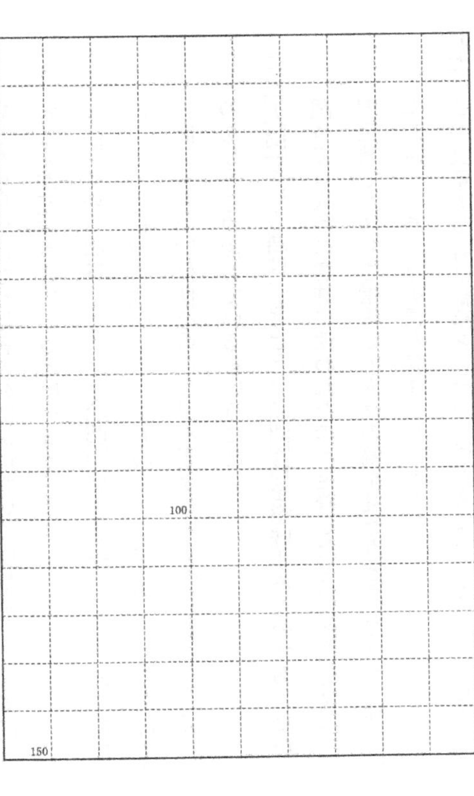

三　**次の文章を読んであとの各問に答えよ。**

母が、上京する。

電報を受け取ったその日から、佳代子はいそいそと支度にかかった。母と会うのは二年ぶりだ。それもこれまでは、盆や正月に佳代子が夫と連れだって帰郷する折に会うばかりで、東京に呼んでも、日頃世話になっている弟夫婦に気兼ねしてか、母はなかなか重い腰を上げようとしなかった。

「ずいぶん楽しそうじゃないか」

部屋の隅々まで念入りに雑巾がけをする佳代子を、夫はからかってから顔をほころばせる。

佳代子にとって母はずっと、他の母親たちと比べるのも惜しいほど特別な存在だったのだ。

結婚前は初等学校の教員をしていたとかで、その辺りには珍しく教養があったのも、幼い佳代子には自慢だった。夜中、御不浄[※1]に起きるたび、小さな電灯の下で籐椅子に腰掛け一心に小説を読む母の姿を見つけては、うっとりしたものだった。家事も一切、手を抜かなかった。生来のきれい好きのためだろう、いつでも家中淀みなく磨き上げられていたし、料理も必ず一工夫凝らしたものが食卓を飾った。家族の誕生日には小豆を煮だして赤飯を炊き、自ら型紙を起こしたハイカラなワンピースを佳代子のためにたくさん縫った。母自身も、質素だけれど趣味のいい服を身につけ、いつも身ぎれいでいた。普段は口の悪い級友たちも「おめぇの母ちゃん、垢抜けとるなぁ」と素直に褒めた。母特有の気品は、歳をとっても少しも衰えることがなかった。

上野の駅までは、夫に迎えに行ってもらった。

佳代子はその間、井戸水でビールを冷やし、ちらし寿司の錦糸卵を慎重に作った。うきうきと、何度も表を窺った。

車の音が家の前で止まり、木戸の開く音がする。佳代子は急いで玄関へと駆け出し、挨拶より先に安堵の息をついた。①母は、なにひとつ変わっていなかった。品のいい鶯色の和服を身につけ、福々とした笑みを浮かべている。

「佳代ちゃん、しばらくお世話になりますね」

母の声がコロコロと鳴って、佳代子は顔を緩める。踊るような足取りで、新調した座布団へと母を導いた。

精一杯の御馳走を並べた夕飯の席で、母は饒舌（じょうぜつ）だった。復員[※2]した誰それが高校の教員になったの、隣家の男の子が結婚したのと。夫がビール

エ、欧米的な誤った価値観に基づく見方である

問五　空欄 Y に入る最も適切な言葉を、この空欄以降の本文中より四字で抜き出して答えよ。

問六　傍線部③「関係性を生きる僕たちの自己のあり方は、『人間』という言葉にもあらわれている」とあるが、これはどういうことか。その説明として最も適切なものを次から選び、記号で答えよ。

ア、「人間」という語は、もともと人間関係を意味するものであったが、他国ではみられないような「人」という意味でも用いることから、言語の独自性と日本的自己のあり方が、ともに他国とは異なる特色を持つものであるということ。

イ、「人間」という語は、もともと人間関係を意味するものであったが、「人」自体を表す言葉として定着したところに、日本的自己とは独立した単体ではなく他者との関係において成り立っているという考え方が反映されているということ。

ウ、「人間」という語は、もともと人間関係を意味するものであったが、俗に誤って現在の意味になったものであるため、俗世間における人間どうしの関係性を重視し、不要なもめごとを嫌う日本的自己のあり方を象徴しているということ。

エ、「人間」という語は、もともと人間関係を意味するものであったが、誤って「人」の意味に使われたのが定着したものであるため、一度定着した誤りを指摘して人々の輪を乱そうとすることを嫌う日本的自己のあり方が読み取れるということ。

問七　この文章で筆者は結論として、「日本文化のもとで自己形成をした僕たちの自己は人とのつながりの中にある」ということを導き出しているが、その一方、ここまでの論では十分に説明されていない点がある。それは何か。その指摘として最も適切なものを次から選び、記号で答えよ。

ア、自分の意見を通すことが欧米で重要ならば、前提として欧米の社会はどのような相互関係を結んでいるのかということ。

イ、絶えず相手を考慮し続けるという日本人の価値観は、これまでにどのような評価を受けてきているのかということ。

ウ、欧米社会では視線恐怖があまり見られないというのに、なぜ日本には視線恐怖を感じる人が多いのかということ。

エ、なぜ日本人は「人間」という言葉を「よのなか」「世間」でなく「人」の意味に捉え直したのかということ。

問八　傍線部④「相手との関係にふさわしい自分がその都度生成する」とあるが、これはどういうことか。以下の条件に従って説明せよ。

【条件】

・本文中の波線部「僕たちの自己は、相手にとっての『あなた』の要素を取り込む必要がある」をふまえて考えること。

・身近な具体例を少なくとも一つは挙げた上で説明すること。

・字数は一〇〇字以上一五〇字以内とし、段落は作らずに一マス目から詰めて書くこと。ただし、句読点・記号等も字数に含むものとする。

　このように、日本文化のもとで自己形成をした僕たちの自分というのは、個としてあるのではなく、人とのつながりの中にある。かかわる相手との間にある。

一定不変の自分というのではなく、④相手との関係にふさわしい自分がその都度生成するのだ。相手あっての自分であり、相手との関係に応じて自分の形を変えなければならない。[d] 人のことが気になる。人の目が気になって仕方がないのだ。

（榎本博明『〈自分らしさ〉って何だろう？　自分と向き合う心理学』より）

問一　二重空欄 [a] ～ [d] にはそれぞれ接続詞が入るが、その内一つだけ役割の異なるものがある。その役割の異なる接続詞が入る二重空欄を記号で答えよ。

問二　傍線部①「日本人とアメリカ人では自己のあり方が違っていて、コミュニケーションの法則がまったく違っている」について、あとの問にそれぞれ答えよ。

（一）傍線部内で言及している日本人の「自己のあり方」の背後にある考え方を端的に表現した言葉を、本文中より八字で抜き出して答えよ。

（二）日本人とアメリカ人の「コミュニケーションの法則」の違いについて、筆者はどのように考えているか。その説明として最も適切なものを次から選び、記号で答えよ。

ア、日本人は自己主張のスキルを磨かずに育つため自己主張が苦手なのに対して、アメリカ人は自己主張のスキルを教わる場があるので自己主張が得意である。

イ、日本人は相手の意向に十分に配慮した上で自分の意見を押し通そうとするのに対して、アメリカ人は遠慮なく相手を説得して自分の意見を押し通そうとする。

ウ、日本人は意見が対立して場の雰囲気が悪くなることを避けようとするのに対して、アメリカ人は自分の意見を通そうとするため、相手と意見がぶつかり合うことが多い。

エ、日本では遠慮深さが美徳とされるため、相手の意見に対して遠慮するのに対して、アメリカ人はコミュニケーションにおいて遠慮することはむしろ相手に失礼だと考える。

問三　傍線部②「自分の中に息づいているだれかのために頑張る」とあるが、これはどういうことか。その説明として最も適切なものを次から選び、記号で答えよ。

ア、自分の内面に潜む無自覚な他者のあり方に影響を受けていること。

イ、目上の人間からの良い評価を受けて社会的地位を勝ち取ろうとすること。

ウ、何かの成果を得るために自己主張を慎んで他者の意向を優先すること。

エ、自分と関わり合いのある他者からの期待に応えるような行動をすること。

問四　空欄 [X] に入る言葉として最も適切なものを次から選び、記号で答えよ。

ア、欧米的な価値観を無視した見方に過ぎない

イ、欧米的な価値観に染まった見方に過ぎない

ウ、欧米的な価値観より大変優れた見方である

に基づくものであり、間柄によって形を変える。僕たちの自己は、相手にとっての「あなた」の要素を取り込む必要がある。[b] 相手の意向が気になる。相手の視線が気になるのだ。

個を生きているのなら、自分の心の中をじっくり振り返り、自分のしたいことをすればいいし、自分の言いたいことを言えばいい。相手が何を思い、何を感じているかは関係ない。自分が何を思い、何を感じているかが問題なのだ。自分の思うことを言う。自分が正しいと考えることを主張する。自分の要求をハッキリと伝える。それでいいわけで、じつにシンプルだ。

[c]、関係性を生きるとなると、そんなふうにシンプルにはいかない。自分の意見を言う前に相手の意向をつかむ必要がある。気まずくならないようにすることが何よりも重要なので、遠慮のない自己主張は禁物だ。相手の意見や要求を汲み取り、それを自分の意見や要求に取り込みつつ、こちらの意向を主張しなければならない。

このように関係性としての自己を生きる僕たち日本人は、たえず人の目を意識することになる。

③関係性を生きる僕たちの自己のあり方は、「人間」という言葉にもあらわれている。

哲学者の和辻哲郎は、「人間」という言葉の成り立ちについて疑問を提起している。「人」という言葉に「間」という言葉をわざわざ付けた「人間」という言葉が、なぜまた「人」と同じ意味になるのかというのだ（和辻哲郎『人間の学としての倫理学』岩波書店、一九三四年）。

「人」だけでもいいのに、なぜわざわざ「人間」というのか。なぜ「間」を付けても意味が変わらないのか。ふだん当たり前のように使っている「人間」という言葉だが、改めてそう言われてみると、たしかに妙だ。

和辻によれば、辞書『言海』に、その事情が記されている。もともと人間という言葉は「よのなか」「世間」を意味していたのだそうだ。それが「俗に誤って人の意になった」。つまり、「人間」というのは、もともとは「人の間」、言い換えれば「人間関係」を意味する言葉だったのに、誤って「人」の意味に使われるようになったのだという。

誤って使われたのだとしても、なぜまたそんな誤りが定着したのか。そこにこそ大きな意味があるのではないか。

和辻は、このような混同は他の言語ではみられないのではないかという。ドイツ語でもこんな混同はみられないし、中国語でも人間とはあくまでも世間を指し、人を指したりはしない。他の言語では「人」と「人間関係」がしっかりと区別されているのに、日本でのみ混同があるとすれば、そこには日本的な「人」のとらえ方の特徴があらわれているはずだ。

ここからわかるのは、日本文化には、「人＝人間関係」というような見方が根づいているということだ。

和辻は、そこのところをつぎのように説明する。もし、「人」が人間関係とはまったく別ものとしてとらえられているのであれば、「人」と「人間関係」を明確に区別すべきだろう。それなのに、日本語では「人」と「人間関係」を区別せずに、「人間関係」や「よのなか」を意味する「人間」という言葉が「人」の意味で用いられるようになった。ここにこそ、日本的な「人」のあり方が示されている。

僕たち日本人にとって、「人間」は社会であるとともに個人なのだ。

相手の意向を汲み取って動くというのは、僕たち日本人の行動原理といってもいい。コミュニケーションの場面だけではない。たとえば、何かを頑張るとき、ひたすら自分のためというのが欧米式だとすると、僕たち日本人は、だれかのためという思いがわりと大きい。

親を喜ばせるため、あるいは親を悲しませないために勉強を頑張る、ピアノを頑張る。先生の期待を裏切らないためにきちんと役割を果たす。そんなところが多分にある。大人だって、監督のために何としても優勝したいなんて言ったりするし、優勝すると監督の期待に応えることができてホッとしていると言ったりする。

②自分の中に息づいているだれかのために頑張るのだ。もちろん自分のためでもあるのだが、自分だけのためではない。

このような人の意向や期待を気にする日本的な心のあり方は、「他人の意向を気にするなんて自主性がない」とか「自分がない」などと批判されることがある。でも、それは［X］。

教育心理学者の東洋（あずまひろし）は、日本人の他者志向を未熟とみなすのは欧米流であって、他者との絆を強化し、他者との絆を自分の中に取り込んでいくのも、ひとつの発達の方向性とみなすべきではないかという（東洋『日本人のしつけと教育——発達の日米比較にもとづいて』東京大学出版会、一九九四年）。

そもそも欧米人と日本人では自己のあり方が違う。僕たち日本人が、率直な自己主張をぶつけ合って議論するよりも、だれも傷つけないように気をつかい、気まずくならないように配慮するのも、欧米人のように個を生きているのではなくて、関係性を生きているからだ。

心理学者のマーカスと北山忍は、アメリカ的な独立的自己観と日本的な相互協調的自己観を対比させている。

独立的自己観では、個人の自己は他者や状況といった社会的文脈から切り離され、そうしたものの影響を受けない独自な存在とみなされる。そのため個人の行動は本人自身の意向によって決まると考える。

それに対して、相互協調的自己観では、個人の自己は他者や状況といった社会的文脈と強く結びついており、そうしたものの影響を強く受けるとみなされる。そのため個人の行動は他者との関係性や周囲の状況に大いに左右されると考える。

このような相互協調的自己観をもつ僕たち日本人は、個としての自己を生きているのではなく、関係性としての自己を生きている。関係性としての自己は、相手との関係に応じてさまざまに姿を変える。その場その場の関係性にふさわしい自分になる。相手との関係性によって言葉づかいまで違ってくる。欧米人のように相手との関係性に影響を受けない［Y］の自己などというものはない。

「だれが何と言おうと、私にこう考える」「僕はこう思う」と自分を押し出していく欧米社会では視線恐怖があまり見られないのに対して、自分を押し出すよりも相手の意向を汲み取ろうとする日本人の間には視線恐怖が多い。それは、僕たち日本人は、相手との関係性によって自分の出方を変えなければならないからだ。

相手がどう思っているかが気になる。こんなことを言ったら相手はどう感じるだろうかと気になる。それも、僕たちが関係性としての自己を生きているからだ。

僕たちの自己は、相手から独立したものではなく、相手との相互依存

【国語】（五〇分）〈満点：一〇〇点〉

一　次の各問に答えよ。

問一　次の①～④の語の「対義語」を漢字二字で正確に答えよ。

①強固　②斬新　③服従　④大胆

問二　次の①～③のそれぞれの組の傍線部の語の中から、一つだけ意味・用法が異なるものを選び、記号で答えよ。

①　ア、約束の時間に間に合わなければ、相手も腹を立てるだろう。
　イ、懸命に取り組んでいるので、完成するまで待とう。
　ウ、おなかもすこうが、できるまでやり抜きなさい。

②　ア、いかにも都会らしい近代的なビルが並んでいる。
　イ、防犯カメラには犯人らしい男の姿がある。
　ウ、三月に入り、春らしい穏やかな日和が続く。

③　ア、毎日通学路ですれ違うのに、あの人の名前さえ知らない。
　イ、その事実は、子どもでさえ理解できる。
　ウ、ほんの少しの水さえあれば、生きながらえることができたのに。

問三　次の①～③の漢字の読みをひらがなで正確に答えよ。

①その点は寡聞にして知らない。
②拙い表現にも書き手の人柄がにじみ出る。
③凡庸で退屈な作品に閉口する。

二　次の文章を読んであとの各問に答えよ。

日本人は自己主張が苦手だと言われる。グローバル化の時代だし、もっと自己主張ができるようにならないといけないなどと言う人もいる。でも、日本人が自己主張が苦手なのには理由がある。そして、それはけっして悪いことではない。

では、アメリカ人は堂々と自己主張ができるのに、僕たち日本人はなぜうまく自己主張ができないのか。

それは、そもそも①日本人とアメリカ人では自己のあり方が違っていて、コミュニケーションの法則がまったく違っているからだ。

アメリカ人にとって、コミュニケーションの最も重要な役割は、相手を説得し、自分の意見を通すことだ。お互いにそういうつもりでコミュニケーションをするため、遠慮のない自己主張がぶつかり合う。お互いの意見がぶつかり合うのは日常茶飯事なため、まったく気にならない。

一方、日本人にとって、コミュニケーションの最も重要な役割は何だろう。相手を説得して自分の意見を通すことだろうか。そうではないだろう。僕たちは、自分の意見を通そうというより前に、相手はどうしたいんだろう、どんな考えなんだろうと、相手の意向を気にする。そして、できることなら相手の期待を裏切らないような方向に話をまとめたいと思う。意見が対立するようなことはできるだけ避けたい。そうでないと気まずい。

つまり、僕たち日本人にとっては、コミュニケーションの最も重要な役割は、お互いの気持ちを結びつけ、良好な場の雰囲気を醸し出すことなのだ。強烈な自己主張によって相手を説き伏せることではない。

［a］自己主張のスキルを磨かずに育つことになる。自己主張が苦手なのは当然なのだ。その代わりに相手の気持ちを察する共感性を磨いて育つため、相手の意向や気持ちを汲み取ることができる。

2022年度

解　答　と　解　説

《2022年度の配点は解答欄に掲載してあります。》

＜数学解答＞ 《学校からの正答の発表はありません。》

Ⅰ　問1.　$y(x+6y)(x-4y)$　　問2.　$x:y=5:1$　　問3.　$x=5\pm\frac{\sqrt{21}}{7}$　　問4.　$n=43$

Ⅱ　問1.　$a=2$　　問2.　N＝7　　問3.　12通り　　問4.　A：400個，B：250個
問5.　$108\pi\text{cm}^3$

Ⅲ　問1.　$\frac{1}{18}$　　問2.　$\frac{5}{36}$(考え方は解説参照)

Ⅳ　問1.　$\frac{1}{2}$　　問2.　$\frac{1}{4}$

Ⅴ　問1.　$\triangle\text{OIC}=\frac{4}{3}$(考え方は解説参照)　　問2.　$\frac{2\sqrt{5}}{5}$　　問3.　AB＝10

Ⅵ　問1.　$\triangle\text{PAB}=\sqrt{2}a^2$　　問2.　$\text{AH}=\frac{2\sqrt{6}}{3}a$　　問3.　$\frac{4}{9}a^3$

○推定配点○

Ⅰ　各5点×4　　Ⅱ　各5点×5　　Ⅲ　問1　5点　　問2　7点　　Ⅳ　各5点×2
Ⅴ　問1　8点　　問2・問3　各5点×2　　Ⅵ　各5点×3　　計100点

＜数学解説＞

Ⅰ　(因数分解，連立方程式，2次方程式，数の性質)

基本　問1.　$x^2y+2xy^2-24y^3=y(x^2+2xy-24y^2)=y(x+6y)(x-4y)$

問2.　$37x-53y=2$…①　$17x-19y=1$…②　①－②×2より，$3x-15y=0$　$x=5y$　よって，$x:y=5:1$

基本　問3.　$7(x^2-10x+25)-3=0$　$(x-5)^2=\frac{3}{7}$　$x-5=\pm\sqrt{\frac{3}{7}}$　$x=5\pm\frac{\sqrt{21}}{7}$

問4.　$2022-6n=6(337-n)$　kを自然数として，$337-n=6k^2$と表せるとき題意を満たす。このうち最も小さいnの値は，$k=7$のとき，$n=337-6k^2=337-6\times7^2=43$

Ⅱ　(変化の割合，不等式，場合の数，方程式の利用，空間図形)

問1.　変化の割合が等しいから，$\frac{a\times a^2-a\times(-1)^2}{a-(-1)}=a$　$a^3-a=a(a+1)$　$a^3-a^2-2a=0$　$a>0$より，両辺をaでわって，$a^2-a-2=0$　$(a-2)(a+1)=0$　$a>0$より，$a=2$

問2.　$\text{N}\leqq\sqrt{n}<\text{N}+1$より，$\text{N}^2\leqq n<(\text{N}+1)^2$　よって，$n=\text{N}^2$，N^2+1，…，N^2+2Nとなるから，$2\text{N}+1=15$より，N＝7

重要　問3.　aの位置に注目すると，aa○○，a○a○，a○○a，○aa○，○a○a，○○aaの6通りあり，それぞれの○にbとcの入り方が2通りずつあるから，4文字の並べ方は，全部で6×2＝12(通り)

問4.　4月につくった製品Aの個数をa個，製品Bの個数をb個とすると，$a+b=650$…①　5月について，$b\times(1+0.2)-a\times(1-0.4)=60$より，$2b-a=100$…②　①＋②より，$3b=750$　$b=250$　これを①に代入して，$a=400$　よって，製品Aは400個，製品Bは250個

基本 問5. 求める立体の体積は，$\frac{4}{3}\pi\times6^3\times\frac{1}{2}-\frac{4}{3}\pi\times3^3=144\pi-36\pi=108\pi$ (cm³)

Ⅲ (関数と確率)

問1. サイコロの目の出方の総数は$6\times6=36$(通り)　$y=ax^2$と$y=bx-1$の共有点のx座標は，$ax^2=bx-1$　$ax^2-bx+1=0$の解であるから，$x=\frac{b\pm\sqrt{b^2-4a}}{2a}$　共有点が1つだけであるとき，$b^2-4a=0$　これを満たすa，bの値は，$(a,\ b)=(1,\ 2)$，$(4,\ 4)$の2通りだから，求める確率は，$\frac{2}{36}=\frac{1}{18}$

問2. $ax^2-bx+1=0$の解が$x=1$であるから，$x=1$を代入して，$a-b+1=0$　これを満たすa，bの値は，$(a,\ b)=(1,\ 2)$，$(2,\ 3)$，$(3,\ 4)$，$(4,\ 5)$，$(5,\ 6)$の5通りだから，求める確率は，$\frac{5}{36}$

Ⅳ (図形と関数・グラフの融合問題)

重要 問1. 点Bのx座標をtとすると，$y=2x^2$上の点だから，$A(t,\ 2t^2)$　四角形ABCDは正方形だから，$AB=BC$　$2t^2=1-t$　$2t^2+t-1=0$　$t=\frac{-1\pm\sqrt{1^2-4\times2\times(-1)}}{2\times2}=\frac{-1\pm3}{4}=\frac{1}{2}$，$-1$　$0<t<1$より，$t=\frac{1}{2}$

問2. $2(AB+BC)=\frac{7}{4}$　$2(2t^2+1-t)=\frac{7}{4}$　$16t^2-8t+1=0$　$(4t-1)^2=0$　$4t-1=0$　$t=\frac{1}{4}$

Ⅴ (平面図形の計量)

重要 問1. 正方形の対角線だから，$AC=BD=\sqrt{2}AB=4\sqrt{2}$より，$OC=\frac{1}{2}AC=2\sqrt{2}$　AB//DCだから，平行線と比の定理より，BI：ID＝EB：DC＝1：2　よって，$OI=OB-IB=\frac{1}{2}BD-\frac{1}{1+2}BD=\frac{1}{6}\times4\sqrt{2}=\frac{2\sqrt{2}}{3}$　正方形の対角線は垂直に交わるから，$\angle IOC=90°$　よって，$\triangle OIC=\frac{1}{2}\times OC\times OI=\frac{1}{2}\times2\sqrt{2}\times\frac{2\sqrt{2}}{3}=\frac{4}{3}$

重要 問2. 円Oと線分ICとの接点をJとすると，円Oの半径はOJであり，$OJ\perp IC$　$IC=\sqrt{OC^2+OI^2}=\sqrt{(2\sqrt{2})^2+\left(\frac{2\sqrt{2}}{3}\right)^2}=\sqrt{\frac{80}{9}}=\frac{4\sqrt{5}}{3}$　$\triangle OIC=\frac{1}{2}\times IC\times OJ=\frac{2\sqrt{5}}{3}OJ$　よって，$OJ=\frac{4}{3}\div\frac{2\sqrt{5}}{3}=\frac{4}{2\sqrt{5}}=\frac{2\sqrt{5}}{5}$

問3. 面積が5πの円の半径は$\sqrt{5}$　よって，$\sqrt{5}:AB=\frac{2\sqrt{5}}{5}:4$　$AB=4\sqrt{5}\div\frac{2\sqrt{5}}{5}=10$

重要 Ⅵ (空間図形の計量)

問1. 正四角錐P－ABCDの高さをPIとすると，Iは線分MNの中点であるから，△PMIは直角二等辺三角形であり，$PI=IM=\frac{1}{2}MN=\frac{1}{2}\times2a=a$より，$PM=\sqrt{2}PI=\sqrt{2}a$　よって，$\triangle PAB=\frac{1}{2}\times AB\times PM=\frac{1}{2}\times2a\times\sqrt{2}a=\sqrt{2}a^2$

問2. $PB=PA=\sqrt{AM^2+PM^2}=\sqrt{a^2+(\sqrt{2}a)^2}=\sqrt{3}a$　$\triangle PAB=\frac{1}{2}\times PB\times AH=\frac{\sqrt{3}}{2}aAH$　よって，$AH=\sqrt{2}a^2\div\frac{\sqrt{3}}{2}a=\frac{2\sqrt{2}}{\sqrt{3}}a=\frac{2\sqrt{6}}{3}a$

問3. 求める立体は三角錐ABCHで，三角錐PABCと三角錐ABCHの体積の比は，PB：HBに等しい。

$\mathrm{PH}=\sqrt{\mathrm{PA}^2-\mathrm{AH}^2}=\sqrt{(\sqrt{3}a)^2-\left(\frac{2\sqrt{6}}{3}a\right)^2}=\frac{\sqrt{3}}{3}a$ より，$\mathrm{PB}:\mathrm{HB}=\sqrt{3}a:\left(\sqrt{3}a-\frac{\sqrt{3}}{3}a\right)=3:2$

よって，三角錐ABCHの体積は，$\frac{1}{3}\times(2a)^2\times a\times\frac{1}{2}\times\frac{2}{3}=\frac{4}{9}a^3$

★ワンポイントアドバイス★

特別な難問はないが，計算しづらいものもあるので，ミスのないように慎重に解いていこう。

＜英語解答＞ 《学校からの正答の発表はありません。》

Ⅰ (A) 1 (1) い) (2) い) 2 (1) え) (2) う)
3 (1) え) (2) あ) 4 (1) え) (2) い) 5 (1) え) (2) あ)
(B) 1 Can I ask you something 2 What's in it

Ⅱ 1 walk 2 them 3 ③ your mom and uncles ④ the nuns 4 う)
5 (a) い) (b) お) 6 え) 7 お)

Ⅲ 1 あ) 2 う) 3 Germany's government 4 え)
5 ア 2022 イ 2050 6 う)

Ⅳ 1 a) park b) lives 2 a) mine b) clothes c) stomachache
3 a) had much b) helped me with

Ⅴ 1 a) the most terrible, have ever b) high c) Every [Each]
2 a) 2番目 え) 4番目 か) b) 2番目 き) 4番目 お)
3 a) (例) If I were you, I would not buy her the flower.
b) (例) Please tell me why the girl is crying.

○推定配点○
Ⅰ 各2点×12 Ⅱ 6・7 各3点×2 他 各2点×7 Ⅲ 5・6 各3点×3
他 各2点×4 Ⅳ 3 各3点×2 他 各2点×5 Ⅴ 3 各4点×2 他 各3点×5
計100点

＜英語解説＞

Ⅰ (リスニング問題)

(A) 1. W：Have you seen my bag?
M：Which one?
W：The small, round and pink one.
M：Oh, I saw it on the table.
W：Thank you. On the table in the living room?
M：No, in the bedroom.

2. W：Hello, may I help you?
M：Hi, I'm looking for a T-shirt for my son.
He likes tennis, baseball and basketball. But he especially likes soccer.

W：Sure. How about this country's team shirt? Spain is very popular among young people.

M：He's got it already. Do you have another one?

W：We have more. Italy, France, Germany.

M：OK, the last one is perfect. I'll take it.

3. W：Hello, Tom. This is Miki. Can we talk now?

M：Hi, Miki. Sure, what's the matter?

W：Do you have any plans after school tomorrow?
Actually, I'm going to make a speech in English class next week.
Could you listen to my speech and give me some advice?

M：Of course, I would love to.
Shall we meet at 2:50?

W：Sorry, but I have to clean our classroom. How about at 3:15?
Is that all right?

M：No problem. See you tomorrow.

4. W：When are you going to take a vacation?

M：I have to work until the end of August.

W：Oh, you have to work until the end of this month?

M：That's right. So, it's going to be next month. How about you?

W：I've already had mine. I visited Osaka with my friend last week.

M：Did you? How was it?

W：Great! We went to a famous amusement park.
We enjoyed the rides, shopping and taking photos there.

M：Wow! Please tell me the places you recommend.

5. M：So, which course are we going to take tomorrow?

W：I want to exercise because I haven't been getting much exercise recently. Tomorrow is Saturday and I want to go shopping in the afternoon. So, we can take this course.

M：All right. What time will we have breakfast?

W：Let's have breakfast after our activity.

M：Sounds good! What about the day after tomorrow?

W：Let me see. Let's do something you like.

M：Really? Great! I'd like to go for a long walk outside and enjoy the nature here.

W：OK, so you're not taking the painting course. Fine.

(A) 1. 女性：私のバッグを見た？

男性：どのバッグ？

女性：小さくて，丸いピンクのものよ。

男性：ああ，テーブルの上に見たよ。

女性：ありがとう。居間のテーブルの上？

男性：いいや，寝室だよ。

2. 女性：こんにちは，何かお探しでしょうか。

男性：こんにちは，息子のためにTシャツを探しています。彼はテニスと野球とバスケットボールが好きなんです。でも特にサッカーが好きです。

女性：かしこまりました。この国代表チームのシャツはいかがでしょうか。スペインは若者たちの間でとても人気がありますよ。

男性：彼はもうそれを持っているんです。別のものはありますか。

女性：もっとありますよ。イタリア，フランス，ドイツが。

男性：よし，最後のものは申し分ありません。それをいただきます。

3. 女性：もしもし，トム。こちらミキです。今，話せるかしら？

男性：やあ，ミキ。うん，どうしたの？

女性：明日，放課後何か予定はある？　実は，私は来週英語の授業でスピーチをするの。私のスピーチを聞いてアドバイスをもらえないかしら？

男性：もちろん，喜んで。2時50分に会おうか？

女性：ごめんなさい，私は私たちの教室を掃除しなくてはならないの。3時15分でどうかしら？

男性：大丈夫だよ。では明日。

4. 女性：あなたはいつ休暇を取るの？

男性：ぼくは8月末まで仕事をしなければならないんだ。

女性：まあ，今月末まで働かなければならないの？

男性：その通り。だから，来月になるね。君はどう？

女性：私はもう取ったわ。先週，友達と大阪を訪ねたの。

男性：そうなの？　どうだった？

女性：とてもよかったわ！　私たちは有名な遊園地に行ったの。そこで乗り物と，買い物と写真を撮って楽しんだわ。

男性：うわあ！　お薦めの場所を教えてよ。

5. 男性：それで，明日はどのコースにしようか？

女性：私は最近あまり運動をしていないから，運動がしたいわ。明日は土曜日で，午後は買い物に行きたいわ。だから，このコースがいいわ。

男性：わかった。何時に朝食を食べる？

女性：活動のあとで朝食を食べましょう。

男性：いいね！　あさってはどうする？

女性：そうねえ。あなたが好きなことをしましょう。

男性：本当？　いいね！　ぼくは外を長い時間歩いてここの自然を楽しみたいな。

女性：わかったわ，では絵画のコースは取らないのね。けっこうだわ。

(B)　1. I have a problem.　<u>Can I ask you something?</u>

2. This soup is so good.　<u>What's in it?</u>

(B)　1. 私には困ったことがあります。お聞きしてもいいですか。

2. このスープはとてもおいしいです。何が入っているのですか。

Ⅱ　**(長文読解問題・物語文：語句解釈，正誤問題，指示語，発音，語句選択補充，内容吟味)**

(全訳)　私が幼い少女だったとき，私たちはニューヨーク市の，祖父母のブロックをほんの少し行ったところに住んでいた。毎晩，祖父は「健康のための散歩」に出かけていた。私は，夏には彼と一緒に行ったものだった。

祖父と私がある晩散歩に出かけたとき，私は彼が幼い少年だったときとどれほど様変わりしたか尋ねた。彼は私に，水洗トイレではなく屋外便所，自動車ではなくウマ，電話ではなく手紙，そして電灯ではなくろうそくについて話してくれた。彼が私に，それらがなければ生活することなど考えられないすべてのすばらしいものについて話すと，私の幼い心はさまよい，彼に「おじいちゃん，人生でしなくてはならなかったいちばんつらいことは何だった？」と尋ねた。

祖父は歩くのをやめて地平線をじっと見つめ，1分かそこら何も言わなかった。それから彼は目に涙を浮かべて私の両手をとって話し始めた。

「お前のお母さんとおじさんたちが幼い子供だったころ，おばあちゃんがお前のメアリーおばさんを生んだ後にとても重い病気になったんだ。おばあちゃんはよくなるために療養所という場所に長い間入らなくてはならなかったんだ。幼い子供たちはおばあちゃんの姉妹たちと暮らしに行ったんだよ。でも，お前のお母さんとおじさんたちを世話してくれる人はだれもいなかったから，彼らは孤児院に行ったんだ。修道女たちが私の代わりに彼らの世話をしてくれたから，私はお前のおばあちゃんをよくするために2つか3つの仕事をすることができて，みんなまた家に戻ったんだ。

私がしなくてはならなかったいちばんつらいことは，彼らをそこに入れることだったな。私は毎週彼らに会いに行ったんだけど，修道女たちは私に彼らに話しかけたり，抱きしめたりさせてくれようとしなかった。私は彼らのうち3人がマジックミラーの後ろから遊ぶのを見たんだよ。私は毎週彼らにお菓子を持っていって，それが私からのものだとわかってくれたらいいなと思った。私は30分間，両手を鏡にあて続けていたもんだよ。私は30分しか彼らを見ることを許されなかったんだ。彼らが私の手を触りに来てくれたらなあと思ったよ。私は自分の子供たちに触れることなく丸1年間通ったんだ。私は彼らがいなくてとても寂しかった。でも私は，彼らにとってはもっとつらい1年だということがわかっていた。私は彼らを抱きしめられなかったことを決して忘れないだろう。でも彼女たちは，私が彼らを悲しませ，彼らはそこでさらに大変なことになるだろうと言ったんだ。だから私は従ったんだ」

それが私が祖父があのように泣くのを見た初めてのときだった。彼は私をひしと抱き，私は彼に，私には最高のおじいちゃんがいて，私は彼が大好きだと言った。私たちは私の家族と祖父母が別々の州に引っ越す(a)までで何年もの間散歩を続けた。

15年が過ぎ，私は祖父とのあの特別な散歩について話すことは一度もなかった。祖母が亡くなった後，祖父は記憶障害になり，抑うつに苦しんだ。私は祖父を一緒に暮らさせるよう母を促していた。私の母と祖父はあまり親密ではなかった。彼女は祖父の話題には関心がなかった。でも私は，「私たちは彼にとっていちばんよいものを見つけ出さなくてはいけないわ」と言い続けた。

彼女は怒って，「なぜ？　彼は私たちに起こったことを心配なんかしなかったのよ！」と答えた。

私はともかく彼女が何のことを言っているのか知っていた。「彼はいつでも心配しているし，あなたを愛しているわ」と私は言った。

母は，「あなたは自分が何のことを言っているのかわかっていないわ！」と答えた。

「彼が経験したいちばんつらかったことはあなたとエディーおじさんとケビンおじさんを孤児院に入れることだったのよ」

「だれがあなたにそのことを言ったの？」と彼女は尋ねた。

母は私たちとそこでの日々について決して話し合わなかった。

「お母さん，彼は毎週あなたたち3人に会いに来ていたのよ。彼はあなたたち3人が遊ぶのをマジックミラーの後ろから見ていたのよ。彼はあなたたちに会いに行くときはお菓子を買っていたのよ。彼は1週たりとも行かないことはなかったわ。彼は本当にあなたたちを両腕で抱きしめたかったけれど，そうさせてもらえなかったの」

「うそでしょう！　彼は決してあそこにはいなかったわ。だれも私たちに会いにはこなかったわ」

「彼が私に話さなかったのなら，どうして私が訪ねていったことを知っているの？　どうして私が彼が持っていったおやつのことを知っているの？　彼はあそこにいたのよ。彼はいつでもあそこにいたの。でも，修道女たちが，彼が出ていくときにあまりにつらい思いをするだろうからと言って，あなたたちと一緒に部屋に入れさせようとしなかったのよ。お母さん，おじいちゃんはあなたを愛しているのよ。いつでもそうだった！」

その日，母の父親との関係は変わった。祖父は余生を私たちとともに暮らすようになった。母は父親がいつも彼女を愛していることを知ったのだ。

1　constitutional は特に健康のための「散歩」のこと。下線部を含む文から，祖父が毎晩していたことであること，直前の go for ～「～に出かける」，夏には筆者も一緒にしていたことであることなどをつかみ，第2段落第1文の「祖父と私がある晩散歩に出かけたとき」などから walk「散歩」とほぼ同義であると推測する。

2　下線部中の that は目的格の関係代名詞。先行詞 all the wonderful things「(屋外便所，ウマ，手紙，ろうそくなどの)すべてのすばらしいもの」と that 以下「それらがなければ生活することなど考えられない」とのつながりから，them は all the wonderful things を指すと考える。先行詞を指す代名詞は関係代名詞の中に含まれるので，この them が余分。

基本　3　③　they は孤児院へ行った人々を指す。同じ文の前半に「お前のお母さんとおじさんたちを世話してくれる人はだれもいなかったから」と they が孤児院へ行くこととなった理由が述べられているので，they が指すのは同じ文中の your mom and uncles である。　④　they は「私(＝筆者の祖父)が彼ら(＝祖父の子供たち)を悲しませ，彼らはそこでさらに大変なことになるだろう」と言った人々を指す。同じ段落の第2文から，筆者の祖父に子供たちに会わせなかったのは孤児院の修道女たちなので，they が指すのは第2文にある the nuns である。

4　下線部の close は動詞 held を修飾する，「ひしと，しっかりと」という意味の副詞で，se の部分は[s]の発音。これと同じ発音は shops の s。apples，bags の下線部は[z]，houses の下線部は[iz]の発音。

5　(a)「私たちは何年もの間散歩を続けた」と「私の家族と祖父母が別々の州に引っ越した」をつなぐ接続詞として，until「～するまで(ずっと)」を入れると文意が成り立つ。　(b)　How would I know ～? は「そうして～を知ることがあるだろうか(いや，知ることなどない)」という反語の表現。後半の「彼が私に話さない」とつなぐ接続詞として，if「～ならば」を入れると文意が成り立つ。

6　第5段落の内容から，筆者の祖父が自分の子供たちを孤児院に入れている間，子供たちと会うことができなかったことがわかる。また，第7段落で筆者が筆者の母親に祖父と一緒に暮らすことを提案したのに対して，母親が「彼は私たちに起こったことを心配なんかしなかったのよ！」と言っていることから，自分の父親が孤児院に入れられた母親たちに会いにきていたことを知らなかったために，父親に対してよい感情を持てずにいることがわかる。この状況に合うのは，え)「私の母は孤児院に置き去りにされ，そこで一度も祖父に会わなかった」が適切。あ)「私の母は祖母の姉妹たちと暮らさなくてはならなかった」は，第4段落に，筆者の母親たちは(筆者の)祖母の姉妹たちと暮らしに行ったが，結局世話をしてくれる人がおらず，孤児院に行くことになったことが述べられているので合わない。い)「祖父は彼女に彼女が好きではないお菓子しか買わなかった」は本文中に記述がない。また，筆者の祖父は毎週孤児院に行っていたので，う)「祖父は週に2回孤児院に来た」も合わない。

7　あ)「筆者の母親と1人のおじは孤児院に行かなくてはならなかった」(×)　第8段落以降で筆者と母親が話している場面で，筆者が「彼が経験したいちばんつらかったことはあなたとエディーおじさんとケビンおじさんを孤児院に入れることだったのよ」と言っていることから，孤児院に入れられたのは筆者の母親と，筆者にとってはおじに当たる，母親の兄弟2人であったことがわかる。　い)「祖父はしばしば孤児院へ行ったが，自分の子供たちの顔を見ることは一度もできなかった」(×)　第5段落第3文から，筆者の祖父はマジックミラーの後ろから自分の子供たちの姿を見ていたことがわかる。　う)「修道女たちは，祖父が好きではなかったので，彼が子供たちに会うことを望まなかった」(×)　第5段落最後から2文目「でも彼女たちは，私が彼らを悲しませ，彼らはそこでさらに大変なことになるだろうと言ったんだ」から，修道女たちは子供たちが父親である筆者の祖父に会うとかえってつらい思いをするから子供たちに会わせなかったことがわかる。また，修道女たちが筆者の祖父を嫌っていたという記述はない。　え)「祖父はいつも娘にうそをついていた」(×)　第8段落以降で筆者と母親が話している場面に，「うそでしょう！　彼は決してあそこにはいなかったわ。だれも私たちに会いにはこなかったわ」という筆者の母親の発言があるが，「うそ」と言っているのは娘である筆者の発言に対してであり，祖父が子供たちにうそをついていたという記述はない。　お)「最後に，筆者の母親は自分が父親に愛されていることがわかった」(○)　第8段落以降の筆者と母親の会話の後，母親は事実を知る。その後の状況を述べた最終段落から，筆者の母親が父親に愛されていたことがわかる。

Ⅲ　(長文読解問題・説明文：語句選択補充，内容吟味，指示語)

(全訳)　ドイツで若者が気候訴訟に勝利

ドイツの最高裁判所は，若者を守ることがうまくいっていないために，国の2019年の気候保護法の何か所かを変更すべきであるという決定に達した。訴訟を起こした9人の若者が大きな勝利を得たという結果であった。

裁判所は気候危機のある重要な部分に大きく注目している。それは，(a)気候危機が大人よりもはるかに若者に影響を及ぼすということである。それは，地球温暖化の影響が将来さらに深刻になるからだ。大人たちがこれらの問題に注意を払ってこなかったのだから，若者は大人になるにつれてそれらの問題に対処させられることになるだろう。

2019年，ドイツは新しい法律を通し，政府はその法律の中で，国は2050年までにカーボンニュートラルになることを約束した。その法律では2030年までの行動計画が作られた。しかし，その法律には2031年から2050年の間に取られる気候保護のために明確なルールや計画が何もなかった。

15歳から24歳の9人の若者のグループがその法律について政府を相手取って訴訟を起こした。彼らは，政府は慎重な計画を立てておらず，自分たちの将来の命を危険にさらしていると言った。政府の計画の下で，彼らは大人になるときに最も困難な排出量の課題に直面させられるだろうと感じていた。

2021年4月29日，ドイツの最高裁判所の裁判官たちはその若者たちが言うことを認めて，ドイツの法律の何か所かがドイツ憲法に従っていないと言った。裁判官たちは，政府が気候保護をしなければ若者たちがよりよい未来に向かう基本的な権利を取り除いてしまうかもしれないと言った。

その若者たちは4つの分野で政府の法律に関する妥当性を問うた。裁判官たちはその異議申し立てのすべてを認めたわけではなかった。彼らは異議申し立てのうちの1つしか認めなかった。しかし，彼らの訴訟の1つでさえも大きな勝利と見なされた。

ルイーザ・ノイバウアーは政府を相手取って訴訟を起こした若者の1人である。彼女は環境保護団体であるフライデーズ・フォー・フューチャーとともに活動している。ノイバウアー氏は，「気候の保護は私たちの基本的な権利であり，今やそれは公認されています。これは気候運動にとって大きな勝利です。それは多くのことを変えるでしょう」と言った。

裁判所はドイツ政府に法律を定めるのに，2022年末までの1年間を与えた。その気候の法律には，ドイツの汚染をなくすために2030年以降に実施され，2050年までに国をカーボンニュートラルへと導くはるかに慎重な行動計画がある必要が今やあるだろう。

ドイツ政府は，必要な変更をするためにすぐに動き始めると言っている。

このような最高裁判所の決定の1つの重要な点は，彼らが将来の決定のためにガイドあるいは実例として活動することである。このことは，将来ドイツの立法者たちが(b)法律を作るときに若者たちの気候の将来についてより確かに考えるだろうということを意味している。

世界のほかの若者たちのグループもまた，政府に対する訴訟を起こしている。去年，ポルトガルの6人の若者のグループが，欧州人権裁判所でヨーロッパ33か国に対する訴訟を始めた。最近，オーストラリア，ブラジルそしてイギリスの若者たちもまた，気候保護に関して政府を相手取って訴訟を起こした。

1　第1段落第1文「ドイツの最高裁判所は，若者を守ることがうまくいっていないために，国の2019年の気候保護法の何か所かを変更すべきであるという決定に達した」から，ドイツの最高裁判所が国に気候保護法の一部を変更するよう命じたのは，その法律が若者を守るという点で不十分だったからであることがわかる。したがって，裁判所がその法律について注目したこととしては，あ)「気候危機が大人よりもはるかに若者に影響を及ぼす」が適切。い)は「気候危機が世界中の自然環境を破壊する」，う)は「気候危機が国に多くのお金を失わせる」，え)は「気候危機が記録破りの高温を招く」という意味で，いずれも裁判で若者のグループの主張が一部認められたこととは関連がない。

2　第5段落に，ドイツの最高裁判所の裁判官たちが若者たちが言うことを認めたことが述べられている。第2文「裁判官たちは，政府が気候保護をしなければ若者たちがよりよい未来に向かう基本的な権利を取り除いてしまうかもしれないと言った」から，最高裁判所が気候に関する若者たちの基本的な権利を認めたことがわかり，最高裁判所が認めたということはすなわち「公認」されたということができる。したがって，ルイーザ・ノイバウアーが下線部のように言ったことの根拠としては，う)「ドイツの最高裁判所が，若者たちの基本的な権利は気候保護を行うことによって守られるべきであると認めた」が適切。あ)「2019年に，ドイツ政府はカーボンニュートラルになることに関する新しい法律を作った」，え)「新しい気候保護法はドイツ憲法に従っていなかった」は，ルイーザ・ノイバウアーの「気候の保護が若者たちの基本的な権利であることは公認されている」という発言と結びつかない。い)「ドイツの最高裁判所は，気候危機は解決するには難しい問題であると言った」は本文に記述がない。

基本 3　下線部を含む段落の直前の段落で，裁判所が2030年以降に実施され，2050年までに国をカーボンニュートラルへと導く行動計画を含む法律を作るよう政府に求めたことが述べられている。下線部の後の it will quickly begin working to make the needed changes「必要な変更をするためにすぐに動き始める」のは政府が行うことなので，it が指すものは Germany's government「ドイツ政府」である。

4　空所を含む段落の第1文に「このような最高裁判所の決定の1つの重要な点は，彼ら(＝法律を作る人々，つまり立法者)が将来の決定のためにガイドあるいは実例として活動することである」とある。現在の立法者は若者たちの気候に関する権利のために法律を作ることになるのだから，空所に laws「法律」を入れれば，「将来ドイツの立法者たちが法律を作るときに若者たちの気候の将来についてより確かに考えるだろう」という文意になり，文脈にも合う。

重要 5「ドイツの最高裁判所は，政府は(ア)の終わりまでに気候保護の法律を変更すべきで，新しい法律には(イ)までに気候保護のためのはるかに慎重な計画があるべきだと命じた」という英文。憲法に反する部分がある現在の法律の具体的な変更内容については，第8段落で述べられている。裁判所がドイツ政府に新しい法律を定めるのに与えた時間は「2022年末までの1年間」，その法律には，「2050年までに国をカーボンニュートラルへと導くはるかに慎重な行動計画がある必要がある」という記述から，(ア)には2022，(イ)には2050が入る。

6　あ）「ドイツ最高裁判所の裁判官たちは，2019年の気候保護法は若者たちの将来を十分に保護していると認めた」（×）　第3段落に，ドイツが2019年に，国は2050年までにカーボンニュートラルになることを約束する法律を作ったことが述べられているが，第5段落では，ドイツの最高裁判所の裁判官たちがその法律はドイツ憲法に従っていない部分があり，政府が気候保護をしなければ若者たちがよりよい未来に向かう基本的な権利を失うかもしれないと言ったことが述べられているので，一致しない。　い）「若者たちは4つの分野で気候保護法の妥当性を問うたが，裁判官たちはそのうちのどれも認めなかった」（×）　第6段落に，裁判官たちが若者たちが妥当性を問うた4つの分野のうちの1つを認めたことが述べられているので一致しない。　う）「最高裁判所の決定は，国の若者たちの気候の将来のための政府の行動に影響を及ぼした」（○）　最高裁判所の決定とは，第8段落にある，2030年以降に実施され，2050年までに国をカーボンニュートラルへと導くとする気候保護についての法律を作るように政府に求めたもの。その結果，第9段落にあるように政府が早急に動き始めると言っているので一致する。　え）「気候保護団体のフライデーズ・フォー・フューチャーは世界中の若者たちと話して，政府に対する訴訟を起こした」（×）　最終段落に，世界の若者たちのグループが政府に対する訴訟を起こしていることが述べられているが，フライデーズ・フォー・フューチャーとの連携については述べられていない。

Ⅳ（語彙問題，同意文書きかえ問題：前置詞）

1　a）　上は「私たちは公園でピクニックをした」という意味。「公園」の意味の park を入れる。下は「あなたはこの通りに駐車してはいけない」という意味。「駐車する」の意味の park を入れる。　b）　上は「警察は彼らの命を救った」という意味。「命」の意味の life の複数形 lives を入れる。下は「ポールは家族と一緒に暮らしている」という意味。live「暮らす」に3人称・単数・現在の s をつけた形を入れる。

2　a）「黒いのが私の自転車だ。この銀色のも私のものだ」 also「～もまた」があるので，mine を入れて前文の内容に続ける。　b）「私は雨に降られた。服を着替えたい」　雨に降られたために変えるものなので，clothes「衣服」が適切。　c）「私は今，何も食べられない。私は腹痛がしている」　何も食べられない理由を表すように stomachache「腹痛」を入れる。

3　a）「去年，フランスの山々でたくさんの雪が降った」という意味の文。「雪が降る」という表現は，上のように it を主語にして動詞の snow を使って表すほか，一般の人々を表す they や we を使って They[We] have snow. と表すこともできる。自分自身が雪が降った場所に含まれるならば we を主語にする。また，この場合の snow は数えられない名詞なので，a lot of を much で言いかえる。　b）　上は「私は宿題を終えた。ベンが私を手伝ってくれた」という意味。下の文では Ben が主語であることから，〈help ＋人＋ with ～〉「(人)の～を手伝う」を用いて表す。

Ⅴ（同意文書きかえ問題，語句整序問題，和文英訳：比較，現在完了，間接疑問，接続詞，助動詞，進行形）

1　a）上の文は「私はこのような恐ろしい映画を見たことがない」という意味。下の文では This is ～「これは～だ」という文であることから，「これは私が今までに見た中で最も恐ろしい映画だ」という文にする。〈This is the ＋形容詞の最上級＋名詞〉の後に関係代名詞 that を置き，その後に〈I have ever ＋過去分詞〉を続けて表す。　b）　上の文は「その車はお金が多くかかるので私には買えない」という意味。下の文では because of ～「～のために」があることから，後に「高い値段」と続ける。price「値段」について「高い」という場合は high を使う。　c）　上の文は「この学校の生徒たちの全員が iPad を持っている」という意味。下の文では student と単数形になっていることから，every または each を入れて「すべて[一人ひとり]の生徒」を主語にする。

重要 2 a) My brother has been reading that book for five hours.「私の兄[弟]は5時間ずっとその本を読んでいる」 与えられている語句から現在完了進行形〈have[has] been ＋～ing〉の文を作る。ある過去の時点から今現在まで続いている動作を表す。「There is ～. の疑問文にする。something[anything] wrong with ～ で「～はどこか調子が悪い」という意味を表す。

b) Do you know the person who has the key?「あなたはカギを持っている人を知っていますか」 与えられている語句から Do you know ～?「あなたは～を知っていますか」という文を考える。who を主格の関係代名詞として使い，the person who has the key「カギを持っている人」として know の目的語にする。

やや難 3 a) 実際には「僕」は「君」ではないので，仮定法を使った文にする。be動詞は主語にかかわらず were を使うのが原則。buy her the flower は buy the flower for her の語順でもよい。

b) Please tell me why the girl is crying. 文全体は「私に～を教えてください」という文。tell「教える」に対する「～を」に当たる目的語が「その少女がなぜ泣いているのか」。疑問詞を含むまとまりなので，〈疑問詞＋主語＋動詞〉を tell me の後に続けて間接疑問文にする。

★ワンポイントアドバイス★

Ⅲ5は本文中の一部の要約文を完成させる問題。西暦が入る空所の前に until「～まで」があることに着目して，同じように本文中で「期間」あるいは「期限」を述べている個所を探すと効率的に対応できるだろう。

＜国語解答＞ 《学校からの正答の発表はありません。》

一 問一 ① 軟弱[薄弱] ② 陳腐 ③ 抵抗 ④ 臆病[小心]
問二 ① イ ② イ ③ ウ 問三 ① かぶん ② つたな(い)
③ ぼんよう

二 問一 c 問二 (一) 相互協調的自己観 (二) ウ 問三 エ 問四 イ
問五 一定不変 問六 イ 問七 ア 問八 (例) 文化祭委員になった時にクラス発表でお化け屋敷をしたいと思って先生に相談したところ，先生はふだんの学習の成果が見られるものがよいとおっしゃったので，クラスで話し合って英語でお化け屋敷をすることに決めた。このように，相手の意見や要求を汲み取り，それを自分の意見に取り込み，自分の出方を変えるようなこと。

三 問一 X イ Y ウ Z ウ 問二 はじめ 他の母 おわり な存在
問三 はじめ 長い歳 おわり なにか 問四 ウ 問五 イ 問六 イ
問七 エ 問八 (例) 塩むすびとソーセージを出したら，佳代子が驚き喜ぶにちがいないと期待する気持ち。 問九 ウ

○推定配点○
一 各2点×10 二 問八 10点 他 各4点×8 三 問一 各2点×3 他 各4点×8
計100点

＜国語解説＞

一 （漢字の読み書き，同義語・対義語，品詞・用法）

問一 ① 「強固」は強くてしっかりしているという意味なので，対義語はやわらかくて弱いという意味の語。 ② 読みは「ざんしん」で，発想などが際立って新しいという意味。対義語はありふれていてつまらないという意味の語。 ③ 「服従」は他人の命令に従うことという意味なので，対義語は他人の命令に従わないという意味の語。 ④ 度胸があって恐れを知らないという意味なので，対義語は気が小さくて臆病なことという意味になる。

問二 ① イは意志の意味を表す助動詞で，他は推量の意味を表す助動詞。 ② イは推定の意味を表す助動詞で，他は形容詞の一部。 ③ ウは最低の必要条件を表す副助詞で，他は極端な例を挙げて他を推し量らせる意味を表す副助詞

問三 ① わずかな知識しかもたないこと。「寡」を使った熟語には，他に「寡黙」「多寡」などがある。 ② 音読みは「セツ」で，「稚拙」「拙宅」などの熟語がある。 ③ 平凡でとりえがないこと。「庸」を使った熟語には，他に「中庸」などがある。

二 （論説文―大意・要旨，内容吟味，文脈把握，接続語の問題，脱文・脱語補充，作文）

問一 aは，前の「日本人にとっては，コミュニケーションの最も重要な役割は……自己主張によって相手を説き伏せることではない」という前から当然予想される内容が，後に「自己主張のスキルを磨かずに育つ」と続いているので，順接の意味を表す接続詞が入る。bも，前の「僕たちの自己は，相手にとっての『あなた』の要素を取り込む必要がある」という前から当然予想される内容が，後に「相手の意向が気になる」と続いているので，順接の意味を表す接続詞が入る。dも，前の「相手との関係に応じて自分の形を変えなければならない」という前から当然予想される内容が，後に「人のことが気になる」と続いているので，順接の意味を表す接続詞が入る。cには，「個を生きているのなら……自分の要求をハッキリと伝える。それでいいわけで，じつにシンプルだ」という前に対して，後で「関係性を生きるとなると，そんなふうにシンプルにはいかない」と相反する内容を述べているので，逆接の意味を表す接続詞が入る。

問二 (一) 「日本人の『自己のあり方』」について述べている部分を探すと，「そもそも」で始まる段落に「欧米人と日本人とでは自己のあり方が違う」とあり，日本人について「欧米人のように個を生きているのではなくて，関係性を生きている」と説明している。さらに，直後の「心理学者の」で始まる段落に「アメリカ的な独立的自己観と日本的な相互協調的自己観」とあり，ここから「関係性を生きている」日本人の背後にある考え方を表現した言葉を抜き出す。

(二) 直後の「アメリカ人にとって」で始まる段落の「アメリカ人にとって，コミュニケーションの最も重要な役割は，相手を説得し，自分の意見を通すことだ……お互いの意見がぶつかり合うのは日常茶飯事なため，まったく気にならない」と，一つ後の「一方，日本人にとって」で始まる段落の「日本人にとって……意見が対立するようなことはできるだけ避けたい。そうでないと気まずい」という筆者の考えにウの説明が適切。この筆者の考えに，イの「日本人は……自分の意見を押し通そうとする」は合わない。アの「アメリカ人は自己主張のスキルを教わる場がある」や，エの遠慮深さについては，述べていない。

問三 直前の段落「親を喜ばせるため，あるいは親を悲しませないために勉強を頑張る，ピアノを頑張る。先生の期待を裏切らないためにきちんと役割を果たす……大人だって監督のために何としても優勝したいなんて言ったりするし，優勝すると監督の期待に応えることができてホッとしていると言ったりする」という内容の説明として最も適切なものはエ。親や教師，監督は，アの「自分の内面に潜む無自覚な他者」ではない。イの「社会的地位を勝ち取ろうと」していない。ウの「自己主張を慎んで」に相当する内容は読み取れない。

問四　直前の「それ」は，直前の文の「『他人の意向を気にするなんて自主性がない』とか『自分がない』など」という批判を指し示している。この批判に対して，筆者は直後の段落で「日本人の他者思考を未熟とみなすのは欧米流であって……他者との絆を自分の中に取り込んでいくのも，ひとつの発達の方向性とみなすべきではないか」という東洋の考えを挙げている。筆者は『他人の意向を気にするなんて自主性がない』などという批判は，欧米流の考えに染まった見方に過ぎないと否定しており，この内容を述べているイが入る。

問五　直前の「相手との関係性に影響を受けない」「自己」とは，どのような「自己」なのかを考える。最終段落に「一定不変の自分というのではなく，相手との関係にふさわしい自分がその都度生成するのだ」とあり，この「自分」が「自己」と置き換えられることを確認して，適切な言葉を抜き出す。

問六　傍線部③「人間」について，「僕たち日本人にとって」で始まる段落で「日本人にとって，『人間』は社会であるとともに個人なのだ」とある。この「『人間』は社会であるとともに個人なのだ」を，「日本的自己とは独立した単体ではなく他者との関係性において成り立っている」と言い換えて説明しているイが適切。この内容は，アの「言語の独自性と日本的自己のあり方」，ウの「不要なもめごとを嫌う日本的自己のあり方」は合わない。エの「一度定着した誤りを指摘して人々の輪を乱そうとすることを嫌う」という叙述は見られない。

やや難 問七　イの「評価」は，冒頭の段落で「日本人は自己主張が苦手だ」「もっと自己主張ができるようにならないといけないなどと言う人もいる」と述べている。ウは，「『だれが何と言おうと」で始まる段落で説明されている。エは，哲学者の和辻哲郎の考えを挙げて説明されている。アの「欧米の社会はどのような相互関係を結んでいるのか」については言及されていない。

重要 問八　波線部「僕たちの自己は，相手にとっての『あなた』の要素を取り込む必要がある」について，一つ後の段落で「自分の意見を言う前に相手の意向をつかむ必要がある。気まずくならないようにすることが何よりも重要なので，遠慮のない自己主張は禁物だ。相手の意見や要求を汲み取り，それを自分の意見に取り込みつつ，こちらの意向を主張しなければならない」と具体的に説明している。この内容にふさわしい具体例を述べた後，相手の意見や要求を汲み取り，それを自分の意見に取り込みつつ，こちらの意向を主張すること，と加えてまとめる。

三　**(小説一主題・表題，情景・心情，内容吟味，文脈把握，脱文・脱語補充)**

問一　X　直後の「感謝しないといけないよ」から，幸せ者という意味の言葉が入ると判断する。　Y　直前の会話の「げんが悪い」は縁起が悪いという意味なので，不機嫌な顔つきという意味の言葉が入る。後に「笑顔に作り替えて」とあるのもヒントになる。　Z「行儀の悪いことをする人ではなかった」母が，「大きなゲップ」をしたときの佳代子の反応である。平静を失うという意味の言葉が入る。

基本 問二　傍線部①「変わっていなかった」というのであるから，過去の母の様子を述べている部分を探すと，「結婚前は」で始まる段落に「その辺りには珍しく教養があったのも，幼い佳代子には自慢だった……母特有の気品は，歳をとっても少しも衰えることがなかった」とある。そのような母について，「佳代子にとって」で始まる段落で「母はずっと，他の母親たちと比べるのも惜しいほど特別な存在だったのだ」と述べており，ここから適当な表現を抜き出す。

問三　傍線部②の描写からは，母の老いの存在が読み取れる。一つ後の段落に「母の背はもうピンと張ってはいない。そこにはもう，なにかが貼り付いてしまっている。長い歳月がもたらす，逃れられないなにかが。」と母の様子を述べており，ここから母の老いの存在に相当する部分を抜き出す。

問四　傍線部③の「母の声」は，直前の「鼻緒をすげ替えてもう十五年も履いてるんだ」というものである。直後の段落の「今日ばかりは彼女たちの華美な装いや振る舞いが羨ましかった。こんな風に奔放で浪費家の母だったら，どれほど気が楽だったろう」から，佳代子は同じ草履を「十五年も履いてるんだ」という母の言葉を恥ずかしくみっともないと思っていることが読み取れる。この内容を述べているウを選ぶ。傍線部③の「恐れた」に，アの「理解できないと思った」や，イの「哀れだった」はそぐわない。エの「母の声」の大きさについては述べていない。オの「最初に下駄を新調」しなかったことを恥ずかしく思っているわけではない。

問五　直前の「佳代子は，自分の厚意がいちいち値踏みされるようで虚しかった。母はそんな佳代子に構わず，楽しげに昔話をした。幼い頃の佳代子の話を。」という二人の様子に適切なものはイ。この佳代子の心情に，ア・ウ・エは合わない。また，オにあるように「自分と母の理想がかけ離れてい」ることに対する心情ではない。

問六　それぞれの選択肢に「東京の街」とあるので，東京の街に出かけたときの母の様子に注目する。「母は，人混みと」で始まる段落の「母は，人混みというものに至って無頓着だった」や，「翌日行った浅草でも」で始まる段落の「母は気になるものがあると周りも見ずに立ち止まり『あれ，ごらん』と幼げな声で佳代子に話しかける。そのたびに人波が遮断され，過ぎゆく人々が迷惑顔を容赦なくこちらに向けた」という母の様子を説明しているものを選ぶ。アの「気後れしたよう」，ウ「見るものすべてをお金に換算」，エの「好奇心を持てないでいる」という説明は，東京の街での母の様子に合わない。傍線部⑤の前の「この家の中」での母の様子は，周りを気遣うものなので，オの「かたくなになってしまう」ことを言っているわけではない。

問七　「努めて」とあるので，佳代子は本心を隠して明るく言っている。前の「なぜ甘えてくれないのだろう。佳代子は，得体の知れない苛立ちに覆われた。車だって喫茶店で休むのだっていくらもしないことなのに。ただ，お母さんに喜んで欲しいだけなのに」から，佳代子の本心を読み取る。母を喜ばせたいだけなのに，受け入れてくれない母に対する苛立ちを表面に出さないようにしているとあるエが適切。この佳代子の本心に，アの「疲れを見せまいとしている」，ウの「東京に関しては自分の方が詳しい」は合わない。イの母が「自分の老いを受け入れない」ことに対して「苛立ち」を感じているわけではない。傍線部⑦の「明るく言う」に，オの「冷静にふるまっている」も合わない。

重要　問八　傍線部⑦の「得意顔」からは，母の，佳代子が驚き喜んでくれると期待する気持ちが読み取れる。直後の文の「塩むすび四つと……日水のソーセージが二本」という「包み」の中身を加えてまとめる。

やや難　問九　直後の文の「それを受け入れたくなくてぐずっている」に着目する。佳代子が，「いつしか背負ってしまった」もので「受け入れたくな」いとしているものは何か。「結婚前は」で始まる段落にあるように，佳代子は母に憧れていたが，東京で暮らすうちに周りに無頓着な「母を責める」「残酷な気持ち」を抱くようになっている。この東京でいつのまにか身についてしまった価値観を持つ自分を「恨めしい」と感じているとしていることから判断する。佳代子が母を責める様子に，アとエは適切ではない。イの「東京でのとげとげしい雰囲気にすっかりなじんで」という本文の描写は見られない。「銀座，浅草，日本橋」で始まる段落の「暮らし向きは楽ではないけれど……少々の蓄えはあるのだ」から，「浪費こそ美徳」とあるオも合わない。

★ワンポイントアドバイス★

選択肢には五択のものもあるので，正誤の判断にかける時間を短縮できるように工夫をしたい。それぞれの選択肢のうちで異なる部分に着目し，傍線部や傍線部の前後の内容と少しでも齟齬があるものはすばやく外していくことを心がけよう。

2021年度

★★★★★★★★★★★★★★★★★★★★★★★★

入　試　問　題

2021年度

法政大学第二高等学校入試問題

【数　学】（50分）　＜満点：100点＞

【注意】 1．定規，コンパス，ものさしおよび分度器は使わないこと。
2．電卓・時計・携帯電話等についている計算機能は使わないこと。
3．必要ならば，円周率はπを用いること。
4．答えは分母に根号を含まない形で答えること。

Ⅰ　次の各問に答えなさい。

問1．$(x+2y+1)^2+(x+2y)-11$ を因数分解しなさい。

問2．連立方程式 $\begin{cases} 0.4x+\frac{1}{10}y=-\frac{1}{2} \\ 2x+3y=5 \end{cases}$ を解きなさい。

問3．２次方程式 $(2x+3)^2=(3x-8)^2$ を解きなさい。

問4．$a=\sqrt{2}$，$b=\sqrt{3}$ のとき，次の式の値を求めなさい。（途中式も書くこと）

$$b\times\sqrt{\frac{2}{3}a^3}\div\sqrt{3ab}\times\sqrt{b^3}$$

Ⅱ　次の各問に答えなさい。

問1．１次関数 $y=-4x+b$ において x の変域が $4\leqq x\leqq b$ のとき，y の変域が $-3b\leqq y\leqq -1$ であるという。b の値を求めなさい。

問2．不等式 $\frac{1}{\sqrt{n+1}}>\frac{1}{7}$ を満たす正の整数 n のうち，最も大きいものを答えなさい。

問3．１，２，３，４の４個の数を並べて，４けたの整数を作るとき，2143より大きい整数は何通りあるか，求めなさい。

問4．100人の生徒に対して，野球とサッカーのどちらが好きかを調査したところ，野球が好きな生徒は60人，サッカーが好きな生徒は50人であった。このとき「野球もサッカーもどちらも好き」と回答した生徒の人数は何人以上何人以下と考えられるか，答えなさい。

問5．直角三角形の３辺の長さの和が36cmで，すべての辺に接する円の半径が３cmであるとき，この直角三角形の斜辺の長さを求めなさい。

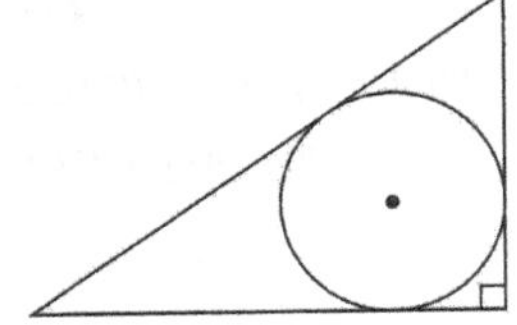

Ⅲ　図のように同じ大きさの４つの立方体からなる立体図形について，頂点Ａから出発して立方体の辺の上を通り，最短距離で他の頂点に行く経路を考える。次の各問に答えなさい。

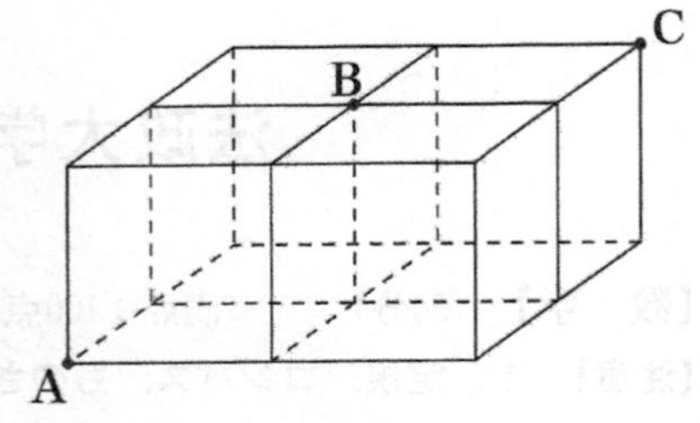

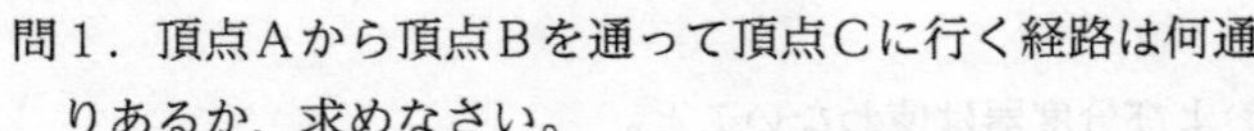

問１．頂点Ａから頂点Ｂを通って頂点Ｃに行く経路は何通りあるか，求めなさい。

問２．頂点Ａから頂点Ｃに行く経路は全部で何通りあるか，求めなさい。

Ⅳ　図のように放物線 $y=x^2$ のグラフ上に点Ａ（３，９）をとる。直線ＯＡに平行な直線で点Ｂ（－１，１）を通る直線と，$y=x^2$のグラフとの交点のうちＢでないものをＣとする。直線BCと y 軸との交点をＤとする。次の各問に答えなさい。

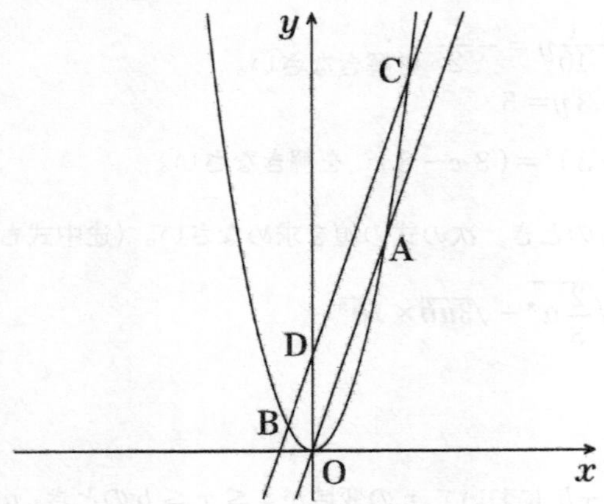

問１．点Ｃの座標を求めなさい。

問２．点Ｄから直線ＯＡに垂線を引き，直線ＯＡとの交点をＨとする。 このとき，線分DHの長さを求めなさい。

Ⅴ　図は，１辺の長さが９㎝の正方形ABCDを頂点Ｃが辺AB上の点Ｅに重なるように折り返したもので，ＰＱは折り目の線である。BE＝３㎝であるとき，次の各問に答えなさい。

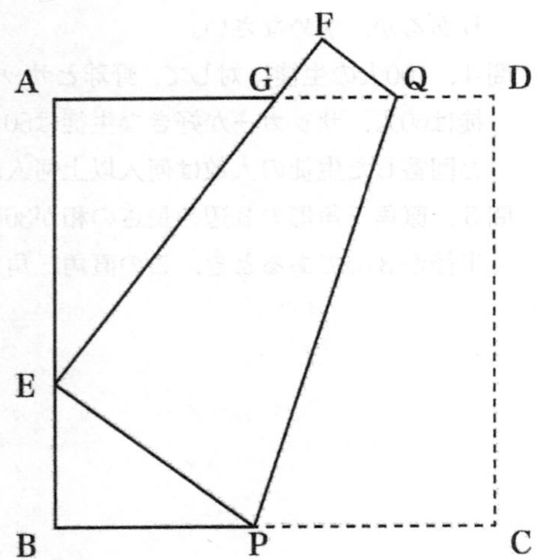

問１．線分PCの長さを求めなさい。

問２．線分AGの長さを求めなさい。

問３．四角形FEPQの面積を求めなさい。考え方も書くこと。

Ⅵ　図のような１辺の長さが６㎝の立方体ABCD−EFGHがある。次の各問に答えなさい。

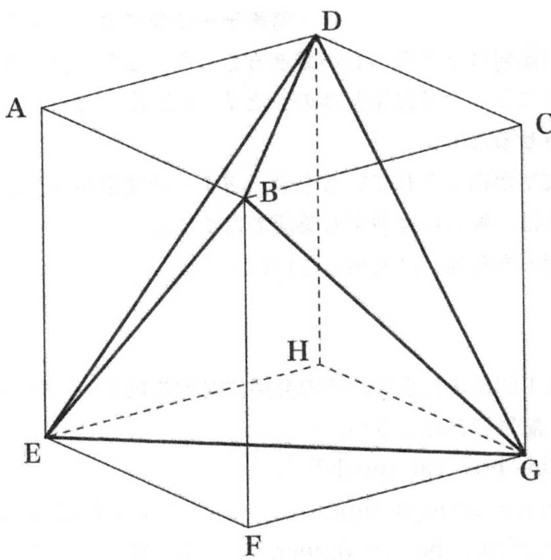

問１．四面体BDEGの体積を求めなさい。

問２．△BDEの面積を求めなさい。

問３．四面体BDEGのすべての面に接する球の半径を求めなさい。

【英　語】(50分)　<満点：100点>　※リスニングテストの音声は弊社HPにアクセスの上，音声データをダウンロードしてご利用ください。

【注意】 1．スペリングや記号はまぎらわしい書き方をしないこと。書き方のくせ，大文字と小文字にも注意すること。とくに筆記体の *e* と *l*，*b* と *f*，*u* と *v*，*y* と *g*，*a* と *o* などの区別をはっきりさせること。

2．英単語の頭文字が指定されている場合，必ずその文字から書き始めること。

3．指示がなければ，解答には数字も英語で書くこと。

4．電子辞書機能のある器具は使用しないこと。

I　<リスニング問題>

(A) 男女の会話がそれぞれ1回読まれます。その会話に対する以下の質問の答えとして最も適切なものをそれぞれ1つ選び，記号で答えなさい。

1．(1) Why didn't the boy eat much?

あ) He didn't have enough time.　い) He had a stomachache.
う) He had something before dinner.　え) He wasn't hungry.

(2) What will the boy do?

あ) He will eat something.　い) He will finish dinner.
う) He will go to see the doctor.　え) He will take some medicine.

2．(1) What's the woman's problem?

あ) She can't see the doctor.　い) She can't sit on a chair.
う) She had a headache.　え) She left her jacket.

(2) When did the woman visit the office?

あ) three days ago　い) the day before yesterday
う) yesterday　え) today

3．(1) How much are TWO student tickets?

あ) $8　い) $10　う) $16　え) $26

(2) How can the man pay for the ticket?

あ) with his credit card　い) with his smart phone
う) with a check　え) in cash

4．(1) How long are they planning to stay in Sapporo?

あ) five days　い) seven days　う) ten days　え) two weeks

(2) What can the girl enjoy there?

あ) hiking　い) skiing　う) soccer　え) swimming

5．＊下の値段表を見ながら会話を聞きなさい。

What will be sold for three and four dollars?

$1	$2	$3	$4	$5	$6
used clothes		(1)	(2)		

あ) watches　い) jewelry　う) used books　え) shoes　お) candy

(B) これから読まれる英文を聞いて，下線部を埋めなさい。英文はそれぞれ３回読まれます。
（解答欄には下線部分のみ書きなさい。）

1. The theater is near here. Turn right at the corner, and ________________

2. Can I change my order? ________________________

Ⅱ 次の英文を読んで，設問に答えなさい。（＊印の語には注釈がつけてあります。）

[1] Once there was a town named *Pompeii in Italy. Near the town, there was a mountain named *Vesuvius. The mountain was a good place to grow grapes and raise sheep. Although it looked peaceful, the mountain was really a dangerous volcano. It was like a sleeping giant. Did the people know about the danger? No, they did not!

[2] The day started as usual. The sun rose. People began coming to Pompeii with things to sell. Carts moved through the narrow gates and into town. The noisy carts in the streets woke up the people in the houses. The family who lived in one of the biggest houses was soon busy. The mother went to pray by the statue of a god. The father began to dress. The children were playing. They were glad it was summer. No one in the house knew that ①<u>something terrible</u> was going to happen.

[3] After breakfast, the children went outside. People were at work inside the shops. No one in the street knew that something terrible was going to happen.

[4] By late morning, many men were at the bathhouse. Some men were playing ball. Others were taking a bath. The father from the big house was there. No one at the bathhouse knew that something terrible was going to happen.

[5] By noon, the town meeting place was full of people. Some people were looking for things to buy. Others were talking to their friends. The mother from the big house was there. She was praying in the temple. No one in the town meeting place knew that something terrible was going to happen.

[6] Suddenly the ground began to tremble. All of the houses in Pompeii began to shake. The giant was waking up! The top of Vesuvius blew off! A huge cloud of dust and *ash came pouring out! Everyone began to *scream. People came out of their houses to look at the huge cloud. Shopkeepers came out of their shops. The cloud was getting bigger and bigger.

[7] The cloud hid the sun. It was dark. Tiny hot stones began to fall on the people in Pompeii. Some people found pillows to cover their heads. Others hid inside their houses. Everyone was running, pushing and shouting. Some people ran toward the town gates to get away. Others went home to protect their jewelry and gold coins. A few went to the temple to pray. Could the gods save

them?

⑧ The day became as dark as night. A bad smell filled the air. People ran toward the sea. A few held torches to *light the way. The sea was wild. Huge waves kept crashing onto the beach. The family from the big house was able to get into a boat. They were able to [②] from Pompeii.

⑨ When the stones fell on Pompeii, many people could not escape. あ)They were caught under the stones. Then hot ashes began pouring out of the volcano and fell on the people. い)They were hot enough to burn hair! The people in the streets tried to protect themselves. う)They hid in corners and behind walls. え)They covered their faces with their hands and clothes. But the ashes became thicker and thicker. お)They could not move or breathe. か)They were caught under the ashes.

⑩ The ashes kept falling, filled the streets and flowed into the houses. ③They came up so high that the people inside the houses couldn't move. But ④Vesuvius was not done! Now, a great cloud of poisonous gas came out of the mountain and covered Pompeii. A great river of hot ashes and gases ran down the side of the mountain and flowed right over the walls of the town. No one in Pompeii was saved.

⑪ The ashes fell on Pompeii for two days. When it was over, the huge cloud was gone and the ashes cooled and became hard. Only the tops of buildings showed above them. The whole town was buried alive! Everything was covered with the ashes.

⑫ Across the bay, a boy stood watching. His name was *Pliny. Later he heard more about the hot ashes and stones and the wild sea. Did Pliny ever forget that day? No, he did not!

⑬ Pliny grew up to be a writer. He wrote about the huge cloud that came out of Vesuvius and the volcano that buried Pompeii. After that, Vesuvius erupted again and again and more ashes fell on the town. At last, there was no sign that anyone lived there. People soon forgot about the town named Pompeii.

⑭ Hundreds of years later, the ashes on top changed into earth. Grass began to grow. People built a new town right above the buried town. They did not even know that the old town was there! Then people began to read Pliny's letters about a buried town named Pompeii. Where was Pompeii? ⑤Nobody knew.

⑮ One day, some workers were *digging a *tunnel for water. They found pieces of an old wall under the ground, but did not know that the wall was part of a town. Many years later, other workers found more buildings. Was there a town under the ground? Was it the town Pliny wrote about? Then one of the workers found a stone. It had a name *carved on it. The name was Pompeii. People were very excited. The lost town of Pompeii was under their feet! If they could uncover it, they could see how people lived long ago.

16 Scientists began digging. They worked slowly and carefully not to destroy anything. They used many tools to brush away the ashes. They found beautiful gold chains, unbroken eggs, pictures made of colored stones and people. At first, they found only a few *skeletons. Then they saw ⑥<u>strange holes</u> in the hard ashes. They poured *plaster into the holes. When the plaster dried, the plaster *casts were shaped just like people! The plaster casts showed how the people looked when they died. There was even a plaster cast of a dog on a chain.

17 Today, the old town of Pompeii is like a great big museum without a roof. People come to see not only the shops and houses of long ago but also Vesuvius. It is the most famous volcano in the world.

18 It is a peaceful day in Pompeii. ⑦<u>The giant</u> is sleeping. When will the giant wake up again? Nobody knows.

注釈）Pompeii　古代ローマの都市ポンペイ　Vesuvius　ベスビオス山　ash　灰
scream　悲鳴を上げる　light　照らす　Pliny　古代ローマの文人，政治家小プリニウス
dig　掘る　tunnel　トンネル　carve　彫る　skeleton　がい骨　plaster　石膏（せっこう）
cast　鋳型（いがた）

1．下線部① something terrible が，本文中で具体的に描写されている箇所はどこか。その始まりの段落と終わりの段落を，それぞれ段落の番号で答えなさい。

2．[②] に入る表現を，本文から２語で抜き出し，答えなさい。

3．下線部③ They と同じものを指している They を第９段落の下線部あ）～か）から１つ選び，記号で答えなさい。

4．下線部① Vesuvius was not done! が表す内容として最も適切なものを，次から１つ選び，記号で答えなさい。

あ）Vesuvius didn't do anything.　い）Vesuvius didn't stop erupting.
う）Nobody tried to save Vesuvius.　え）Nobody rushed for Vesuvius.

5．下線部⑤ Nobody knew. とあるのはなぜか。その理由として最も適切なものを，次から１つ選び，記号で答えなさい。

あ）No one could understand Pliny's letters at all.
い）Pliny's letters did not tell us about Pompeii.
う）Pompeii was completely destroyed by the volcano
え）Pompeii was covered with ashes from the volcano

6．下線部⑥ strange holes について述べた以下の記述内の（A）（B）を，日本語で埋めて完成させなさい。

石膏（せっこう）で型を取ったところ，（　A　）であることが判明した。また，中には，（　B　）も存在した。

7．下線部⑦ The giant が指し示す最も適切なものを，次から１つ選び，記号で答えなさい。

あ）a big man living in Vesuvius
い）a dangerous volcano named Vesuvius

う) a god guarding Pompeii

え) a group of people destroying Pompeii

Ⅲ 次の英文を読んで，設問に答えなさい。(＊印の語には注釈がつけてあります。)

Problem

On a boat near *Costa Rica, a team of *marine biologists is helping a turtle. The animal is having trouble breathing, and the team discovers why − there is something inside its nose. A scientist tries to remove the object, ①but the turtle cries in pain. Finally, after eight minutes, a long object is pulled out: it is a 10-centimeter plastic straw.

The video of the turtle's rescue has been viewed millions of times on YouTube. After watching this video, many people realized a problem: the world's seas are full of plastic. Since 2000, there has been a huge increase in plastic production throughout the world, but we recycle less than 20 percent of it. A lot of this plastic waste ends up in the ocean. Today, scientists think about 8.1 billion kilograms of the waste runs into the sea every year from areas near the ocean.

This ocean plastic hurts millions of sea animals every year. Some fish eat plastic because it is covered with sea plants, and it looks and smells like (②). But eating plastic makes them feel hungry all the time. In some cases, eating sharp pieces of plastic can seriously hurt sea animals and even kill them. Most of this plastic will damage the environment forever.

Plastic is useful to people because it is (③) and lasts for a long time − but this is bad news for sea creatures who have already eaten it or begin to eat it. According to a marine biologist, Mathew Savoca, "Single-use plastics are the worst." These are items that are used only (④) before we throw them away. Some common examples are straws, water bottles, and plastic bags. About 700 sea species (including the turtle from the video) have been caught in or have eaten this kind of plastic. Luckily, the turtle was strong enough to survive and was released back into the ocean.

How will plastic affect sea animals in the long run? "I think we'll know the answers in 5 to 10 years' time," says another marine biologist. But by then, another 25 million tons of plastic will already be in the ocean.

Solution

Scientists are working to find a solution by making safe plastic. But at the same time, here are some ways to ⑤(r-) and recycle plastic waste

1. Quit using plastic bags. Instead, take your own shopping bag to the store. People use a *trillion plastic bags all over the world every year. About 10 percent are used in the United States alone. That means all Americans use one bag every day. The average people in Denmark use four single-use bags per year.

In 1993, Denmark was the first country to *tax plastic bags. Today, other countries either make customers pay for plastic bags or have banned them completely.

2. Skip the straw. Today, around 8.3 billion plastic straws make the world's beaches dirty. So when you order a drink, say "no" to the straw, or bring your own reusable one. In 2018, Seattle became the first major U.S. city to ban plastic straws, and many other cities are following its example.

3. Don't use plastic bottles. Buy a reusable bottle and fill it with any type of drinks you like. Some cities, like *Bundanoon in Australia and San Francisco in the U.S., have completely or in part banned bottled water.

4. Avoid plastic packaging. Buy bar soap instead of liquid soap in plastic boxes or bottles. Don't buy fruit or vegetables in plastic packaging. In England, leaders are calling for supermarkets to have plastic-free areas. They also want to tax plastic take-out containers.

5. Recycle. We can't recycle all plastic items, but it is possible to recycle most plastic bottles and milk or juice bottles made of paper. Today, Norway recycles 97 percent of its plastic bottles. How? Machines at most supermarkets take the bottles and give small coins back for them.

注釈) Costa Rica　コスタリカ（太平洋に面した中央アメリカ南部の国）
marine biologist　海洋生物学者　　trillion　兆　　tax　課税する
Bundanoon　バンダヌーン（オーストラリアのニューサウスウェールズ州にある町）

1．下線部①の理由として最も適切なものを，次から１つ選び，記号で答えなさい。

あ）The turtle couldn't find food, so it was very hungry.
い）The turtle was caught in a fishing net by accident.
う）The turtle ate plastic products by accident.
え）The plastic product was stuck in its nose.

2．本文の内容に合うように，（②）に当てはまる最も適切な語を，次から１つ選び，記号で答えなさい。

あ）food　　い）garbage　　う）plastic　　え）soap

3．本文の内容に合うように，（③）に当てはまる最も適切な１語を本文中から探し，答えなさい。

4．本文の内容に合うように，（④）に当てはまる最も適切な１語を答えなさい。

5．本文の内容に合うように，（⑤）に当てはまる最も適切な１語を答えなさい。ただし，指定されている頭文字で書き始めること。

6．本文の内容に合うように，次の（A）～（E）に入るものを，下のあ）～お）から，それぞれ１つずつ選び，記号で答えなさい。

- （　A　）made it impossible or harder to buy bottled water.
- In 2018,（　B　）stopped using plastic straws any more.
- （　C　）is the first country to make the rule of paying for plastic shopping bags.

- （ D ）asks supermarkets to make a plastic-free section.
  In this area, no plastic packaging is allowed.
- In（ E ）, almost all of its plastic bottles are recycled.

あ）Bundanoon and San Francisco　い）England　う）Seattle
え）Norway　お）Denmark

7．本文の内容と一致するものを，次から１つ選び，記号で答えなさい。

あ）Scientists clearly understand how plastic will influence sea creatures in the long run.
い）In the end, the turtle on YouTube died of a plastic straw stuck in its nose.
う）Only a few people have watched the video of rescuing the turtle on YouTube so far.
え）Single-use plastics are not related to the pollution of the ocean.
お）The plastic waste in the sea hurts many animals and can kill them sometimes.

Ⅳ 指示に従って以下の設問に答えなさい。

1．次の各組の（ ）に入る同じつづりの英語１語を書きなさい。

a）February is the（　）month of the year.
I'll be ready in a（　　）.

b）I always kick the ball with my（　）foot.
The train（　　）for Dallas last night.

2．それぞれの英文の意味が通じるように，（ ）に入る最も適切な英語１語を書きなさい。ただし，指定されている頭文字で書き始めること。

a）I（f-　　）the address so I must look in my address book.
b）Please don't speak so（q-　　）. I can't follow you.
c）Vegetables, beans, milk, yogurt, and cheese are（h-　　）foods.

3．次の各組の２つの英文がほぼ同じ意味になるように，（ ）に入る最も適切な英語１語を書きなさい。

a）This question is not as easy as that one.
This question is（　　）（　　）（　　）that one.

b）I said to my brother, "Don't touch my smartphone."
I told my brother（　　）（　　）（　　）my smartphone.

Ⅴ 指示に従って以下の設問に答えなさい。

1．次の各組の２つの英文がほぼ同じ意味になるように，（ ）に入る最も適切な英語１語を書きなさい。

a）Nana became happy when she heard Ken's words.
Ken's words（　　）Nana（　　）.

b）Kanako went to bed. She didn't eat dinner.
Kanako went to bed（　　）（　　）dinner.

c）Who broke the windows?

Who (　　) the windows (　　)(　　)?

2．与えられた語（句）を並べかえて意味の通る英文を完成させ，３番目と６番目に来る語（句）の記号を答えなさい。なお，文頭に来る語（句）も小文字で示されています。

a）[あ）anything　い）is　う）this car　え）there　お）with　か）wrong]?

b）[あ）have　い）how　う）I　え）idea　お）he　か）here　き）no　く）came].

3．以下の日本語の意味を表す英文を書きなさい。ただし，それぞれの指示に従うこと。

a）どうしてあの男の子は犬を怖がるのだろう。　［Ｉで始め，afraid を用いて］

b）先週からずっと学校を休んでいる友達がいます。［Ｉで始め，Who を用いて］

オ、私がやっているのはピッチャーとしてバッターと真剣勝負するような「試合」であり、バッターがボールを飛ばすために見せる真剣な眼差しを鑑賞するのが目的だから。

問八　傍線部⑦「今でも私の部屋の片隅に転がっている」とあるが、そこから「私」のどのような心情を読み取ることができるか。その説明として最も適切なものを次から選び、記号で答えよ。

ア、またソフトボールを再開するときに向け、アネゴの「ソフトボール、続けなよ」という言葉を励みにしている。

イ、アネゴからの厳しい指導を自分への戒めとして忘れないために、そのときにもらったボールを大事にしている。

ウ、アネゴからエースになれないと断言された悔しさを忘れないために、あえて部屋の中にボールを転がしている。

エ、私のエースへの固執を絶ち切ってくれた証として、アネゴの言葉と共にもらったそのボールを大切にしている。

オ、信頼するアネゴからの想いのこもった言葉を大事にするように、そのときにもらったボールを大切にしている。

問九　空欄 Z に共通して入る最も適切な語を次から選び、記号で答えよ。

ア、物語　　イ、ソフトボール　　ウ、結果

エ、ゲーム　　オ、勝負

イ、エースとしてふさわしい力量を持つ私にエースナンバーを譲らないことを告げることで、選手としてもっと精進して欲しいと考えたから。

ウ、ピッチャーとして充分な力量を持つ私にエースナンバーを譲らないことにより、私にソフトボールをやめて欲しくないと考えたから。

エ、ピッチャーとして充分な力量を持つ私にエースナンバーを譲らないことで、私にエースとしての資質がないことを指摘したいと考えたから。

オ、エースとして充分な力量を持つ私にエースナンバーを譲らないことを私に伝え、これからは一部員としての自覚を持って欲しいと考えたから。

問四　傍線部③「ほっとしました」とあるが、このときの「私」の思いの説明として最も適切なものを次から選び、記号で答えよ。

ア、エースナンバーを絶対に引継ぎたくないという自分の希望に、アネゴが応えてくれたという思い。

イ、もしかしたらエースナンバーの引継ぎか、と期待をしていた自分の動揺を隠そうという思い。

ウ、人のことを見抜く力のあるアネゴは、自分の弱点にやはり気づいてくれたのだと安堵する思い。

エ、人を見る目のあるアネゴは、やはり自分のピッチングのことをよく知っていてくれたのだという思い。

オ、ソフトボールをやめようとしている自分にはエースが務まらない、ということを理解してくれたのだという思い。

問五　傍線部④「だけどエースにはなれない」とあるが、なぜ「アネゴ」は「私」をエースとして認めなかったのか。「私」にエースとして足りなかったと考えられるものを、傍線部以降の本文中より三字以内で抜き出して答えよ。

問六　傍線部⑤「当然だと私自身がそう思っていた」とあるが、なぜ「私」はそう思ったのか。そのように考える要因として「私」が思い当たる内容を含む、最も適切な一文を本文中より探し、その文の最初の五字を抜き出して答えよ。

問七　傍線部⑥「あんたがやっているのは、ピッチングであって、ゲームじゃないんだよ」とあるが、なぜそのように「アネゴ」は「私」に言ったのか。その理由の説明として最も適切なものを次から選び、記号で答えよ。

ア、私がやっているのはピッチャーという最も注目されるポジションであり、バッターと真剣勝負を演出する重要な役割を担うため、いい加減に取り組まれては困るから。

イ、私がやっているのはピッチングだけを無難に取り組もうとしているだけで、エースが果たす役割としてチーム全体の様子を見渡すということが全くできていないから。

ウ、私がやっているのはピッチャーとしてボールを投げる役割を楽しんでいるだけで、チームが勝つためにエースとしてあるべきピッチングをしようと考えていないから。

エ、私がやっているのはピッチングという仕事だけであって、その役割が終われば何もすることがなくなるため、私一人だけでは何もできないことを自覚して欲しいから。

ときアネゴからもらったボールは、時々に場所を変えながら、⑦今でも私の部屋の片隅に転がっている。

ピッチャーズサークル。プレートを中心にした半径二メートル半足らずのその場所が私は好きだった。手のひらにあまる大きなボールを視線の先にあるミットに届ける。ピッチャーのやる仕事はそれだけだ。他のことはすべてなくなる。

ピッチングとはバッターとの勝負だという。

高校の三年間、ボールを投げ続け、その感覚は最後まで理解できなかった。

指先に強い感触を残して飛んでいくボールは、途中でバットに遮られるかもしれない。遮られないかもしれない。それはたぶん、私の責任ではない。仮にミットに届いたとして、それはボールと判定されるのかもしれない。それもたぶん、私の責任ではない。ボールは、ボール自身の意思でミット目がけて飛んでいく。私はそれを送り出してやるだけだ。打たれるべきボールが打たれるわけではない。ときに打者は、どうして手を出すのかとこちらが戸惑うくらいのボールに、バットを伸ばしてくる。ぐっと奥歯を噛(か)み、真剣な光る眼差(まなざ)しでボールを見つめるその一瞬の打者の表情に私ははっとする。バットが確かにボールをとらえたとき、胸の中で思わず喝采を上げたことも一度や二度ではない。私の遥(はる)か頭上、飛んでいくボールを振り返り、行けえと声援を送るピッチャーは、たぶん、エースになんてなれない。なるべきでもない。

私にとってソフトボールの主役は、ピッチャーでもバッターでも野手でもなく、ボールそのものだ。あるボールはアウトという Z を作り、あるボールはホームランという Z を作る。ときに喝采を浴びる Z が生まれ、ときに何事もなかったように忘れ去られる Z がある。

（本多孝好『エースナンバー』より）

問一　傍線部①「彼女はそういう人だった」とあるが、本文全体を通じた「彼女」の人柄を説明したものとして**適切でないものを一つ**次から選び、記号で答えよ。

ア、周囲の人を牛耳ることでまとめる人
イ、人の相談事を豪快に笑い飛ばせる人
ウ、周囲の人びとから信頼されている人
エ、体格の良いソフトボール部のエース
オ、キャプテンを務め周囲を良く見る人

問二　空欄 X ・ Y に入る語として最も適切なものを、それぞれ次から選び、記号で答えよ。

空欄 X
ア、ときめいた
イ、歯がゆく思った
ウ、胸をなで下ろした
エ、不快を覚えた
オ、面食らった

空欄 Y
ア、誰の耳もはばかる風もなく
イ、人目を避けるように
ウ、思わせぶった様子で
エ、わざと教室中に聞かせるように
オ、にっこりとほほ笑んで

問三　傍線部②「引継ぎじゃない」とあるが、なぜ「アネゴ」は「私」を呼び出したのか。その理由の説明として最も適切なものを次から選び、記号で答えよ。

ア、エースとしてふさわしい力量を持つ私にエースナンバーを譲らないことを、私に十分に納得して欲しいと考えたから。

それだけ言うと、アネゴはさっさといなくなってしまった。同じソフトボール部にいる川崎奈美（かわさきなみ）が近づいてきて、私のわき腹をつついた。

「森野、やったね。あれ、引継ぎでしょう?」

三月。卒業を前にした三年生は、自分の背番号を受け継ぐ人を個々に呼び出し、直接手渡す。それがソフトボール部の慣例だった。二年生の三人のピッチャーのうち、アネゴが持つエースナンバーを誰が受け継ぐのか、部ではちょっとした話題になっていた。三人のうちの一人は確かに私だった。けれど、私にそのつもりはなかった。そんなはずはないだろうとも思っていた。一見、豪快さばかりが目を引くアネゴだが、ただその豪快さだけでキャプテンを務めていたわけではない。人を見る目は確かなはずだった。

私は戸惑いながらも、放課後、グラウンドに向かった。ホームベースの向こうにある塀に制服姿のアネゴは寄りかかって座っていた。アネゴに制服は似合わなかった。ユニフォーム姿の方がずっとよかった。私はアネゴの隣に腰を下ろした。

「制服」とアネゴは言った。「汚れるよ」

「先輩はもう汚れてます」と私は言った。

「私はいいんだよ。もうたいして着る機会もないから」

「ああ」と私は頷（うなず）いた。「そうでしたね」

これから先の高校生活にこの人がいなくなる。そう思うと、改めて寂しさが湧いた。そんな思いを持てる先輩は、彼女だけだった。私たちはしばらく何も言わず、グラウンドを眺めていた。アネゴはボールを軽く上に放り投げては受け取る仕草を繰り返していた。

「②引継ぎじゃない」

何度目かにボールを受け止めて、アネゴは言った。

「期待させたんだったら悪いけど」

「期待してないです」と私は言った。「③ほっとしました」

アネゴは私をちらりと見てアハハと笑い、それからなぜか、うん、うんと頷いた。

「球は速い。コントロールだって悪くない。今の二年では、森野が一番いいピッチャーだ。④だけどエースにはなれない」

アネゴは少し大きくボールを上に放り投げた。

「森野のピッチング、私は好きだよ」

落ちてきたボールを受け止めて、彼女はそう言った。

「でも、私の番号は森野には渡せない」

どうして、とは尋ねなかった。⑤当然だと私自身がそう思っていた。

「あんたもいらないだろう?」

私は頷いた。

「どんな番号だっていらないです」

私がそう言うと、アネゴは豪快に笑った。

「わかってる。⑥あんたがやっているのは、ピッチングであって、ゲームじゃないんだよ。でも」

アネゴは繰り返した。

「森野のピッチング、私は好きだよ。伸び伸びとしてて、小気味いい」

そこでアネゴは一つ大きく伸びをした。

「ソフトボール、続けなよ」

背番号はくれなかった。先輩はボールを一つ、私にくれた。

高校の卒業証書などどこにしまったかも忘れてしまった。けれどその

【国語】（五〇分）〈満点：一〇〇点〉

一 次の各問に答えよ。

問一　次の①～④の語の「対義語」を正確に漢字二字で答えよ。

①　生産　②　過激　③　単純　④　厳格

問二　次の①～③のそれぞれの組の傍線部の語の中から、一つだけ意味・用法が異なるものを選び、記号で答えよ。

①　ア、幼い頃の光景が思い起こされる。
　　イ、記念式典には市長も参列される。
　　ウ、故郷の祖母のことがしのばれる。

②　ア、聞くところによるとあの男が犯人のようだ。
　　イ、波一つ立たない海は、さながら鏡のようだ。
　　ウ、表彰台に立つ彼の笑顔は輝く太陽のようだ。

③　ア、朝早く出発すれば、夜には着くだろう。
　　イ、問題文を読んで考えれば、答えは出る。
　　ウ、朝からひどい風も吹けば、大雨も降る。

問三　次の①～③の慣用句の空欄に入る適切な語を漢字一字で答えよ。

①　【　】にする…冷たくして相手にしない

②　【　】をのむ…くやしさをこらえる

③　【　】を巻く…非常に驚き感心する

二 ※問題に使用された作品の著作権者が二次使用の許可を出していないため、問題を掲載しておりません。

（出典：平田オリザ『わかりあえないことから――コミュニケーション能力とは何か』より）

三 次の文章を読んであとの各問に答えよ。

アネゴ。

彼女のことを思い起こすとき、真っ先に浮かぶのは、夕方のグラウンドの風景だ。

そのとき私は高校二年生で、もうじき三年生になろうとしていた。私の隣には高校三年生で、来月から社会人になる先輩がいた。浅い春の陽（ひ）射（ざ）しが傾いたグラウンドで、私たちはホームベースを前にしたコンクリートの塀に寄りかかるように座っていた。レフト側からの夕陽に照らされた彼女の横顔を覚えている。結城雛乃（ゆうきひなの）。それが彼女の名前だった。けれど高校時代、私はその可憐（かれん）な名前をほとんど耳にしたことがない。アネゴ、と誰もが彼女をそう呼んだ。一見、外国人を思わせるような造作の大きな顔立ち。並の男ではかなわないくらいの背丈と肩幅。その外見だけでなく、そう呼ばれるだけの度量が彼女にはあった。誰もが彼女に相談事を持ち込み、彼女はどんな相談事もがははと豪快に笑い飛ばした。正確な洞察も、繊細なアドバイスもない。彼女はただすべてを豪快に笑い飛ばし、彼女に笑い飛ばされると、自分の抱える悩みなど何でもないことのように思えた。①彼女はそういう人だった。

アネゴからの呼び出しがかかったとき、私は少なからず［　X　］。

「放課後、ちょっと付き合え」

終業式を間近に控えたその日の昼休み、私のクラスに足を運んだアネゴは、教室のドアのところから、［　Y　］そう言った。

「グラウンドで待ってる」

2021年度

解　答　と　解　説

《2021年度の配点は解答欄に掲載してあります。》

＜数学解答＞ 《学校からの正答の発表はありません。》

Ⅰ　問1．$(x+2y+5)(x+2y-2)$　問2．$x=-2$，$y=3$　問3．$x=1$，11
問4．2（途中式は解説参照）

Ⅱ　問1．$b=15$　問2．$n=47$　問3．16通り　問4．10人以上50人以下　問5．15cm

Ⅲ　問1．12通り　問2．30通り

Ⅳ　問1．C(4，16)　問2．$\mathrm{DH}=\frac{2\sqrt{10}}{5}$

Ⅴ　問1．PC＝5cm　問2．$\mathrm{AG}=\frac{9}{2}$cm　問3．$\frac{63}{2}$cm^2（考え方は解説参照）

Ⅵ　問1．72cm^3　問2．$18\sqrt{3}$cm^2　問3．$\sqrt{3}$cm

○推定配点○

Ⅰ　問1～問3　各5点×3　問4　7点　Ⅱ～Ⅳ　各5点×9　Ⅴ　問1・問2　各5点×2
問3　8点　Ⅵ　各5点×3　計100点

＜数学解説＞

Ⅰ（因数分解，連立方程式，2次方程式，式の値）

問1．$(x+2y+1)^2+(x+2y)-11=(x+2y)^2+2(x+2y)+1+(x+2y)-11=(x+2y)^2+3(x+2y)-10=(x+2y+5)(x+2y-2)$

基本　問2．$0.4x+\frac{1}{10}y=-\frac{1}{2}$より，$4x+y=-5$…①　$2x+3y=5$…②　①×3－②より，$10x=-20$　$x=-2$　これを①に代入して，$-8+y=-5$　$y=3$

問3．$(2x+3)^2=(3x-8)^2$　$(3x-8)^2-(2x+3)^2=0$　$\{(3x-8)+(2x+3)\}\{(3x-8)-(2x+3)\}=0$　$(5x-5)(x-11)=0$　$(x-1)(x-11)=0$　$x=1$，11

問4．$b\times\sqrt{\frac{2}{3}a^3}\div\sqrt{3ab}\times\sqrt{b^3}=b\sqrt{\frac{2a^3}{3}\times\frac{1}{3ab}\times b^3}=b\sqrt{\frac{2a^2b^2}{9}}=\frac{\sqrt{2}}{3}ab^2=\frac{\sqrt{2}}{3}\times\sqrt{2}\times(\sqrt{3})^2=2$

Ⅱ（一次関数，不等式，場合の数，集合，平面図形）

基本　問1．$y=-4x+b$に$x=4$，$y=-1$を代入して，$-1=-16+b$　$b=15$

問2．$\frac{1}{\sqrt{n+1}}>\frac{1}{7}$　$\sqrt{n+1}<7$　$n+1<49$　$n<48$　これを満たす最大の正の整数は47

問3．題意を満たす整数は，2314，2341，2413，2431，千の位が3または4の数はそれぞれ3×2×1＝6(通り)ずつ作れるから，全部で，4＋6＋6＝16(通り)

基本　問4．最も少ないのは，60＋50－100＝10(人)　最も多いのは，サッカーが好きな生徒が全員野球も好きなときで50人　よって，10人以上50人以下

重要　問5．右の図で，円外の1点からひいた接線の長さは等しいので，AD＝AF＝a，BD＝BE＝bとすると，CE＝CF＝3より，AB＋BC＋CA＝36　$(a+b)+(b+3)+(a+3)=36$　$2(a+b)=30$　$a+b=15$　よっ

て，斜辺の長さは15cm

Ⅲ　（場合の数）

重要　問1.　最短距離で頂点AからBへ行くとき，右→，上↑，奥↗の方向へ1辺ずつ移動するから，その経路の数は$3\times2\times1=6$(通り)　　頂点BからCへ行くときは，→↗，↗→の2通りあるから，全部で，$6\times2=12$(通り)

問2.　最短距離で頂点AからCへ行く経路の数は，→，→，↑，↗，↗の移動の組み合わせの数に等しい。↑の順番は5通りあり，→の順番は残り4つのうちから2つの選び方で決まるから，$4\times3\div2=6$(通り)　　↑と→の順番が決まれば↗の順番は一意的に決まるので，全部で，$5\times6=30$(通り)

Ⅳ　（図形と関数・グラフの融合問題）

基本　問1.　直線OAの傾きは，$\frac{9-0}{3-0}=3$より，直線BCの式を$y=3x+b$とすると，点Bを通るから，$1=-3+b$　　$b=4$　　よって，$y=3x+4$　　$y=x^2$と$y=3x+4$からyを消去して，$x^2=3x+4$　　$x^2-3x-4=0$　　$(x+1)(x-4)=0$　$x=-1,\ 4$　　$y=x^2$に$x=4$を代入して，$y=16$　　よって，C(4，16)

重要　問2.　D(0，4)より，$\triangle OAD=\frac{1}{2}\times4\times3=6$　　$OA=\sqrt{(3-0)^2+(9-0)^2}=3\sqrt{10}$　　$\triangle OAD=\frac{1}{2}\times OA\times DH=\frac{3\sqrt{10}}{2}DH$　　$\frac{3\sqrt{10}}{2}DH=6$　　$DH=\frac{6\times2}{3\sqrt{10}}=\frac{2\sqrt{10}}{5}$

Ⅴ　（平面図形の計量）

重要　問1.　$PC=PE=x$cmとすると，$BP=9-x$(cm)　　△BPEに三平方の定理を用いて，$x^2=3^2+(9-x)^2$　$18x=90$　　$x=5$(cm)

基本　問2.　△AEGと△BPEにおいて，$\angle GAE=\angle EBP=90^\circ$　　$\angle GEP=90^\circ$より，$\angle GEA=180^\circ-90^\circ-\angle PEB=90^\circ-\angle PEB=\angle EPB$　　2組の角がそれぞれ等しいから，$\triangle AEG\backsim\triangle BPE$　　$AG:BE=AE:BP$　　$AG=\frac{3\times(9-3)}{9-5}=\frac{9}{2}$(cm)

重要　問3.　△AEGと△FQGにおいて，$\angle GAE=\angle GFQ=90^\circ$　　対頂角だから，$\angle AGE=\angle FGQ$　　2組の角がそれぞれ等しいから，$\triangle AEG\backsim\triangle FQG$　　ここで，△BPEは3辺の比が3：4：5の直角三角形だから，$EG=\frac{5}{3}AG=\frac{15}{2}$より，$GF=9-\frac{15}{2}=\frac{3}{2}$　　よって，$FQ=\frac{4}{3}GF=2$　　したがって，四角形FEPQの面積は，$\frac{1}{2}\times(FQ+EP)\times EF=\frac{1}{2}\times(2+5)\times9=\frac{63}{2}$(cm²)

Ⅵ　（空間図形の計量）

基本　問1.　四面体BDEGの体積は，立方体の体積と三角錐ABDE4つ分の体積との差として求められる。$6^3-\left(\frac{1}{3}\times\frac{1}{2}\times6^2\times6\right)\times4=72$(cm³)

重要　問2.　△BDEは1辺の長さが$6\sqrt{2}$cmの正三角形である。1辺aの正三角形の高さは$\frac{\sqrt{3}}{2}a$で表せるから，$\triangle BDE=\frac{1}{2}\times6\sqrt{2}\times\frac{\sqrt{3}}{2}\times6\sqrt{2}=18\sqrt{3}$(cm²)

重要　問3.　球の中心をO，半径を$r$cmとする。四面体BDEGの体積は，三角錐OBDEの体積の4倍に等しいから，$\left(\frac{1}{3}\times18\sqrt{3}\times r\right)\times4=72$　　$r=\frac{72}{24\sqrt{3}}=\sqrt{3}$(cm)

★ワンポイントアドバイス★

出題構成，難易度ともほぼ変わらない。あらゆる分野の基礎を固めたら，過去の出題例を研究しておこう。

＜英語解答＞ 《学校からの正答の発表はありません。》

Ⅰ (A) 1 (1) い) (2) え) 2 (1) え) (2) う)
3 (1) う) (2) あ) 4 (1) い) (2) い) 5 (1) え) (2) う)
(B) 1 it's on your right 2 I'll have a chicken salad

Ⅱ 1 始まりの段落 6 終わりの段落 11 2 get away 3 い) 4 い)
5 え) 6 A 人[人間] B 犬 7 い)

Ⅲ 1 え) 2 あ) 3 strong 4 once 5 reuse
6 A あ) B う) C お) D い) E え) 7 お)

Ⅳ 1 a) second b) left 2 a) forgot b) quickly c) healthy
3 a) more difficult than b) not to touch

Ⅴ 1 a) made, happy b) without eating[having] c) was, broken by
2 a) 3番目 あ) 6番目 う) b) 3番目 き) 6番目 お)
3 a) (例) I wonder why that boy is afraid of dogs.
b) (例) I have a friend who has been absent from school since last week.

○推定配点○

Ⅰ・Ⅱ2～7・Ⅲ・Ⅳ 各2点×37 Ⅱ1・Ⅴ1・2 各3点×6 Ⅴ3 各4点×2 計100点

＜英語解説＞

Ⅰ (リスニング問題)

(A) 1. W : Are you done? You didn't eat much.
M : I can't eat any more, Mom.
W : Did you eat something before dinner?
M : No. My stomach hurts.
W : Do you need to see the doctor?
M : No, I'll take some medicine and go to bed.

2. M : Hello. Dr. Smith's office.
W : Hello. I left my jacket on a chair in the waiting room.
M : When did you visit us?
W : Yesterday morning. My jacket is green.
M : I can't find it anywhere.
W : Could I come and check myself tomorrow?

3. M : One ticket for the 10 o'clock show, please.
W : That will be $13.
M : Is there a student discount?
W : $8 with a student ID.

M：May I pay in cash?
W：Sorry, we only accept credit cards.

4. W：Dad, are we going to Sapporo this winter again?
M：Yes, your grandfather is looking forward to seeing us.
W：When are we leaving?
M：On February 10 and we'll stay there for a week.
W：Can I enjoy winter sports there?
M：Of course, you can.

5. M：Let's make prices and pack the boxes with things we need for the flea market.
W：OK. I've already put price tags from one to six dollars.
M：Good. That will be easier for the buyers.
W：How much for these used clothes?
M：Let's put those in the dollar box, and the used books in the three-dollar one.
W：I think the books should be four dollars.
M：All right. Let's put these watches in the five-dollar one.
W：Hmm. What could we sell for two and three dollars?
M：How about the boxes of candy for two, and the shoes for three.
W：OK. That leaves the jewelry to put in the six-dollar box.

(A) 1. 女性：もう終わったの？ あなたはあまり食べなかったわね。
男性：もう食べられないよ，お母さん。
女性：あなたは夕食の前に何か食べたの？
男性：いいや。おなかが痛いんだ。
女性：医者に診てもらう必要がある？
男性：いいや，薬を飲んで寝るよ。

2. 男性：もしもし。スミス医師の診療所です。
女性：もしもし。待合室の椅子に上着を置き忘れました。
男性：いついらっしゃいましたか。
女性：昨日の朝です。私の上着は緑色です。
男性：どこにも見つかりませんが。
女性：明日行って自分で確認してもよろしいですか。

3. 男性：10時の公演のチケットを1枚お願いします。
女性：13ドルになります。
男性：学生割引はありますか。
女性：学生証があれば8ドルです。
男性：現金払いでいいですか。
女性：すみませんが，クレジットカードしか受け付けておりません。

4. 女性：お父さん，この冬はまた札幌に行くの？
男性：うん，おじいさんが私たちに会うのを楽しみにしているよ。
女性：いつ出発するの？
男性：2月10日に出て1週間そこに泊まるよ。
女性：そこで冬のスポーツをすることはできる？
男性：もちろん，できるよ。

5. 男性：値段を決めて，フリー・マーケットに必要なものを箱に詰めよう。
女性：わかったわ。もう1ドルから6ドルまでの値札をつけたわ。
男性：いいね。その方が買う人にとって楽だね。
女性：これらの古着はいくら？
男性：それらはそのドルの箱に入れて，古本は3ドルの箱に入れよう。
女性：本は4ドルがいいと思うわ。
男性：わかった。これらの腕時計は5ドルの箱に入れよう。
女性：うーん。2ドルと3ドルでは何を売れるかしら？
男性：2ドルでキャンディーの箱，3ドルで靴はどうかな？
女性：いいわ。6ドルの箱に入れるのに装身具が残るわね。

(B) 1. The theater is near here. Turn right at the corner, and it's on your right.
2. Can I change my order? I'll have a chicken salad.

(B) 1. その劇場はこの近くです。角を右に曲がれば，右手にありますよ。
2. 注文を変えてもいいですか。チキンサラダをいただきます。

Ⅱ **(長文読解問題・説明文：内容吟味，語句補充，指示語，語句解釈，内容吟味)**

(全訳) [1] かつて，イタリアにポンペイという名の町があった。その町の近くにはベスビオス山という名の山があった。その山はブドウを栽培したりヒツジを育てるのに適した場所だった。平和そうに見えたが，その山は本当に危険な火山だった。それは眠れる巨人のようであった。人々はその危険について知っていただろうか。いや，彼らは知らなかった！

[2] その日はいつものように始まった。太陽が昇った。人々は売る物を持ってポンペイに来始めた。荷馬車がせまい門を通って町に入った。通りの騒がしい荷馬車は家々の人たちを目覚めさせた。最も大きな家の1つに住んでいた家族はすぐに忙しくなった。母親は神様の像のそばへ祈りにいった。父親は着替え始めた。子供たちは遊んでいた。夏だったので彼らはうれしかった。家の中にいた人は誰も恐ろしいことが起ころうとしていることを知らなかった。

[3] 朝食後，子供たちは外へ行った。人々は店の中で仕事をしていた。通りにいた人は誰も恐ろしいことが起ころうとしていることを知らなかった。

[4] 午前中の遅い時間になるまで，多くの男性は浴場にいた。ある者たちはボール遊びをしていた。またある者たちは入浴していた。その大きな家の父親はそこにいた。浴場いた人は誰も恐ろしいことが起ころうとしていることを知らなかった。

[5] 正午までに，町の集会所は人々でいっぱいになった。ある者は買う物を探していた。またある者は友人たちと話をしていた。その大きな家の母親はそこにいた。彼女は寺院でお祈りをしていた。町の集会所にいた人は誰も恐ろしいことが起ころうとしていることを知らなかった。

[6] 突然，地面が揺れ始めた。ポンペイの家のすべてが揺れ始めた。巨人が目覚めようとしていたのだ！ ベスビオス山の頂上が爆発した！ ちりと灰の巨大な煙が噴出してきた！ 皆，悲鳴を上げ始めた。人々が巨大な煙を見るために家から出てきた。店の主人たちが店から出てきた。煙はどんどん大きくなっていった。

[7] 煙は太陽を隠した。暗くなった。小さな熱い石がポンペイの人々の上に落ち始めた。ある者は頭を覆うために枕を見つけた。またある者は家の中に隠れた。誰もが走ったり，押し進んだり，叫んだりしていた。ある者は逃げるために町の門へ向かって走った。またある者は自分の宝石や金貨を守るために家に帰った。数人がお祈りをするために寺院へ行った。神々は彼らを助けることができただろうか。

[8] 昼は夜のように暗くなった。悪臭が空気に満ちた。人々は海へ向かって走った。数人は道を

照らすためにたいまつを持っていた。海は荒れていた。巨大な波が浜辺に砕け続けていた。大きな家の家族は船に乗りこむことができた。彼らはポンペイから[②]逃げることができた。

⑨ 石がポンペイに落ちたとき，多くの人々は逃げることができなかった。彼らは石の下に捕らえられた。それから熱い灰が火山から噴出し始めて人々に降りかかった。それらは髪の毛を燃やすほど熱かった。通りにいた人々は自分の身を守ろうとした。彼らは角や壁の陰に隠れた。彼らは手や服で顔を覆った。しかし，灰はますます濃くなった。彼らは動くことも呼吸をすることもできなかった。彼らは灰の下に捕らえられた。

⑩ 灰は降り続け。通りに満ちあふれて家の中へ流れこんだ。それらはとても高く積もったので，家の中にいた人々は動くことができなかった。しかし，ベスビオス山は終わっていなかった！ 今度は大きな有毒ガスの煙が山から出てきてポンペイを覆った。大きな川のような熱い灰とガスが山の側面を流れてきて町の壁を覆って流れた。ポンペイにいた人は誰も助からなかった。

⑪ 灰は2日間ポンペイに降り注いだ。それが終わったとき，巨大な煙は消えて灰が冷えて固くなった。建物の頂上だけがその上に見えていた。町全体が生き埋めになったのだ！ 何もかもが灰に覆われていた。

⑫ 湾の向こう側に，1人の少年が見守りながら立っていた。彼の名前はプリニウスだった。のちに彼は熱い灰と石と荒れた海についてさらに多くのことを聞いた。プリニウスはその日を忘れたことが一度でもあっただろうか。いや，彼は忘れなかった！

⑬ プリニウスは成長して作家になった。彼はベスビオス山から出てきた巨大な煙とポンペイを埋めたその火山について書いた。その後，ベスビオス山は何度も何度も噴火して，さらに多くの灰が町に降り注いだ。ついに，誰かがそこに住んでいたという印はなくなった。人々はやがてポンペイという名前の町について忘れた。

⑭ 何百年ものちに，一番上の灰は土に変わった。草が育ち始めた。人々は埋もれた町の真上に新しい町を建設した。彼らはそこにその古い町があることを知ることすらなかった！ それから人々は，ポンペイという名の埋もれた町に関するプリニウスの手紙を読むようになった。ポンペイはどこにあったのだろう？ 誰も知らなかった。

⑮ ある日，何人かの作業員が水のためのトンネルを掘っていた。彼らは地面の下で古い壁の破片を見つけたが，その壁が町の一部であることを知らなかった。何年も後になって，他の作業員たちがさらに多くの建物を見つけた。地面の下に町があったのだろうか。それがプリニウスが書いた町なのだろうか。それから，作業員の1人が石を見つけた。それには名前が彫られていた。その名前はポンペイであった。人々はとてもわくわくした。ポンペイという失われた町が自分たちの足下にあったのだ！ それを発掘することができれば，大昔に人々がどのように暮らしていたかがわかる。

⑯ 科学者たちが発掘を始めた。彼らは何も破壊しないように，ゆっくりと慎重に作業をした。彼らは灰を払いのけるためにたくさんの道具を使った。彼らは美しい金の鎖，割れていない卵，色のついた石でできている絵，そして人々を見つけた。最初は少数のがい骨しか見つからなかった。それから彼らは固い灰の中に不思議な穴を見つけた。彼らはそれらの穴に石膏を注ぎ込んだ。石膏が乾いたとき，鋳型はちょうど人のような形になっていた！ 石膏の鋳型は人々が死んだときにどのような様子だったかを示していた。鎖につながれた犬の石膏の鋳型さえあった。

⑰ 今日，ポンペイの古い町は屋根のない立派な大博物館のようである。人々は大昔の店や家だけでなく，ベスビオス山も見にくる。それは世界で最も有名な火山だ。

⑱ ポンペイでは平和な1日である。巨人は眠っている。その巨人はいつまた目覚めるだろうか。誰にもわからない。

1 something terrible「恐ろしいこと」は，ベスビオス山が噴火してポンペイの町が壊滅したことを指す。その様子を具体的に描写している段落なので，火山が噴火したことを描いている第6段落から，「何もかもが灰に覆われていた」とポンペイの町が最後にどのような状態になったかを述べている第11段落までが適切。

2 ある裕福な家族は船に乗ることができたのだから，ポンペイの町から逃げることができたと考えられる。第7段落最後から4文目にある get away「逃げる」が適切。

基本 3 下線部③の They は高く積もって家の中にいた人を動けなくしたものなので，直前の文にある The ashes「灰」を指すと考えられる。第9段落第4文にある，髪の毛を燃やすほど熱かったものを指している，い)の They が適切。それ以外の They はすべて people「(ポンペイの)人々」を指す。

重要 4 done には「終わった」という意味があるが，下線部の後の記述から，ベスビオス山が今度は有毒ガスを噴出するなど活動をやめなかったことがわかる。したがって，い)「ベスビオス山は噴火をやめなかった」が適切。あ)は「ベスビオス山は何もしなかった」，う)は「誰もベスビオス山を救おうとしなかった」，え)は「誰もベスビオス山に向かって急がなかった」という意味。

5 下線部の直前の文から，下線部は「誰もポンペイがどこにあるのか知らなかった」という意味であることをつかむ。下線部を含む第14段落では，ポンペイについて「埋もれた町」という表現が使われている(第3，5文)。灰に埋もれてしまって見ることができない状態にあるために誰もポンペイがあった場所を知らなかったと考えられるので，え)「ポンペイは火山からの灰で覆われていた」が適切。あ)は「誰もプリニウスの手紙をまったく理解できなかった」，い)は「プリニウスの手紙は私たちにポンペイについて伝えていなかった」，う)は「ポンペイは火山によって完全に破壊された」という意味。発掘の結果，ポンペイで使われていた物などが見つかっていることから，う)は不適切。

6 灰にあった穴に石膏を流して乾かした結果，何の形が現れたかを考える。下線部を含む文の2文後の「鋳型はちょうど人のような形になっていた」，4文後の「鎖につながれた犬の石膏の鋳型さえあった」から，(A)には「人[人間]」，(B)には「犬」が適切。

7 giant「巨人」という語は第1，6，18段落に，It was like a sleeping giant.「それは眠れる巨人のようであった」(第1段落第5文)，The giant was waking up!「巨人が目覚めようとしていたのだ！」(第6段落第3文)，The giant is sleeping. When will the giant wake up again?「巨人は眠っている。その巨人はいつまた目覚めるだろうか」(第18段落第2，3文)と出てくる。このうち，第1段落第5文の直前に「その町の近くにはベスビオス山という名の山があった。その山はブドウを栽培したりヒツジを育てるのに適した場所だった。平和そうに見えたが，その山は本当に危険な火山だった」とあることから，「巨人」とは危険なベスビオス山をたとえた表現であることがわかる。その他の giant もベスビオス山を指していると考えれば文脈に合うので，い)「ベスビオス山という名の危険な火山」が適切。あ)は「ベスビオス山に住んでいる大きな男性」，う)は「ポンペイを守る神」，え)は「ポンペイを破壊している人々の集団」という意味。

Ⅲ (長文読解問題・説明文：内容吟味，語句選択補充，語句補充，内容吟味)

(全訳) 問題

コスタリカの近くにいる船で海洋生物学者たちのチームがウミガメを助けている。その動物は呼吸をするのが困難で，そのチームはそれがなぜなのかを発見する―その鼻の中にものがあるのだ。ある科学者がその物体を取り除こうとするが，ウミガメは痛くて泣き叫ぶ。ようやく8分後に長い物体が引っ張り出される。それは10センチメートルのプラスチックのストローである。

そのウミガメ救出のビデオは You Tube で何百万回も視聴されている。このビデオを見た後，多くの人々がある問題に気がついた。世界の海がプラスチックでいっぱいなのだ。2000年以来，世界中でプラスチックの生産が大量に増え続けているが，私たちはその20パーセントにも満たない分しか再生利用していない。このプラスチックの大量のごみが結局海に出るのだ。今日，科学者たちはおよそ81億キロのごみが毎年海に近い地域から海に流れこんでいると考えている。

この海のプラスチックは毎年何百万もの海の動物に害を与えている。中にはプラスチックが海草で覆われていて(②)食べ物のように見え，そのようなにおいがするためにそれを食べてしまう魚もいる。しかし，プラスチックを食べることは魚たちを常に空腹にする。ある場合には，鋭いプラスチック片を食べて海の動物が深刻なけがをして死んでしまうことさえあるのだ。このプラスチックのほとんどが永遠に環境を破壊するだろう。

プラスチックは(③)丈夫で長持ちするので人々にとっては役に立つ—しかし，これはそれをすでに食べてしまった，あるいは食べようとしている海の生き物たちにとっては悪い知らせである。海洋生物学者のマシュー・サボカによれば,「使い捨てのプラスチック製品が最悪」である。これらは私たちが捨てる前に(④)1回しか使われない品物である。よく知られた例がストローや水を入れるボトルやビニール袋である。およそ700種の海洋生物(ビデオのウミガメを含めて)がこの種のプラスチックに捕らわれたり，それを食べてしまっている。幸運なことに，そのウミガメは生き延びて海に再び放されるほど丈夫だった。

長い目で見ると，プラスチックはどのようにして海の動物たちに影響を与えるだろうか。「私たちは5年から10年の間に答えを知るだろうと思います」と別の海洋生物学者は言う。しかし，そのときまでにさらに2,500万トンのプラスチックがすでに海にあるだろう。

解決法　科学者たちは安全なプラスチックを作ることで解決策を見つけるために取り組んでいる。しかし同時に，プラスチックごみを(⑤)再使用したり再生利用したりする方法がいくつかある。

1.　ビニール袋を使うことをやめる。　代わりに，自分の買い物袋を店に持っていく。人々は世界中で毎年1兆枚のビニール袋を使う。合衆国だけでおよそ10パーセントが使われている。それは，すべてのアメリカ人が毎日1枚の袋を使うということである。デンマークの平均的な人々は1年に4枚の使い捨てのビニール袋を使う。1993年，デンマークはビニール袋に課税した最初の国となった。今日，他の国は消費者にビニール袋の代金を支払わせるか，それらの使用を完全に禁止している。

2.　ストローを省く。　今日，およそ83億本のストローが世界の浜辺を汚している。だから，飲み物を注文するときにはストローは「結構です」と言うか，自分の再使用できるストローを持っていくのだ。2018年，シアトルはプラスチックのストローを禁止した最初の合衆国主要都市となり，他の多くの都市がその例に続いている。

3.　ペットボトルを使わない。　再使用できるボトルを買って，それに好きなどんなタイプの飲み物でもいっぱいに入れる。オーストラリアのバンダヌーンや合衆国のサンフランシスコのようないくつかの都市は完全に，あるいは部分的に水が入ったペットボトルを禁止している。

4.　プラスチックの包装を避ける。　プラスチックの箱やペットボトルに入っている液体せっけんではなく固形せっけんを買う。プラスチック包装の果物や野菜を買ってはいけない。イギリスでは，指導者たちがスーパーマーケットにプラスチックを使わない区域を設けるよう要求している。彼らはまた，プラスチックの持ち帰り用容器に課税したいと思っている。

5.　再生利用する。　私たちはすべてのプラスチック製品を再生利用できるわけではないが，ほとんどのペットボトルと紙でできているミルクやジュースの容器を再生利用することは可能である。今日，ノルウェーではペットボトルの97パーセントを再生利用している。どのようにして？　ほとんどのスーパーマーケットにある機械がペットボトルを取り込んでその代わりに小銭を戻すのだ。

1　下線部の前では，科学者が呼吸に苦しむウミガメの鼻に物があることを見つけ，下線部の後に，それが10センチメートルのプラスチックのストローであることが述べられているので，え)「そのプラスチック製品がその鼻に突き刺さっていた」が適切。あ)は「そのウミガメは食べ物を見つけることができなかったので，とても空腹だった」，い)は「そのウミガメは偶然釣り用の網に捕らわれていた」，う)は「そのウミガメは偶然プラスチック製品を食べた」という意味。

2　空所を含む文は，「中にはプラスチックが海草で覆われていて(　　)のように見え，そのようなにおいがするためにそれを食べてしまう魚もいる」という意味。魚がプラスチックを食べてしまう理由として，プラスチックが海草で覆われているためにその見た目とにおいが食べ物に似ているからと考えるのが適切。したがって，あ)「食べ物」が適切。い)は「ごみ」，う)は「プラスチック」，え)は「せっけん」という意味で，いずれも魚が食べるものとして不適切。

3　プラスチックが人にとって役立つ理由を表すように空所に適する語を探す。空所の後の lasts for a long time「長持ちする」に合うプラスチックの性質としては，strong「丈夫だ」(第4段落最終文)が適切。

4　空所を含む that are used only (　　) before we throw them away「私たちが捨てる前に(　　)しか使われない」は直前の items「品物」を説明し，items は具体的にはその直前の文にある single-use plastics のこと。その例が，空所の直後の文にあるストロー，水を入れるボトル，ビニール袋であることを踏まえると，空所には once「1回」を入れて，1回しか使われない使い捨てのプラスチック製品が最悪であるという内容を表すようにすると文脈に合う。

5　空所を含む文で表されている方法(ways)の具体例が後の1～5で述べられている。1では自分の買い物袋を使う方法，2ではプラスチックのストローを断るか，自分のストローを持っていく方法，3では再使用できるボトルを使う方法と，同じ袋，ストロー，ボトルを何度も使う方法が紹介されていることから，reuse「再使用する」が適切。

6　●「(A)バンダヌーンやサンフランシスコは，水が入ったペットボトルを買うことをできなくするか難しくしている」　本文 Solution 3の最終文「オーストラリアのバンダヌーンや合衆国のサンフランシスコのようないくつかの都市は完全に，あるいは部分的に水が入ったペットボトルを禁止している」に合う。　●「2018年，(B)シアトルはもうプラスチックのストローを使うことをやめた」　本文 Solution 2の最終文の前半「2018年，シアトルはプラスチックのストローを禁止した最初の合衆国主要都市となった」に合う。　●「(C)デンマークはビニールの買い物袋に代金を払う規則を作った最初の国だ」　本文 Solution 1の最後から2文目の「1993年，デンマークはビニール袋に課税した最初の国となった」に合う。　●「(D)イギリスはプラスチックを使わない区域を設けるよう要求している。この区域では，プラスチックの包装は認められない」　本文 Solution 4の最後から2文目の「イギリスでは，指導者たちがスーパーマーケットにプラスチックを使わない区域を設けるよう要求している」に合う。　●「(E)ノルウェーでは，ペットボトルのほとんどすべてが再生利用されている」　本文 Solution 5の第2文目の「ノルウェーではペットボトルの97パーセントを再生利用している」に合う。

7　あ)「科学者たちは，長い目で見ればプラスチックがどのように海の生物に影響するかをはっきりと理解している」(×)　本文 Problems 最終段落第1文の「長い目で見ると，プラスチックはどのようにして海の動物たちに影響を与えるだろうか」という問いに対するある科学者の回答が，次の文で「私たちは5年から10年の間に答えを知るだろうと思います」と書かれているので，現段階ではっきり理解しているとは言えない。　い)「最後には，You Tube のウミガメは鼻に突き刺さったプラスチックのストローで死んだ」(×)　本文 Problems 第4段落最終文に，救出されたウミガメは丈夫だったために海に戻ったことが述べられているので一致しない。

う）「これまでのところ，ほんのわずかな人々しか You Tube のウミガメを救出するビデオを見ていない」（×） 本文 Problems 第2段落第1文に，「そのウミガメ救出のビデオは You Tube で何百万回も視聴されている」とあるので一致しない。 え）「使い捨てのプラスチック製品は海洋汚染には関係がない」（×） 本文 Problems 第4段落第2文に，海洋生物学者のマシュー・サボカの言葉として，「使い捨てのプラスチック製品が最悪」とある。これは使い捨てのプラスチック製品が海の生物にとって最悪のものであることを表しているので，一致しない。 お）「海のプラスチックごみは多くの動物を傷つけ，時にはそれらを殺すこともある」（○） 本文 Problems 第3段落ではプラスチックごみが海の生物に害を与えていることが述べられている。さらに，最後から2文目で，「ある場合には，鋭いプラスチック片を食べて海の動物が深刻なけがをして死んでしまうことさえある」と述べているので一致している。

基本 Ⅳ （語彙問題，同意文書きかえ問題：比較，不定詞）

1 a） 上は「2月は1年の2番目の月だ」という意味。「2番目の」の意味の second を入れる。下は「私はすぐに準備ができる」という意味。「一瞬，わずかな時間」の意味の second を入れる。in a second で「すぐに，一瞬で」という意味を表す。 b） 上は「私はいつも左足でボールをける」という意味。「左の」の意味の left を入れる。下は「電車は昨夜ダラスに向けて出発した」という意味。leave「出発する，去る」の意味の leave の過去形 left を入れる。

2 a）「私はそのアドレスを忘れたので，アドレス帳を調べなくてはならない」 look in は「～を調べる，～をのぞく」という意味。アドレス帳を調べなくてはならないのは，the address「そのアドレスを忘れた」からと考え，forget「忘れる」の過去形 forgot を入れる。 b）「そんなに早口でしゃべらないでください。あなたについていけません」「ついていけない」のは相手が話す速度が速いからと考え，quickly「早く，速く」を入れる。 c）「野菜，豆，牛乳，ヨーグルト，そしてチーズは健康によい食べ物だ」 野菜，豆，牛乳，ヨーグルト，チーズに共通する性質として「健康によい」ことを考え，healthy「健康によい」を入れる。

3 a） 上は「この質問はあの質問ほど簡単ではない」という意味の文。下の文では比較級を用いて more difficult than を入れて，「この質問はあの質問よりも難しい」という意味にする。
b） 上は「私は兄[弟]に，『私のスマートフォンに触らないで』と言った」という意味。下の文は発言を直接引用する形ではなく，tell の過去形 told が用いられているので，〈tell ＋人＋ to ＋動詞の原形〉「(人)に～するように言う」を用いた表現を使う。to の前に not を置くと不定詞の意味が否定になるので，not to touch と入れて，「私は兄[弟]に，私のスマートフォンに触らないように言った」という文にする。

Ⅴ （同意文書きかえ問題，語句整序問題，和文英訳：前置詞，受動態，間接疑問文，関係代名詞，現在完了）

1 a） 上の文は「ナナはケンの言葉を聞いたときにうれしくなった」という意味。下の文では Ken's words が主語で最初の空所の後に Nana があることから，最初の空所に「～を…にする」の意味の make の過去形を，2つ目の空所に happy を入れて，「ケンの言葉はナナをうれしくさせた」という文にする。 b） 上の文は「カナコは寝た。彼女は夕食を食べなかった」という意味。下の文ではこの内容を1文で表す。「夕食を食べずに寝た」とすれば同じ内容になるので，without ~ing「～しないで」を用いて without eating[having] を入れる。 c） 上の文は「誰が窓を割りましたか」という意味。下の文は the window を主語とする受動態の文と考える。疑問文なので Who was the window broken by?「窓は誰によって割られましたか」という文にする。「(人)によって」を表す by は文末に残す。By whom ~? という形でも表せる。

重要 2 a） Is there anything wrong with this car?「この車はどこか調子が悪いのですか」 与えら

れている語句から There is ～. の疑問文にする。something[anything] wrong with ～ で「～はどこか調子が悪い」という意味を表す。　b) I have no idea how he came here.「私は彼がどのようにしてここへ来たのかわからない」 I have no idea で「わからない」(= I do not know)という意味を表す。与えられている語に疑問詞 how があることから間接疑問文を考え，how he came here と〈疑問詞＋主語＋動詞〉の語順にして idea の後に続ける。

やや難 3　a)「～なのだろうか」と疑問に思う気持ちは I wonder ～. の形で表す。動詞 wonder の後に「どうしてあの男の子は犬を怖がるのか」という内容を間接疑問の形で続ける。「～を怖がる」は be afraid of ～ で表す。種類全体を指して「犬というものが怖い[好きだ／嫌いだ]」などと言うときはその名詞を複数形にするのが基本。　b)「私には～友達がいる」という文を考え，I have a friend ～. の形の文を作る。who を用いるという条件があるので，関係代名詞の who を a friend の後に置いて，「先週からずっと学校を休んでいる」という内容を続ける。「～を休んでいる」は be absent from ～ で表し，「先週からずっと」と継続している状態なので現在完了で表す。

★ワンポイントアドバイス★

Ⅲの6の内容吟味問題では，本文とほぼ同じ英語が使われているので，同様の表現・内容がある箇所さえわかれば全問正解も決して難しくない。それぞれの英文で何について述べているかをつかみ，同様の表現を使っている箇所を探そう。

＜国語解答＞ 《学校からの正答の発表はありません。》

一　問一 ① 消費　② 穏健　③ 複雑　④ 寛容[寛大]
問二 ① イ　② ア　③ ウ　問三 ① 袖　② 涙　③ 舌

二　問一 ア　問二 c　問三 ウ　問四 エ　問五 明治の人びと(6字)　問六 ア
問七 X オ　Y イ　問八 言葉は，社会の変化に追いつかない(16字)
問九 対等な関係　問十 (例) 現代日本において対等な関係で褒める言葉が「かわいい」に集約されるのは，日本語の近代化の過程でオヤジたちが対等な関係でのボキャブラリーを重要視してこなかったから。(80字)

三　問一 ア　問二 X オ　Y ア　問三 ウ　問四 ウ　問五 責任
問六 私の遥か頭　問七 ウ　問八 オ　問九 ア

○推定配点○
一　各2点×10　二　問一・問七　各2点×3　問十　10点　他　各4点×7
三　問二　各2点×2　他　各4点×8　計100点

＜国語解説＞

一 (同義語・対義語，ことわざ・慣用句，品詞・用法)

問一 ①「生産」は生活に必要な物資をつくりだすという意味なので，対義語は使ってなくすという意味の語。 ② 度を越して激しいという意味なので，対義語はおだやかで行き過ぎないという意味の語。 ③「単純」は構造などがこみいっていないという意味なので，対義語はさまざまに入り組んでいるという意味の語。 ④「げんかく」と読む。厳しくて不正を許さないという意味なので，対義語は人の過ちや欠点を厳しく責めないという意味の語になる。

基本 問二 ① イは尊敬の意味を表す助動詞で，他は自発の意味を表す助動詞。 ② アは推定の意味を表す助動詞で，他は比喩の意味を表す助動詞。 ③ ウは並立の意味を表す接続助詞で，他は仮定の条件の意味を表す接続助詞。

問三 ① 「袖」を使った慣用句には，他に「袖を分かつ」「袖をしぼる」などがある。 ② 「涙」を使った慣用句には，他に「涙に暮れる」「涙に沈む」などがある。 ③ 「舌」を使った慣用句には，他に「舌が回る」「舌を出す」などがある。

二 （論説文ー内容吟味，文脈把握，接続語の問題，脱文・脱語補充，語句の意味）

問一 「ノホホン」は何もしないでのんきにしている様子。同じ段落「旧帝国大学は……ほとんどの授業は，英語か，あるいはドイツ語，フランス語で行われていた」のに対して，現在の大学生が「当たり前のように日本語で授業を受けて」いる様子であることから，意味を推察する。

問二 aは，前の「多くの途上国では……高等教育の授業は，英語か，あるいは旧宗主国の言語で行われている」例を，後で「モロッコという国は……中学校以上の授業は基本的にフランス語で行われている」と挙げているので，例示の意味を表す接続語が入る。bも，前の「論理的な事柄を自国語で話せるようにするのには，ある種の知的操作や，それを支える語彙が必要」な例を，後で「これから先はちょっと込み入った話になるのでラテン語で書きます」というパスカルの文章を挙げているので，例示の意味を表す接続語が入る。dも，前の「私は考えてきた」こととして，後で「日本語には対等な関係で褒める語彙が極端に少ない」という例を挙げているので，例示の意味を表す接続語が入る。cには，後の「あるだろう」に呼応する語が入る。

問三 直後の文で「言語の習得が，社会的な階層を，そのまま決定づけてしまうから。」と理由を述べている。この文が意味するところを読み解く。言語を習得できる者は支配的な階層にとどまり，言語を習得できない者は被支配的な階層に固定化されると述べているウが適切。他の選択肢は「言語の習得が，社会的な階層を，そのまま決定づけてしまう」という内容にそぐわない。

問四 傍線部③の直前に「この」とあるので，直前の段落の内容に着目する。「どの近代国家も，国民国家を作る過程で，言語を統一し，ただ統一するだけではなく，一つの言語で政治を語り，哲学を語り，連隊を動かし，ラブレターを書き，裁判を起こし，大学の授業ができるように，その『国語』を育てていく。」とあり，これが「言語の近代化」の具体的な内容にあたる。この内容を述べて説明としているエを選ぶ。アの「国家の均質化が完成」，ウの「言語が世俗化する」とは述べていない。イの「公用語として用いられる」だけでは，本文の「ただ統一するだけではなく……その『国語』を育てていく」という内容に合わない。

基本 問五 「せんじん」は，昔の人や祖先のこと。傍線部④を含む「先人の努力」について，「旧帝国大学は」で始まる段落に「先人の努力のたまもの」と同様の表現がある。この「先人の努力」を具体的に述べている部分を探す。「先に示した」で始まる段落に「明治の人びとが，血のにじむような努力で作り出した言葉だ」とある。ここから，「先人」に相当する部分を抜き出す。

問六 傍線部⑤の「このような」は，直前の段落の「対等な関係」を指し示す。筆者は，「ただ」で始まる段落以降で，日本語が近代化された「性急な過程では，当然積み残してきてしまったものがあ」り，「その大きな積み残しの一つ」に「『対話』の言葉」を挙げ，「日本語には対等な関係で褒める言葉が極端に少ない」と述べている。ここから，日本語に対等な関係の褒め言葉が少ないのは，日本語の近代化が性急にすすめられたためとあるアを選ぶ。イの「平等で公平な人間関係が達成された」，ウの「ほめ言葉が排斥されたから」，エの「外国語に頼ることで済ませてきた」とは本文では述べていない。

重要 問七 [X]・[Y]を含む部分は，「たとえば」で始まる段落にあるように「女性の上司が男性の部下に命令するきちんとした日本語というのは，いまだ定着していない」ことについて述べている。その上で，直前の文「女性が男性に命令をしたり指示したりする関係は，母親が子どもに指示する関係以外にはなかった」の意味するところを考える。「女性が男性に命令をしたり指示したりする関係」がなければ，「女性の上司が男性の部下に命令するきちんとした日本語」は生まれないと筆者は言っている。ここから，「関係」がなければ「言葉」は生まれないという文脈が浮かび上がる。

問八　「タイムラグ」は，時間のずれのこと。直前の段落にも「そこには必ず，タイムラグが生じる」とあり，この「そこ」は直前の文の「言葉は，社会の変化に追いつかないという宿命」を指示している。「言葉」と「社会の変化」の時間のずれ，に相当する部分を抜き出す。

問九　筆者は，「現代社会は」どのような状態で「『対話』を行うための言葉を生成していく『過渡期』」としているのかを考える。「過渡期」というのであるから，日本語に足りていない対話の状態が入る。日本語に足りていない対話を探すと，「よく中高年の男性が」で始まる段落の「『対等な関係における褒め言葉』という日本語の欠落」や，「［ d ］，一般に」で始まる段落の「日本語には対等な関係で褒める語彙が極端に少ない」とあるのに気づく。ここから，適切な五字の表現を抜き出す。

やや難　問十　「まず，設問にある「『かわいい』という語」の役割を，直後の文「『対等な関係における褒め言葉』という日本語の欠落を『かわいい』は，一手に引き受けて補っている」から読み取る。ここから，なぜ日本において「対等な関係における褒め言葉」がないのかを，「私を含めたオヤジたち」を主語にして説明するという方針を立てる。「ただ」で始まる段落以降に，日本語の近代化の性急な過程で「『対話』の言葉」を積み残してきたとあり，この内容を加えてまとめる。

三　（小説―主題・表題，情景・心情，内容吟味，文脈把握，指示語の問題，脱文・脱語補充）

基本　問一　同じ段落の「アネゴ，と誰もが彼女をそう呼んだ。一見，外国人を思わせるような造作の大きな顔立ち。並の男ではかなわないくらいの背丈と肩幅。その外見だけでなく，そう呼ばれるだけの度量が彼女にはあった……彼女はただすべてを豪快に笑い飛ばし，彼女に笑い飛ばされると，自分の抱える悩みなど何でもないことのように思えた」や，直後の段落の「一見，豪快さばかりが目を引くアネゴだが……人を見る目は確か」に注目して，「彼女」の人柄を読み取る。アの「牛耳る」は団体や組織を支配し思いのままに動かすという意味で，チーム全体のことを考えて「私」にエースナンバーを与えなかった「彼女」の人柄の説明として適切ではない。

問二　X　同じ文の「アネゴからの呼び出し」は，エースナンバーの引継ぎではないかと「私」は考えたのである。同じ段落で「アネゴが持つエースナンバーを誰が受け継ぐのか……けれど，私にそのつもりはなかった。そんなはずないだろうとも思っていた」と「私」の心情を述べており，ここから予想しなかったことに驚いたという意味表す語が入る。　Y　同じ段落に「アネゴが持つエースナンバーを誰が受け継ぐのか，部ではちょっとした話題になっていた」とある。そのような状況にも関わらず，「放課後，ちょっと付き合え」という言葉は，誰に聞かれてもかまわない，「アネゴ」らしい度量の大きいものである。この様子にふさわしい語を選ぶ。

問三　後で「球は速い。コントロールだって悪くない。今の二年では，森野が一番いいピッチャーだ。だけどエースにはなれない」や，「森野のピッチング，私は好きだよ」「でも，私の番号は森野には渡せない」と言った後に，「アネゴ」は「私」に「ソフトボール，続けなよ」と言っている。「アネゴ」は「私」にソフトボールを続けるよう言うために呼び出したとわかる。

やや難　問四　「私」が「ほっとし」たのは，エースナンバーの引継ぎのために呼び出されたのではないとわかったためである。後の「指先に」で始まる段落の「バットが確かにボールをとらえたとき……私の遥か頭上，飛んでいくボールを振り返り，行けえと声援を送るピッチャーは，たぶん，エースになんてなれない。なるべきでもない」という「私」の心情は，ピッチャーとしては弱点となる。この内容を述べているウを選ぶ。エの「自分のピッチングのことをよく知っていてくれたのだ」は，「ほっとしました」という安堵の思いにはつながらない。

問五 「指先に」で始まる段落で「指先に強い感触を残して飛んでいくボールは，途中でバットに遮られるかもしれない。遮られないかもしれない。それはたぶん，私の責任ではない。仮にミットに届いたとして，それはボールと判定されるのかもしれない。それもたぶん，私の責任ではない」という，ピッチングに対する「私」の考えを述べている。ここから，「私」にエースとして足りないと考えられるものを抜き出す。

問六 「私」が「当然だ」と思っているのは，「アネゴ」のエースナンバーを渡してもらえないことなので，「私」自身がエースナンバーを受け取るべきではないと考える要因を述べている部分を探す。後の「指先に」で始まる段落に「私の遥か頭上，飛んでいくボールを振り返り，行けえと声援を送るピッチャーは，たぶん，エースになんてなれない。なるべきでもない」とあり，ここから「私」が思い当たる内容を含む一文を抜き出す。

問七 「私」のピッチングについて述べている部分を探す。「ピッチングとは」で始まる段落に「ピッチングとはバッターとの勝負だという……その感覚は最後まで理解できなかった」とあり，その前に「ピッチャーズサークル……その場所が私は好きだった。手のひらにあまる大きなボールを視線の先にあるミットに届ける。ピッチャーのやる仕事はそれだけだ」や，後の「指先に」で始まる段落の「私」のピッチングに対する考え方にふさわしいものはウ。アの「いい加減に取り組まれては困る」や，エの「私一人だけでは何もできないことを自覚してほしい」と「アネゴ」は「私」に伝えたいわけではない。イの「無難に取り組もうとしている」は「私」の様子にはそぐわない。「私」にとって，オの「真剣な眼差しを鑑賞する」ことは「目的」ではない。

重要 問八 直前の「高校の卒業証書などどこにしまったかも忘れてしまった。けれどそのときアネゴからもらったボールは……今でも私の部屋の片隅に転がっている」というのであるから，「私」は「アネゴからもらったボール」をいつでも見える場所に置いて大切にしているとわかる。「アネゴからもらったボール」は，「ソフトボール，続けなよ」というアネゴの言葉を象徴していることから判断する。アの「ソフトボールを再開するときに向け」，イの「厳しい指導を自分への戒めとして」，ウの「悔しさを忘れないため」，エの「エースへの固執を断ち切ってくれた証」は，本文の内容にそぐわない。

問九 一つ目と二つ目の Z の前後の文脈から，「ボール」が「アウト」や「ホームラン」という何を「作る」のかを考える。三つ目の Z の直前「喝采を浴びる」や，四つ目の Z の直前「忘れ去られる」などの表現にふさわしいのは，アの「物語」。

★ワンポイントアドバイス★

六十字以上八十字以内の記述問題のために，十分な時間を確保することが大切だ。慎重になりすぎて一や，二や三の記述以外の設問に時間をかけすぎないように気をつけよう。

2020年度

★★★★★★★★★★★★★★★★★★★★★★★★

入　試　問　題

2020年度

法政大学第二高等学校入試問題

【数　学】（50分）　＜満点：100点＞

【注意】 1. 定規，コンパス，ものさしおよび分度器は使わないこと。

2. 電卓・時計・携帯電話等についている計算機能は使わないこと。

3. 必要ならば，円周率はπを用いること。

4. 答えは分母に根号を含まない形で答えること。

Ⅰ　次の各問に答えなさい。

問1．$\dfrac{\sqrt{8}+\sqrt{3}}{\sqrt{2}}-\dfrac{\sqrt{24}-3}{\sqrt{6}}$ を計算しなさい。

問2．x，yについての連立方程式 $\begin{cases} 2x-y=13 \\ 0.3x-0.7y=1.4 \end{cases}$ を解きなさい。

問3．xについての2次方程式 $\dfrac{x^2+1}{3}=\dfrac{x(x-2)}{2}-1$ を解きなさい。

問4．$x+y=-2$，$xy=-\dfrac{45}{4}$ であるとき，$\mathrm{P}=x^2+3xy+y^2$ の値を求めなさい。（途中式も書くこと）

Ⅱ　次の各問に答えなさい。

問1．$\sqrt{\dfrac{378}{n}}$が2以上の自然数となるような自然数nを求めなさい。

問2．原価250円のパンフレットを販売するのに，間違えて28冊多く仕入れてしまった。これらに原価の20％の利益を見込んで定価をつけ販売したところ，40冊売れ残った。そこで売れ残った分を定価の半額にしたところ，全て売り切れ，全体で29,000円の利益が得られた。はじめに仕入れる予定であったパンフレットの冊数を求めなさい。

問3．定義域がともに$-1 \leqq x \leqq 3$である2つの関数$y=\dfrac{4}{3}x^2$と$y=ax+b$（$a<0$）について，値域が一致するようなa，bの値を求めなさい。

問4．面積が24πcm²，弧の長さが6πcmの扇形の中心角の大きさを求めなさい。

問5．底面が半径3cmの円，母線の長さが9cmである円錐の体積を求めなさい。

問6．下の図のように平行四辺形ABCDにおいて，BE:EC＝2：1，CF:FD＝3：1，GはADの中点である。AEがBG，BFと交わる点をそれぞれH，Iとするとき，AE：HIを最も簡単な整数の比で表しなさい。

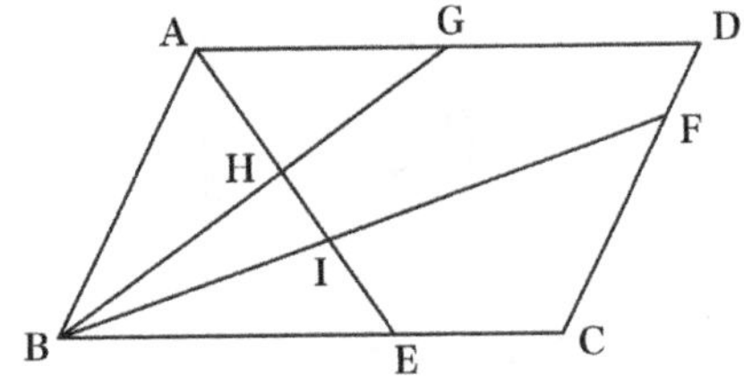

Ⅲ　サイコロを３回投げ，次の規則にしたがって白と黒の碁石を左から順に並べる。

規則

・出た目の数が１，２，３のときは，黒の碁石を置く。
・出た目の数が４，５のときは，白の碁石を置く。
・出た目の数が６のときは，何も置かない。

サイコロを３回投げ終わったときの白と黒の碁石の並びについて，次の各問に答えなさい。

問１．碁石の並びが，左から順に黒・白・黒となる確率を求めなさい。

問２．碁石の個数がちょうど１個となる確率を求めなさい。

Ⅳ　右の図のように，放物線C：$y=\frac{1}{2}x^2$と直線l：$y=-x+12$ が点Aで交わっている。ただし，点Aのx座標は正とする。放物線C上の原点Oと点Aの間に点Pをとり，点Pからy軸に平行な線を引き，x軸との交点をQとする。四角形PQRSが長方形となるようにx軸上に点R，直線l上に点Sをとる。このとき，次の各問に答えなさい。

問１．点Pのx座標をaとするとき，点Sのx座標をaを用いて表しなさい。

問２．長方形PQRSが正方形になるとき，点Pの座標を求めなさい。

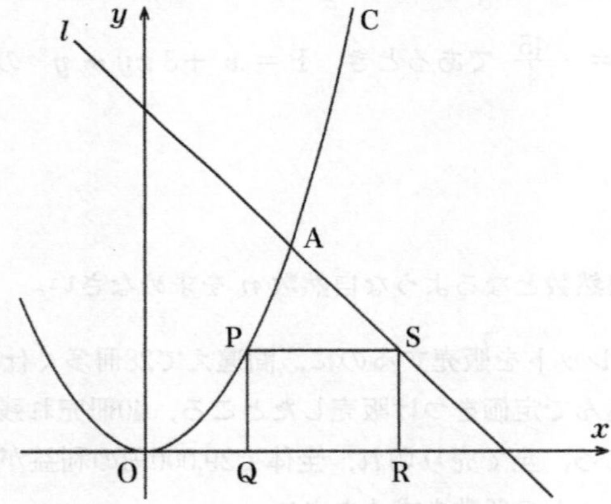

Ⅴ　右の図のように長方形ABCDと正方形ABFEがある。円Oは正方形ABFEに内接している。辺AB，辺DCの中点をそれぞれL，Mとし，LMとEFの交点をNとする。 円Oの周上に点Pをとり，直線LPと辺EDとの交点をQとすると，PN//QMとなった。 AE＝４㎝，ED＝２㎝であるとき，あとの各問に答えなさい。

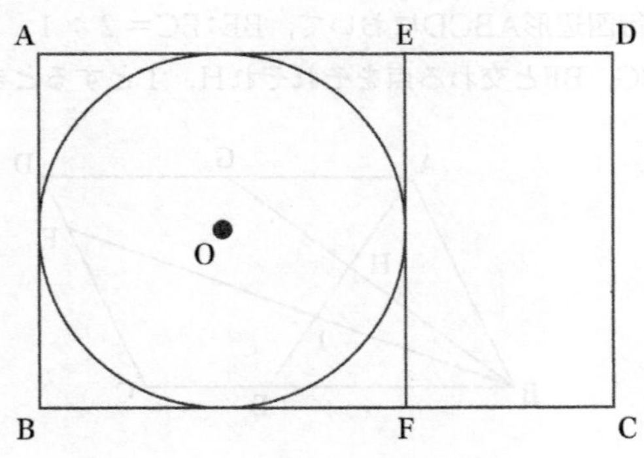

問１．∠LQMの大きさを求めなさい。

問２．面積比△LQM：△MDQ：△QALを分数を含まない形で表しなさい。

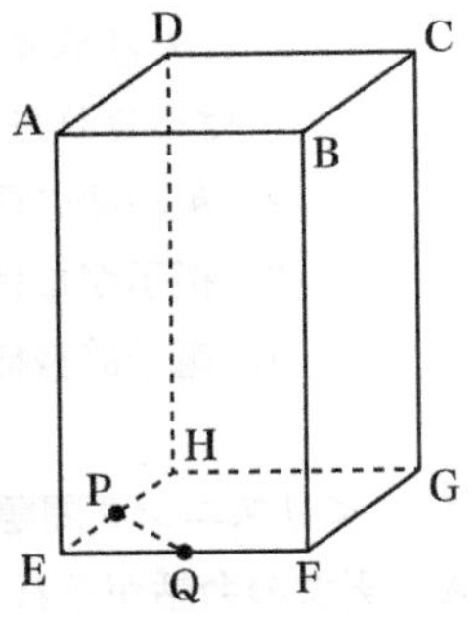

Ⅵ　右の図の直方体ABCD－EFGHは，底面が１辺$\sqrt{2}$㎝の正方形で，高さが６㎝である。辺EH，辺EFの中点をそれぞれP，Qとするとき，次の各問に答えなさい。

問１．△EQPと△EFHにおいて，中点連結定理$PQ=\frac{1}{2}HF$，PQ//HFが，成り立つことを相似の考え方を利用して証明しなさい。

問２．△CPQの面積を求めなさい。

問３．三角錐C－GPQにおいて，頂点Gから△CPQに垂線を下ろしたときの交点をＩとする。このとき，線分GIの長さを求めなさい。

【英　語】（50分）　＜満点：100点＞　※リスニングテストの音声は弊社HPにアクセスの上，音声データをダウンロードしてご利用ください。

【注意】
1. スペリングや記号はまぎらわしい書き方をしないこと。書き方のくせ，大文字と小文字にも注意すること。とくに筆記体の *e* と *l*，*b* と *f*，*u* と *v*，*y* と *g*，*a* と *o* などの区別をはっきりさせること。
2. 英単語の頭文字が指定されている場合，必ずその文字から書き始めること。
3. 指示がなければ，解答には数字も英語で書くこと。
4. 電子辞書機能のある器具は使用しないこと。

I　＜リスニング問題＞

(A) 男女の会話がそれぞれ1回読まれます。その会話に対する以下の質問の答えとして最も適切なものをそれぞれ1つ選び，記号で答えなさい。

1. (1) What will Tom NOT buy?
   あ）eggs　い）lemons　う）milk　え）onions

   (2) Where will Tom go?
   あ）a bakery　い）a bookstore
   う）a convenience store　え）a supermarket

2. (1) Why did the woman go to Australia?
   あ）to go on a picnic　い）to see her friend
   う）to swim in the sea　え）to climb the famous mountain

   (2) Where did the woman spend New Year's Day?
   あ）in the park　い）in the sea
   う）on the beach　え）on the top of the mountain

3. (1) Why does the woman think that the *tenugui* is good for a present?
   あ）Because it is cute.
   い）Because it is useful.
   う）Because it has various designs.
   え）Because it has a long history in Japan.

   (2) What is painted on the *tenugui* the man will buy?
   あ）yellow flowers　い）yellow oranges
   う）yellow rabbits　え）Nothing is painted.

4. (1) Why did Mariko call Jack?
   あ）to go to the library
   い）to keep his notebook
   う）to leave a message
   え）to tell him about his notebook

   (2) Where is Jack now?
   あ）in the classroom　い）in his house
   う）in the library　え）at Mariko's house

5. ＊下のタイムテーブルを見ながら会話を聞きなさい。

(1) What time will they meet at the station?

あ) 10:00　　い) 10:20　　う) 10:30　　え) 11:20

(2) Which movie will they watch?

あ) *Snow Blue*　　い) *Your Friend*

う) *Frog Man*　　え) *Doll's Story*

Movie	Time			
Snow Blue	9:20	11:15	13:10	15:05
Your Friend	10:30	12:30	14:30	16:30
Frog Man	10:15	12:45	15:15	17:35
Doll's Story	11:50	14:00	17:05	19:30

(B) これから読まれる英文を聞いて，下線部を埋めなさい。英文はそれぞれ3回読まれます。
（解答欄には下線部分のみ書きなさい。）

1. It's very cold. ＿＿＿＿＿＿＿＿＿＿＿＿＿＿

2. It is going to rain tonight. ＿＿＿＿＿＿＿＿＿＿＿＿＿＿＿＿＿

Ⅱ 次の英文を読んで，設問に答えなさい。（＊印の語には注釈がつけてあります。）

[1] *Ana Fidelia Quirot was born in a small town in the east of *Cuba. She was a happy child and from an early age she loved running. Sports were important to her family and they were important to Cuba too. The government wanted to produce the best doctors, the smartest teachers, and the strongest sports players in the world. There were special government schools for young scientists and for children who were good at sports.

[2] When she was ten years old, Ana could run very fast. Soon she was winning races — often without shoes! She wanted someone from a government sports school to see her. Ana knew that only Cuba's best students [ア] in those days. So she practiced hard every day. At last she heard the news that she was waiting for. At thirteen she had a place at a government sports school. "If I work hard," she thought, "I can be the fastest girl in Cuba."

[3] The other children at Ana's new school were tall and strong. (イ) Ana's body was changing. She stopped growing taller and started growing bigger. She felt heavier too, so she didn't practice often. Ana's future did not look bright and exciting to her.

[4] But when Ana's school asked her to leave, she thought very carefully. She realized that she loved her school and her life there. It was her dream and she did not want to lose it. Mr. Beato, one of Cuba's most famous running teachers, knew about Ana. She was heavy, but she was strong and fast. He could see that. "Try

the 400-meter race," he said. "[①]."

5 It was not easy, but with Beato's help, Ana practiced hard every day. She began winning races at school again. Soon she was the fastest girl in Cuba at 400 and 800 meters. Her mind became stronger too. She learned to fight against pain and to believe in her dreams.

6 Ana finished school and practiced harder and longer every day. In 1987 she won two gold medals at *the Pan American Games in the US, and in 1989 she won all of her 800-meter races. Now her name was famous around the world.

7 Four years after the Pan American Games in the US, Ana was ready to run again in the Pan American Games. These races were very important to Ana because the Pan American Games were coming to Cuba. She was Cuba's most famous runner and her country was watching her.

8 Ana's races were fast and exciting. She ran faster than the other runners in the 400-and 800-meter races. She won two more gold medals! Ana looked up at the people. Thousands of happy people were calling her name and smiling. She felt proud of the past and exciting about the future. (イ) early the next year, Ana's dreams were destroyed before they started.

9 On January 23, 1993, Ana had a terrible fire accident. The doctors at the hospital worked hard to save their famous patient. People all over Cuba listened carefully to the radio news. Ana's friends and family hurried to her bed. Bad burns covered 38% of Ana's body and she was almost dead.

10 A few days later, Ana woke up. "[②]," she said to her doctor. Then her eyes closed. Ana spent five long months in the hospital. Slowly she became better. First, she began walking around her room. Sometimes she cried because it hurt a lot and she was sad. "You must rest," her friends told her. (イ) Ana did not listen. Every day she walked and walked. She did not want to stop fighting.

11 Only a month after her accident, Ana began walking around inside the hospital. After two months she was running up and down the hospital stairs — fifteen floors! The doctors could not believe their eyes. Ana was winning again — winning against pain. "If I don't run again," she said, "[③]."

12 Ana went home and started running outside, but the sun's heat was too strong for her. She could only practice very early in the morning and late at night because (ウ). This problem did not stop her. Ana worked hard that year. She wanted to run for her country again. (イ) she was in her thirties now — too old for an international runner, people said. Ana did not listen. In 1993, she ran at the games in *Puerto Rico. Ana could not move her arms or head easily at this time, but she surprised everyone. She ran well, and won a silver medal in the 800-meter race.

13 By 1995 Ana was running internationally. That summer she won the gold medal for 800 meters in the games in Europe. She was one of the fastest women in the world again! "In my most difficult times," she said, "[④]."

14 Ana raced many strong, young runners in 1996. At thirty-three years old she was often the oldest woman in her race. But now it was almost time to rest her body and mind. There was one more important race to run. "If I can run in the Olympic Games again, [⑤]," she said.

15 The 1996 Olympic Games were in the US. Some of the fastest women of all time were there. The early races were very hard for Ana, but she ran fast and well. Now, in the finals, she could race against the world's best runners at the Olympics one more time. She thought this was her last big race. The other women were younger and stronger. Ana was happy to be with them. "I will run as fast as possible," she thought. It was a difficult race, but Ana won the silver medal—she was less than a second behind the winner!

*Ana Fidelia Quirot：アナ・フィデリア・キロット　*Cuba：キューバ共和国

*the Pan American Games：パンアメリカン競技大会。南北アメリカ大陸の国々が参加し，4年に一度開催される総合競技大会。　*Puerto Rico：プエルトリコ自治連邦区

1. choose を［ア］の中に入るように，適切な表現に直しなさい。
2. （イ）には同じ語が入ります。その1語を本文中から抜き出して答えなさい。
3. （ウ）の中に入る最も適切なものを，次から1つ選び，記号で答えなさい。
   あ）she couldn't walk very well and it often rained very hard
   い）she didn't want other people to see her walking around with her friends
   う）her skin was still very weak and it burned very easily
   え）her arms and legs still hurt a lot and her parents wanted her to go to school
4. [①] ～ [⑤] に入る最も適切な文を，次からそれぞれ1つ選び，記号で答えなさい。ただし，同じ記号を2回以上使ってはいけません。
   あ）I think you can be the best.
   い）I will run again
   う）I didn't think that I could come back so strongly
   え）I will be happy
   お）I will die
   か）I thought you could be stronger
5. 第8段落の中には文法的に間違った語が1つある。その語を抜き出し，正しい形に直しなさい。
6. 本文の内容と一致するものを，次から2つ選び，記号で答えなさい。
   あ）Ana began running around inside the hospital a month after the accident.
   い）In 1991, the Pan American race was held in Cuba.
   う）When Anna was thirteen she left the government sports school.
   え）When Anna had a fire accident, she lost 82 % of her skin.

お) Anna was the oldest runner in the finals of the 1996 Olympic Games.

か) She won a gold medal in the 800-meter race in 1993.

き) When Anna was in the hospital, her friends told her to start running.

Ⅲ 次の英文を読んで，設問に答えなさい。(＊印の語には注釈がつけてあります。)

The Earth is very old. It has changed often during its long life, and it is still changing. Millions of years ago, when dinosaurs were walking around, the Earth was much (ア). There was very little ice on the land or on the sea, even in the very north or the very south of the world. And the sea was much higher than it is today.

There have been many changes since that time, sometimes to a colder *climate, sometimes to a warmer one. About 20,000 years ago, for example, a time called an *Ice Age began. There was ice over much of the world, and it was 3 kilometers deep over much of North America and Europe. And the sea was not as high as it is today. Our climate has changed many times, and it will change again.

Why does our climate change? Sometimes the change comes from (a) the Earth. For example, the Earth moves around the Sun - this is called the Earth's *orbit. Every few thousand years, the Earth changes its orbit around the Sun. The change happens slowly, and ① it brings the Earth near to the Sun or it takes ② it far away from the Sun. When this happens, it can finish an Ice Age — or it can start a new one.

Changes can also come from (b) the Earth. An example of this is the *volcano of Krakatoa. When it *erupted in 1883, the sky became dark over many countries, and stayed dark for months. And for more than a year, the Earth was 1℃ colder than before.

But now, for the very first time, people are changing the climate. [イ] This change did not happen because of the Earth's orbit - it happened because of us.

Does climate change happen quickly or slowly? The film *The Day After Tomorrow* is about a change that happens very quickly. In the film, the Earth's climate changes in only a few days, and a new Ice Age begins in the north of the world. Can the climate change like this? (c) scientists think that it can — but not as quickly as this. (d) do not. Some think that the climate is changing a lot, and some think that it is changing a little. Some think that it will change quickly, and some slowly. But all scientists (ウ) that climate change is happening. The important question is this: how dangerous will the change be? Some scientists say that the change will be dangerous. They have talked about the dangers of climate change for more than twenty years, but are they right? Is climate change a dangerous problem? Must we do something about it? And what can we do?

*climate：気候　*Ice Age：氷河期　*orbit：軌道　*volcano of Krakatoa：クラカタウ火山
*erupt：噴火する

1. （ア）に入る1語を，本文中より抜き出しなさい。
2. 下線部①，②の it の指す語句を，それぞれ本文中より抜き出しなさい。
3. （ａ）と（ｂ），そして（ｃ）と（ｄ）に入る語の組み合わせとして，最も適切なものを，次からそれぞれ1つずつ選び，記号で答えなさい。
   ⑴ （ａ）－（ｂ）
   あ）inside － outside　い）outside － inside
   う）on － under　え）under － on
   ⑵ （ｃ）－（ｄ）
   あ）Some － Other　い）Other － Some
   う）Some － Others　え）Others － Some
4. イ に，以下の文を意味が通るように並べかえ，その順番を記号で答えなさい。
   あ）A change of just 5 to 7℃ can start or finish an Ice Age.
   い）In the year 1900, the Earth was 0.7℃ colder than it was in 2000, just one hundred years later.
   う）Some people think that this is a small change. But think about this.
5. 文脈から考えて（ウ）に入るａで始まる1語を答えなさい。
6. 本文の内容と一致するものを，次から1つ選び，記号で答えなさい。
   あ）During the Ice Age, the sea was lower than it is today.
   い）The Earth has changed its orbit around the Sun since the Ice Age.
   う）When the volcano of Krakatoa erupted in 1883, thousands of people lost their lives.
   え）Some people think that we changed the climate in the year 1883.
   お）The earth was colder in the year 2000 than it was in 1900.

Ⅳ 指示に従って以下の設問に答えなさい。

1. 次の各組の（　）に入る同じつづりの英語1語を書きなさい。
   ａ）The entrance fee of the museum is (　　　) during the summer holidays.
   What do you do in your (　　　) time?
   ｂ）The sun (　　　) at six thirty this morning.
   I like this (　　　) the best in the garden.
2. それぞれの英文の意味が通じるように，（　）に入る最も適切な英語1語を書きなさい。ただし，ａ）については指定されている頭文字で書き始めること。
   ａ）“What's (w-　　　)?” “I have a headache.”
   ｂ）The dog is (　　　) care of by my mother.
   ｃ）I'm (　　　) forward to seeing you again.
3. 次の各組の2つの英文がほぼ同じ意味になるように，（　）に入る最も適切な英語1語を書きなさい。

a）She swam in the sea before she had lunch at home.
　 She had lunch at home (　　)(　　) in the sea.

b）Bob couldn't remember her name.
　 Bob (　　)(　　) to remember her name.

V　指示に従って以下の設問に答えなさい。

1. 次の各組の２つの英文がほぼ同じ意味になるように，(　) に入る最も適切な英語１語を書きなさい。

a）Emi was so kind that she helped me with my heavy bag.
　 Emi was kind (　　) to (　　) me with my heavy bag.

b）This river is 100 km long.　That river is 200 km long.
　 That river is (　　) as (　　)(　　) this one.

c）Tom is a child loved by everyone.
　 Tom is a child (　　)(　　).

2. 与えられた語（句）を並べかえて意味の通る英文を完成させ，３番目と６番目に来る語（句）の記号を答えなさい。なお，文頭に来る語（句）も小文字で示されています。

a）[あ）wearing　い）front　う）a　え）sat　お）hat　か）a lady　き）in　く）of　け）big] me.

b）[あ）kind　い）you　う）this　え）what　お）bird　か）call　き）of　く）do] in English?

3. 以下の日本語の意味を表す英文を書きなさい。ただし，それぞれの指示に従うこと。

a）これらの箱の中に何冊の本が入っていますか。　[文中で there を用いること]

b）多くの人々がその歌を歌うにちがいない。　[The song で始めること]

問四　傍線部④「ラベルを貼ったこと」とあるが、「ラベルを貼る」とは具体的にどのようなことか。本文中の言葉を用いて十字以上十五字以内で答えよ。

問五　空欄X・Yに入る語として最も適切なものを次から選び、それぞれ記号で答えよ（同じ記号は二度選べない）。

ア、鼻　イ、首　ウ、頭　エ、骨　オ、腰

問六　傍線部⑤「ちょっと違うかも」とあるが、「教師期待効果」と「病は気から」の違いはどのような点か。その説明として最も適切なものを次から選び、記号で答えよ。

ア、どちらも暗示であるという点では共通しているが、「教師期待効果」はプラス、マイナスの両面に影響が出る一方で、「病は気から」はプラスに限られた影響が出る点が違っている。

イ、どちらも考え方次第で結果が変わる点では共通しているが、「教師期待効果」はプラス、マイナスの両面がある一方で、「病は気から」はマイナス面だけが表われる点が違っている。

ウ、どちらも考え方次第で結果が変わる点では共通しているが、「教師期待効果」は相手に影響を与えるものであるのに対し、「病は気から」は自己に向かうものだという点が違っている。

エ、どちらも考え方次第で結果が変わる点では共通しているが、「教師期待効果」は一方が効果を意識するものであるのに対し、「病は気から」は無意識的なものである点が違っている。

オ、どちらも暗示であるという点で共通しているが、「教師期待効果」が他者に一方的に向けられるものであるのに対し、「病は気から」は自他が共に影響し合うという点が違っている。

問七　傍線部⑥「敵は、先入観だよ」とあるが、「先入観」が「敵」となる場合の具体例を、本文中より七十字以上八十字以内で抜き出し、はじめとおわりの三字ずつを答えよ。ただし、句読点等も字数に含むものとする。

問八　この文章全体を通じて読み取ることができる人物像や人物相互の関係を説明したものとして適切でないものを次から一つ選び、記号で答えよ。

ア、加賀は安斎と比べて幼い面があるが、安斎の豊富な知識と深く鋭い洞察に興味をもちだして、疑問を素直にぶつけている。

イ、安斎は転校を繰り返す中で、教師全般への不信感を募らせており、久留米先生をその仕返しの対象にしようと企んでいる。

ウ、安斎は経験の中で身に付けた人間観に自信をもっているが、加賀がそれを理解できなくても侮らず、丁寧に対応している。

エ、久留米先生が草壁を軽んじた言動をするために、草壁は委縮し、その影響で周りの生徒も草壁を低く見がちになっている。

オ、安斎は、草壁に対する久留米先生の態度を問題に感じて何とかしようと思案し、そのことに加賀を巻き込もうとしている。

「敵？」
「⑥敵は、先入観だよ」
「先入観？」それ自体が分からなかった。
「決めつけ、のことだよ」
「どういうこと」
「久留米先生の先入観を崩してやろうよ」

（伊坂幸太郎『逆ソクラテス』より）

問一　傍線部①「まあ、そうだろうね」②「まあ、そうだけど」とあるが、これらの言葉から「僕」のどのような心情を読み取ることができるか。最も適切なものを次から選び、記号で答えよ。

ア、自分には興味のないドクロの服の話を持ち出して持論を展開しようとする安斎に戸惑い、ただ話を聞くばかりで真意を測りかねている。

イ、安斎の言葉遣いも論理も難しすぎてよく理解できないのだが、それを知られるのが恥ずかしくて、適当に調子を合わせようとしている。

ウ、自分の思いに従って強引に話を展開させていく安斎の語り口に少しうんざりし、自分なりに反論を試みようとタイミングを計っている。

エ、安斎の独特な論法に聞き入るうちに、知らず知らず自分の考えもなしに相手に取り込まれていたことに気づき、抵抗しようとしている。

オ、これまでの転校の経験を通じ処世術に長けている安斎の論には抵抗できず、たとえ理解できなくても受け入れるほかないと諦めている。

問二　空欄Ⅰ・Ⅱに入る言葉として最も適切なものを次から選び、それぞれ記号で答えよ（同じ記号は二度選べない）。

ア、例外　イ、主観　ウ、画一　エ、客観　オ、特徴　カ、典型

問三　傍線部③「僕はその時はすでにブランコから降り、安斎の前に立っていたのだと思う」とあるが、この部分から「僕」のどのような心情を読み取ることができるか。最も適切なものを次から選び、記号で答えよ。

ア、それまでの安斎の主張が理路整然としていて十分納得できたので、ここで示されようとしている「負けない方法」を一刻も早く知ろうと、気が急いている。

イ、それまでの安斎の主張はまわりくどかったが、ここで示されようとしている「負けない方法」でようやく結論にたどり着けると思い、気分が高揚している。

ウ、それまでの安斎の主張には論理的矛盾があったので、ここで示されようとしている「負けない方法」にも不信感を抱き、だまされまいとして身構えている。

エ、それまでの安斎の主張には理解できない点があったが、ここで示されようとしている「負けない方法」に対しては強い関心をもち、期待がふくらんでいる。

オ、それまでの安斎の主張の説得力に驚嘆していたので、ここで示されようとしている「負けない方法」を自分が独占的に知り得ることを喜び、興奮している。

その時の僕は、はあ、と弱々しく相槌（あいづち）を打ったはずだ。安斎の言っていることを半分も理解できていなかった。

さらに安斎は、あの、大事な話をはじめた。

「それでね、久留米先生はその［Ⅱ］だよ」

「［Ⅱ］?」

「自分が正しいと信じている。ものごとを決めつけて、それをみんなにも押し付けようとしているんだ。わざとなのか、無意識なのか分からないけれど。それで、クラスの生徒たちはみんな、久留米先生の考えに影響を受けるし、ほら、草壁のことだって、久留米先生が、『ダサい』と④ラベルを貼ったことがきっかけで」

「ダサいと言ったんじゃなくて、女みたいだと言ったんだ」

「転校してきてから観察してたのだけれど、久留米先生は、草壁を見下した態度を取ることが多いよ」と安斎は続けた。「たとえば、同じような問題を解いたとしても、草壁が正解した時には、「簡単すぎる問題だったかもしれないな」とコメントする。もし、優秀な佐久間が答えれば、「よく分かったな」とプラスの言葉を添える。それだけでも、本人はもとよりクラスメイトたちに、印象付けを行うことができる。草壁はいつも褒められず、佐久間や土田は褒められる。結果的に、草壁は萎縮し、周りの人間はこう思う。草壁は自分たちより下の人間で、少々、蔑（ないがし）ろにしても問題はない、と。

「それでさ、ちょうどこの間、テレビで見たんだけど」安斎が言う。

「何を?」

「何だっけな。教師、教師効果、教師期待効果だったかな」

「何だろう、それ。知らないよ」僕はすぐに、頭を左右にぶるんぶるんと振った。

「教師期待効果っていう法則っていうか、ルールっていうか、そういうのがあるんだって」

「こうか?」僕は咄嗟（とっさ）に、記念硬貨の一種ではないか、と思いそうになる。

「先生が、『この生徒は将来、優秀になりそうだぞ』と思って、接していると、実際に、優秀になるんだって」

「え、そうなの?」

「まあ絶対そうなる、ってわけじゃないけど。でも、普通の生徒が問題が解けなくても気にしないのに、優秀になるぞ、と期待している生徒が間違えたら励ますかもしれないだろ。もしかするとすごく熱心に問題を一緒に解いてくれるかもしれない。何かやり遂げるたびに、たくさん褒めるかもしれない。そうすることで、生徒は実際に、優秀になっていく」

「なるほど、ありそうだね」

「逆もあるよ。『この生徒は駄目な子だ』って思い込んで接していたら、その生徒が良いことをしても、『たまたまだな』って思うだろうし、悪いことをしたら、『やっぱりな』って感じるかもしれない。予言が当たる理屈も、これに近いんだって。それくらい先生の接し方には、影響力があるってことかも」

「病は気から、っていうのと同じかな」

安斎はブランコに座りながら腕を組み、ううん、と唸（うな）り、⑤「ちょっと違うかも」と［X］を捻（ひね）る。

話の［Y］を折ってごめん、と僕は、その時はどういう表現を使ったのか分からぬが言って、安斎の話を促した。

「でもさ、それを考えれば、一番の敵は」

「どうって」

「それで、学校に行ったら、たとえば久留米先生とか土田が、こう言うんだ。『加賀は、ドクロの服を着て、ダサいな』って」

「そりゃあ」僕は想像する。「やだよ。恥ずかしいかも」

「だろ。そして、たぶん、クラスのみんながこう思うんだ。『あの、加賀が羽織っている、ドクロのジャンパーはダサい』って。それから、『加賀はダサい奴だ』って思う」

①「まあ、そうだろうね」

「でもさ、考えてみろよ。ドクロがダサいなんて、そんなの［Ｉ］的な評価じゃないんだよ」

「［Ｉ］的って、どういうこと」

「絶対正しいこと、って意味だよ。ドクロマークを恰好いいと感じる人もいれば、ダサいと思う人もいるし。決められることじゃないんだ。正解なんてないんだから。一足す一が二っていうのとは全然違う」

②「まあ、そうだけど」安斎が何を言いたいのか、よく分からなかった。

「俺たちは、誰かの影響を受けずにはいられないんだから、自分がどう思うかよりも、みんながどう思うかを気にしちゃう。君は、ドクロマークがダサいと言われたら、そう感じずにはいられないし、もう着てはこられない」

「僕は、ドクロのジャンパーを持っていないけど」

「今まであちこちの学校に通ったけどさ、どこにでもいるんだよ。『それってダサい』とか、『これは恰好悪い』とか、決めつけて偉そうにする奴が」

「そういうものなのかな」

「で、そういう奴らに負けない方法があるんだよ」

③僕はその時はすでにブランコから降り、安斎の前に立っていたのだと思う。ゲームの裏技を教えてもらうような、校長先生の物まねを伝授されるような、そういった思いがあったのかもしれない。

「『僕はそうは思わない』」

「え？」

「この台詞」

「それが裏技？」

「たとえばさ、加賀のお父さんが会社を首になったとするだろ」

「なってないけど」

「たとえばだよ。で、誰かに、情けない親父だな、と言われたとする。周りの同級生は少し笑うだろう。そこで加賀は、これだけは言い返すべきなんだよ」

「何て」

「『僕は、情けないとは、思わない』ってさ」安斎は自信に満ちた言い方をする。「落ち着いて、ゆっくりと、しっかり相手の頭に刻み込むように」

「そんなことに効果があるかなあ」

「あるよ。だって、加賀のお父さんが情けないかどうかは、人それぞれが感じることで、誰かが決められることじゃないんだ。『加賀の親父は無職だ』とは言えるけど、『情けないかどうか』は分からない。だいたい、そいつらは、加賀のお父さんのことを何も知らないんだ。だから、ちゃんと表明するんだ。僕は、そうは思わない、って。君の思うことを、他の人が決めることはできないんだから」

問三　傍線部①「歴史的にみた日本人の外国語（つまり異言語）体験それ自体は、決して無視できるほど小さなものではありません」とあるが、これは具体的にはどういうことか。その説明として適切でないものを次から一つ選び、記号で答えよ。

ア、日本に渡来した人たちの旺盛な活動により、外国語由来の言葉が日本人の日常生活の中に根付いたこともあるということ。

イ、日本の中でも、特定の地域においては、長期にわたって複数の言語どうしの接触が続いてきたということ。

ウ、従来日本にはなかった特別な技術を持つ人々が渡来したことで、異なる言語どうしの交流が生じたということ。

エ、江戸時代には日本人の海外渡航がいっさい禁止されるほど、外国語による日本語の侵食が激しかったということ。

問四　傍線部②「この二世紀半にもわたった徳川期における日本人のあり方」とはどのようなことか。その説明として最も適切なものを次から選び、記号で答えよ。

ア、海外への渡航も国外からの帰国もいっさい認められないがゆえに、かえって外国語への強い憧れが醸成されていた状態。

イ、諸外国との交易にかかわる役人や商人以外の一般の日本人が、外国人の姿やその言葉に触れることは全くなかった状態。

ウ、「鎖国」とはいっても、いくつかの国や地域とは貿易・交易が行われ、異言語交流が広範な地域で続けられていた状態。

エ、幕府が諸外国との交流を断ったことで日本が完全に孤立して、その影響で独自の外国語観が発達することになった状態。

問五　傍線部③「外国語に対する警戒心、嫌悪感、そして反撥といった、否定的な感情、排斥的な態度が殆ど存在しない」とあるが、これと同じことを述べている部分をこの傍線部以降の本文中から四十字以内で抜き出し、はじめとおわりの三字ずつを答えよ。ただし、句読点等も字数に含むものとする。

問六　傍線部④「言語上の圧迫をも経験」とあるが、実際にその「圧迫」を経験したとされる「言語」を本文中から四つ抜き出して答えよ。

問七　傍線部⑤「外国語というものに対して不信、警戒、嫌悪の念をいだくどころか、むしろ憧れや過度の美化といった肯定的な態度を、一般の人が現在でももちつづけているのです」とあるが、筆者は、日本人がこのような態度を取るようになった理由をどのように考えているか。本文全体をふまえて八十字以上百字以内で説明せよ。ただし、「言語的被害者」「エリート」の二語を必ず用いること。

三　次の文章を読んであとの各問に答えよ。（なお、出題の都合上、本文を省略した箇所がある）

場面は変わる。自宅近くの児童公園だ。そこで安斎が話してくれた内容は、忘れられない。細かいやり取りは例によってうろ覚えだが、おおよそ次のような会話だったはずだ。

「加賀、あのさ」安斎はブランコに尻をつけ、こぎながら、言った。僕は隣のブランコの上に立ち、膝を曲げ、少しずつ揺れを強くしはじめた。

「たとえば、加賀が、ドクロマークの服を着ていたとするだろ」

「え、何のこと?」僕はブランコを動かすのに力を入れはじめていたため、大事な単語を聞き間違えたのかと思った。

「ドクロの服だよ。どう思う?」

わり他の言語を日常的に使うことを［D］されるといった、言語的被害者の立場に立たされたことが、民族の長い歴史を通してただの一度もなかったのです。

　ところが日本とは違って、自分たち自身の言語を社会的な場面で使うことが許されなかったり、支配者の言語を強制されたために、固有の言語が消滅の危機に立たされるという経験をした民族は、生き延びるためにやむをえず外国語を学び、たとえそれに上達しても、その言語に対して心からの愛着を感じたり誇りをもったりすることがないのは当然でしょう。それどころか、この押しつけられた支配者の言語を憎み呪う場合も少なくありません。

　独立後の韓国政府が、日本語の学習や使用に対してとってきたさまざまな厳しい措置や、徹底した排斥の態度を見るにつけても、私は自国語が圧迫されたり奪われそうになった経験の皆無な日本人は、およそ外国語というものに対して、不信の念や嫌悪の情といった否定的な感情をもっていない、非常に珍しい民族だとつくづく思うのです。

　その上、日本人は先に説明したように、国内でも国外でも、異言語との間に食うか食われるかの対立競合という緊張状態を、まったくといえるほど経験せずにすんだだけでなく、いざ外国語が必要となった場合には、後に説明するように、みずから進んで社会の上層部に属する人々だけがこれを学び、進んだ外国の文化文明を国内に取り入れることができました。しかもその際に、自分たち日本人に役立つものだけを選んで、うまく利用することが許されるという、まことに恵まれた国際環境の中に、何と有史以来つい先頃の高度経済成長期まで置かれていたのです。

　その結果、他の多くの国の人にはまったく考えられない、⑤外国語というものに対して不信、警戒、嫌悪の念をいだくどころか、むしろ憧れや過度の美化といった肯定的な態度を、一般の人が現在でももちつづけているのです。

　こうしてみると外国語というものは、日本人にとってつい先頃までは、それを学べば学ぶほど国のためになり、そして立場上外国語を学んで身につけることのできた少数の人には、人も羨む立身出世を約束し、同時に大きな経済的利益をもたらす魔法の杖のようなものだった、と言っても言い過ぎではないと思います。

　このようなわけで、日本では長い間、ある人が外国語（ただしその時々の先進国の言語）ができるということは、その人が社会のエリートだということと同義であり、まわりの人々から羨望の眼差しで見られるのが常でした。そして外国語ができるということが、まるでその人の人物までも優れているという笑うべき錯覚をすら生むようになっているのです。私はこのようなかたよった外国語に対する見方を払拭しない限り、日本人は国際化時代において適切な言語的対応を外国に対してとることが難しいと思うのです。（鈴木孝夫『日本人はなぜ英語ができないか』より）

問一　空欄A～Dに入れるのに文脈上最も適切な語を、Aは自分で考えて、B～Dは本文中から抜き出して、いずれも三字以内で答えよ。

問二　空欄Ⅰ～Ⅳに入る語の組み合わせとして、最も適切なものを次から選び、記号で答えよ。

ア、Ⅰ　しかも　Ⅱ　しかし　Ⅲ　したがって　Ⅳ　ただ
イ、Ⅰ　しかも　Ⅱ　だから　Ⅲ　そして　Ⅳ　ただ
ウ、Ⅰ　また　Ⅱ　しかし　Ⅲ　もちろん　Ⅳ　そして
エ、Ⅰ　また　Ⅱ　しかも　Ⅲ　したがって　Ⅳ　そして

るというわけでもありません。だから異言語交流という点から見れば、これらの日本人は国外に住みながら、生活全般は殆ど日本語だけですんでいたのです。

また昭和になると、日本は中国大陸に大変な数の軍隊を送り、その後は東南アジア各地で英・米・蘭を主力とするいわゆる連合国を相手に、約三年半にわたる大戦争を行いました。この間何百万人もの日本人が、あるいは兵士としてあるいは民間人として、いろいろな民族と接触したわけですが、これは戦争という特殊な状況下であったこと、期間がきわめて短かったこと、そして大部分の交流は片言の日常会話を別とすれば、殆ど通訳を介して行われたことなどから、外国語が使えるようになった人の数はあまり多いとはいえなかったようです。

このようなわけで、日本人はそもそも国内に日本語と対立拮抗する強力な異言語がなく、その上外国語と日常接する機会もあまりなかったため、世界的に見ても非常に変わった特殊な、言語というものに対する見方や感じ方を今でももつようになったのです。

まず第一に日本人の外国語に対する受けとめ方、見方の特異性について言いますと、既にふれたように、多くの民族に見られるような③外国語に対する警戒心、嫌悪感、そして反撥といった、否定的な感情、排斥的な態度が殆ど存在しないかわりに、きわめて強い憧れの気持のあることが、際立った特徴として挙げられます。

歴史上たびたび異民族の侵略を受け、長期にわたって外国に国土を占領されたり、あるいは植民地にされるなどした民族は、その殆どの場合、同時に④言語上の圧迫をも経験しています。行政や裁判といった公的な場面はいうまでもなく、学校教育でも征服者の言語だけが用いられることがしばしばでした。そして自分たちに固有な言語は、使う場面が極度に制限されたり、はなはだしい場合には一切の使用が禁止されてしまうのです。

たとえば後にフランスで放射能研究の第一人者となったM・キュリー夫人は、祖国のポーランドがロシアの支配下におかれ、学校内ではポーランド語を使うことが一切許されなかったという、辛く悲しい少女時代を過ごしました。そのことを生き生きとした筆で綴った、夫人の次女の手になる伝記を読むと、[B]による言語支配というものが、どれほど人の心を傷つける恐ろしいものかがよくわかります。

また、ソ連時代のウクライナ共和国では、ロシア語と近い関係にあるウクライナ語の公的な使用が禁止され、ウクライナ固有の文学や歴史も学ぶことができませんでした。更にまたソ連領中央アジアのトルコ系民族の場合は、近代になってローマ字表記を使っていたのが、スターリン時代にソ連に隣接して住む、同じトルコ系の民族との相互交流を妨げるために、ロシア文字（キリール文字）に変えられてしまったのです。

これらはほんの一例で、これまで世界には異民族によって征服され支配された結果、自分たちに[C]な言語がさまざまな形で圧迫され、なかには完全に消滅してしまった例が、数限りなく見られます。日本に関して言えば、先にふれたアイヌ語の事実上の消滅がそれにあたりますし、また近代になって日本が植民地としたかつての「朝鮮」において、日本語の普及が強力にはかられたことによって、朝鮮語が圧迫されたという事実も同様な例です。

しかしこのように他の言語に対しては加害者としての経験を持つ日本人は、反対に外国の圧力によって、自分たちの言語である日本語の自由な使用を制限されるとか、更には日本語そのものが禁止されて、そのか然あったはずです。

下って十六世紀後半から十七世紀にかけては、いわゆる南蛮人（なんばんじん）の渡来が始まり、とりわけ多数のキリシタン僧侶の精力的な活動は、九州各地をはじめとした関西方面で、日本語に少なからぬ影響を与えました。このことは今でもこの時代のポルトガル語に由来する、いくつかの［A］（例、テンプラ、ジュバンなど）が残っていることからも、うかがうことができます。

［Ⅰ］この時期はまだ、日本人の海外進出がきわめて盛んな時代でしたから、東アジアや東南アジアの各地で、日本人はタイ語をはじめとする数多くの外国語に接していたに違いありません。そしてまたこの間には、二度にわたる秀吉の朝鮮侵寇（しんこう）もあったわけです。

［Ⅱ］十七世紀に入ると、キリスト教宣教師の追放とあわせて、それまで自由に行われていた海外貿易を幕府が一手に掌握するために、日本人の海外渡航はいっさい禁止となり、外国人の入国はもちろんのこと、既に国外に出ていた日本人の帰国も認めないという、後に言う「鎖国」の状態に入ってゆくことになります。

その結果、日本と西洋諸国との唯一の窓口が長崎の出島とされ、毎年わずかのオランダ船だけが寄港を許される、という形の鎖国体制が、以後二百五十年も続くことになりました。しかしこの間にも長崎では中国貿易、対馬においては朝鮮との貿易、そして松前藩による北方原住民との交易などは、途絶えることなく続けられていたのです。

［Ⅲ］鎖国ということばのもつ、日本が諸外国に対して一切の門戸を閉じ、外の世界とは孤立し絶縁の状態にあったかのような強いイメージは、必ずしも徳川時代二百五十年の日本の対外関係を正しく表わしているとは言えないことになります。

［Ⅳ］この二世紀半もの間、非常に少数の役人と特定の商人をのぞく一般の日本人は、外国の人と日常的に接触することはおろか、外国人の姿を見たり異国のことばを聞くことすら、まったくなかったことは事実です。その意味ではこの長い鎖国時代が、後の日本人の外国観、そして外国語観に、非常に大きな影響を与えることになったということは、充分留意しておく必要があります。

私たちはよく「日本人はいろいろな点で特殊だ」と言いますが、その特殊性なるものの大部分は、②この二世紀半にもわたった徳川期における日本人のあり方が作り出したもので、それ以前の日本人はどう見ても、とくに他の国の人々と変わった点は少ないように思えます。

さて明治になって日本が開国した後も、一般日本人と外国語との関係は、あまり変わりませんでした。たしかに横浜や神戸といった港町や東京などでは、西洋人の姿を見ることができるようにはなりましたが、それでもこれらの人々との異言語交流ということになれば、普通の庶民にはまったく縁のないことだったからです。

その後台湾と朝鮮を植民地としたことで、かなりの数の日本人がこれらの地域（外地）に進出し、一部は軍人または官吏として、大部分の人は商工業や農業などに従事するようになったため、当然のことながら現地の人々との間にさまざまな交流が生まれました。

しかし日本の場合にかぎらず、植民地経営というものはいつどこでも、乗り込んでいった宗主国の人たちが、現地の人々に自分たちの言語を押しつけて使わせる方式で行われるものですから、ある国が植民地をもったからといって、すぐ外国語（現地語）のできる人が国内に急増す

【国　語】（五〇分）〈満点：一〇〇点〉

一　次の各問に答えよ。

問一　次の①～④の語句の「対義語」を正確に漢字二字で答えよ。

①　敏感

②　充足

③　感情

④　現実

問二　次の①～③のそれぞれの組の傍線部の語の中から、一つだけ意味・用法が異なるものを選び、記号で答えよ。

①　ア、読みたい本がたくさんある。
　イ、練習して更に技術を得たい。
　ウ、彼のような逸材は得がたい。

②　ア、口を出さないように注意する。
　イ、この映画は本当に面白くない。
　ウ、私は朝食をほとんど食べない。

③　ア、私の好きな色は青だ。
　イ、彼はいつでも親切だ。
　ウ、もう安全だと言われた。

問三　次の①～③の慣用句の空欄に入る生き物の名称を正確に漢字一字で答えよ。

①　【　】の額…ごく狭い場所

②　【　】が合う…気が合う

③　【　】の子…大切にして手元から離さないもの

二　次の文章を読んであとの各問に答えよ。（なお、出題の都合上、本文を省略した箇所がある）

私たち日本人は有史以来、自分たちの日本語とは違う言語（正確にいえば異言語ですが一般的には外国語）と、日常生活の中で接し、これを使うという経験が、非常に乏しかった民族だといえます。そして、じつはこのことが現在でも、多くの日本人が学校で大変な時間をかけて英語を勉強しているにもかかわらず、あまり成果が上がらないということの、遠い原因の一つでもあるのです。

しかしこのようなことは、広く世界を見渡して、外国ではいくつもの異なった言語を話す人々が混じって暮らしている方が、むしろ普通だなどということと比較した上での話であって、日本だけに注目すれば、①歴史的にみた日本人の外国語（つまり異言語）体験それ自体は、決して無視できるほど小さなものではありません。

よく知られているように、つい最近まで北海道には生まれつきアイヌ語を話して育った少数の人が暮らしていましたし、また北海道全土はいうまでもなく、東北や関東の広い地域にもアイヌ語のなごりが、地名などに多数見られます。このことからしても、日本人とアイヌ語の接触は、非常に長くしかも深いものだったことは、疑うことのできない事実でしょう。

また古くから西日本を中心に大陸から、政治的亡命者や特殊技能保持者（たとえば陶（とう）業、金属精錬、織物、紙漉（す）きなど）といった、さまざまな能力や特技をもつ異民族集団が、たびたび渡来して日本各地に住みつき、その中には中央政府の高い地位についた人もたくさんいたわけですから、このような人々と日本人との間には、いろいろな異言語交流が当

MEMO

大切なことはメモしておこうネ！

T.G

2020年度

解　答　と　解　説

《2020年度の配点は解答欄に掲載してあります。》

＜数学解答＞ 《学校からの正答の発表はありません。》

Ⅰ　問1. $\sqrt{6}$　問2. $x=7$, $y=1$　問3. $x=3\pm\sqrt{17}$　問4. $\mathrm{P}=-\frac{29}{4}$

Ⅱ　問1. $n=42$　問2. 672冊　問3. $a=-3$, $b=9$　問4. 135度　問5. $18\sqrt{2}\pi\,\mathrm{cm}^3$
問6. AE：HI＝21：5

Ⅲ　問1. $\frac{1}{12}$　問2. $\frac{5}{72}$

Ⅳ　問1. $12-\frac{1}{2}a^2$　問2. $\mathrm{P}\left(3,\ \frac{9}{2}\right)$

Ⅴ　問1. ∠LQM＝90度　問2. $(9+3\sqrt{5}):2:(7+3\sqrt{5})$
または，$6:(3-\sqrt{5}):(3+\sqrt{5})$　または，$(9-3\sqrt{5}):(7-3\sqrt{5}):2$

Ⅵ　問1. 解説参照　問2. $\triangle\mathrm{CPQ}=\frac{3\sqrt{17}}{4}\mathrm{cm}^2$　問3. $\mathrm{GI}=\frac{6\sqrt{17}}{17}\mathrm{cm}$

○推定配点○
Ⅰ　問1～問3　各5点×3　問4　7点　Ⅱ～Ⅴ　各5点×12
Ⅵ　問1　8点　問2・問3　各5点×2　計100点

＜数学解説＞

基本 Ⅰ　(平方根，連立方程式，2次方程式，式の値)

問1. $\frac{\sqrt{8}+\sqrt{3}}{\sqrt{2}}-\frac{\sqrt{24}-3}{\sqrt{6}}=\frac{\sqrt{8}}{\sqrt{2}}+\frac{\sqrt{3}}{\sqrt{2}}-\frac{\sqrt{24}}{\sqrt{6}}+\frac{3}{\sqrt{6}}=2+\frac{\sqrt{6}}{2}-2+\frac{\sqrt{6}}{2}=\sqrt{6}$

問2. $2x-y=13$…①　$0.3x-0.7y=1.4$より，$3x-7y=14$…②　①×7－②より，$11x=77$　$x=7$　これを①に代入して，$14-y=13$　$y=1$

問3. $\frac{x^2+1}{3}=\frac{x(x-2)}{2}-1$　両辺を6倍して，$2(x^2+1)=3x(x-2)-6$　$2x^2+2=3x^2-6x-6$　$x^2-6x=8$　$(x-3)^2=8+9$　$x-3=\pm\sqrt{17}$　$x=3\pm\sqrt{17}$

問4. $\mathrm{P}=x^2+3xy+y^2=(x+y)^2+xy=(-2)^2+\left(-\frac{45}{4}\right)=4-\frac{45}{4}=-\frac{29}{4}$

Ⅱ　(数の性質，方程式の利用，関数の値域，平面図形，空間図形)

問1. $378=2\times3^3\times7$より，$\sqrt{\frac{378}{n}}$が2以上の自然数となるような自然数nは，$2\times3\times7=42$

問2. 予定のパンフレットの冊数をx冊とすると，仕入れ値は，$250\times(x+28)=250x+7000$(円)
定価は，$250\times(1+0.2)=300$(円)より，売り上げは，$300\times(x+28-40)+\frac{300}{2}\times40=300x-3600+6000=300x+2400$(円)　よって，$(300x+2400)-(250x+7000)=29000$　$50x=33600$　$x=672$(冊)

基本 問3. $y=\frac{4}{3}x^2$に$x=3$を代入して，$y=\frac{4}{3}\times3^2=12$　また，$x=0$のとき，$y=0$　よって，値域は，$0\leqq y\leqq12$　$y=ax+b$において，$a<0$より，$x=-1$のとき$y=12$，$x=3$のとき$y=0$だから，$12=$

$-a+b$，$0=3a+b$　この連立方程式を解いて，$a=-3$，$b=9$

重要 問4. おうぎ形の半径を$r$cmとすると，$\frac{1}{2}\times r\times 6\pi=24\pi$　$r=8$　中心角の大きさを$x°$とすると，$2\pi\times 8\times\frac{x}{360}=6\pi$　$x=360\times\frac{3}{8}=135(°)$

重要 問5. 円錐の高さは，$\sqrt{9^2-3^2}=6\sqrt{2}$だから，円錐の体積は，$\frac{1}{3}\times\pi\times 3^2\times 6\sqrt{2}=18\sqrt{2}\pi\,(\mathrm{cm}^3)$

重要 問6. AD＝BCだから，平行線と比の定理より，AH：HE＝AG：BE＝$\frac{1}{2}$AD：$\frac{2}{3}$BC＝3：4　また，直線ADと直線BFとの交点をPとすると，DP：BC＝DF：FC＝1：3より，AI：IE＝AP：BE＝(3＋1)：2＝2：1　よって，$\mathrm{HI}=\mathrm{AI}-\mathrm{AH}=\frac{2}{2+1}\mathrm{AE}-\frac{3}{3+4}\mathrm{AE}=\left(\frac{2}{3}-\frac{3}{7}\right)=\frac{5}{21}\mathrm{AE}$　したがって，AE：HI＝21：5

Ⅲ（確率）

基本 問1. サイコロの目の出方の総数は，6×6×6＝216(通り)　このうち題意を満たすのは，3×2×3＝18(通り)だから，求める確率は，$\frac{18}{216}=\frac{1}{12}$

問2. 題意を満たすのは，3回のうち，1回は1から5の目のどれかが出て，2回は6の目が出るときだから，(5×1×1)×3＝15(通り)　よって，求める確率は，$\frac{15}{216}=\frac{5}{72}$

Ⅳ（図形と関数・グラフの融合問題）

基本 問1. $y=\frac{1}{2}x^2$に$x=a$を代入して，$y=\frac{1}{2}a^2$　よって，$\mathrm{P}\left(a,\ \frac{1}{2}a^2\right)$　点Sのy座標は点Pのy座標と等しいから，$y=-x+12$に$y=\frac{1}{2}a^2$を代入して，$\frac{1}{2}a^2=-x+12$　$x=12-\frac{1}{2}a^2$

重要 問2. 題意を満たすとき，PQ＝PS　$\frac{1}{2}a^2=\left(12-\frac{1}{2}a^2\right)-a$　$a^2+a-12=0$　$(a+4)(a-3)=0$　$a>0$より，$a=3$　よって，$\mathrm{P}\left(3,\ \frac{9}{2}\right)$

Ⅴ（平面図形—計量と証明）

基本 問1. 右の図で，線分LNは円Oの直径だから，∠LPN＝90°　PN//QMより，平行線の同位角は等しいから，∠LQM＝∠LPN＝90°

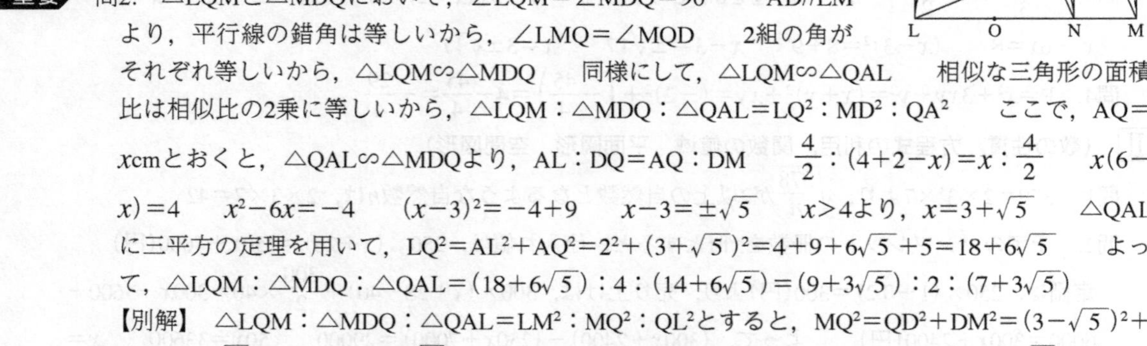

重要 問2. △LQMと△MDQにおいて，∠LQM＝∠MDQ＝90°　AD//LMより，平行線の錯角は等しいから，∠LMQ＝∠MQD　2組の角がそれぞれ等しいから，△LQM∽△MDQ　同様にして，△LQM∽△QAL　相似な三角形の面積比は相似比の2乗に等しいから，$\triangle\mathrm{LQM}:\triangle\mathrm{MDQ}:\triangle\mathrm{QAL}=\mathrm{LQ}^2:\mathrm{MD}^2:\mathrm{QA}^2$　ここで，AQ＝$x$cmとおくと，△QAL∽△MDQより，AL：DQ＝AQ：DM　$\frac{4}{2}:(4+2-x)=x:\frac{4}{2}$　$x(6-x)=4$　$x^2-6x=-4$　$(x-3)^2=-4+9$　$x-3=\pm\sqrt{5}$　$x>4$より，$x=3+\sqrt{5}$　△QALに三平方の定理を用いて，$\mathrm{LQ}^2=\mathrm{AL}^2+\mathrm{AQ}^2=2^2+(3+\sqrt{5})^2=4+9+6\sqrt{5}+5=18+6\sqrt{5}$　よって，$\triangle\mathrm{LQM}:\triangle\mathrm{MDQ}:\triangle\mathrm{QAL}=(18+6\sqrt{5}):4:(14+6\sqrt{5})=(9+3\sqrt{5}):2:(7+3\sqrt{5})$

【別解】 $\triangle\mathrm{LQM}:\triangle\mathrm{MDQ}:\triangle\mathrm{QAL}=\mathrm{LM}^2:\mathrm{MQ}^2:\mathrm{QL}^2$とすると，$\mathrm{MQ}^2=\mathrm{QD}^2+\mathrm{DM}^2=(3-\sqrt{5})^2+2^2=9-6\sqrt{5}+5+4=18-6\sqrt{5}$　よって，$\triangle\mathrm{LQM}:\triangle\mathrm{MDQ}:\triangle\mathrm{QAL}=36:(18-6\sqrt{5}):(18+6\sqrt{5})=6:(3-\sqrt{5}):(3+\sqrt{5})$　また，$\triangle\mathrm{LQM}:\triangle\mathrm{MDQ}:\triangle\mathrm{QAL}=\mathrm{MQ}^2:\mathrm{QD}^2:\mathrm{LA}^2$とすると，$\triangle\mathrm{LQM}:\triangle\mathrm{MDQ}:\triangle\mathrm{QAL}=(18-6\sqrt{5}):(14-6\sqrt{5}):4=(9-3\sqrt{5}):(7-3\sqrt{5}):2$

Ⅵ（空間図形の計量）

基本 問1. △EQPと△EFHにおいて，∠PEQ＝∠HEF＝90°　EP：EH＝EQ：EF＝1：2　2組の辺の比とその間の角がそれぞれ等しいから，△EQP∽△EFH　よって，PQ：HF＝1：2より，$PQ=\frac{1}{2}HF$　また，∠EPQ＝∠EHFより，同位角が等しいから，PQ//HF

重要 問2. CG⊥QGより，△CQGに三平方の定理を用いて，$CQ^2=QG^2+CG^2=QF^2+FG^2+CG^2=\left(\frac{\sqrt{2}}{2}\right)^2+(\sqrt{2})^2+6^2=\frac{77}{2}$　同様に，$CP^2=CQ^2=\frac{77}{2}$　線分PQの中点をMとすると，$MQ=\frac{1}{2}PQ=\frac{1}{2}\times\frac{1}{2}HF=\frac{1}{4}\times\sqrt{2}EF=\frac{1}{2}$　よって，$CM=\sqrt{CQ^2-MQ^2}=\sqrt{\frac{77}{2}-\frac{1}{4}}=\sqrt{\frac{153}{4}}=\frac{3\sqrt{17}}{2}$　したがって，$\triangle CPQ=\frac{1}{2}\times1\times\frac{3\sqrt{17}}{2}=\frac{3\sqrt{17}}{4}$(cm²)

重要 問3. 三角錐C－GPQ＝$\frac{1}{3}$×△GPQ×CG　ここで，△GPQ＝正方形EFGH－△EQP－△PHG－△QFG＝$(\sqrt{2})^2-\frac{1}{2}\times\left(\frac{\sqrt{2}}{2}\right)^2-\frac{1}{2}\times\frac{\sqrt{2}}{2}\times\sqrt{2}-\frac{1}{2}\times\frac{\sqrt{2}}{2}\times\sqrt{2}=2-\frac{1}{4}-\frac{1}{2}-\frac{1}{2}=\frac{3}{4}$　よって，三角錐C－GPQ＝$\frac{1}{3}\times\frac{3}{4}\times6=\frac{3}{2}$　また，三角錐C－GPQ＝$\frac{1}{3}$×△CPQ×GI　したがって，$\frac{1}{3}\times\frac{3\sqrt{17}}{4}\times GI=\frac{3}{2}$　$GI=\frac{6}{\sqrt{17}}=\frac{6\sqrt{17}}{17}$(cm)

★ワンポイントアドバイス★
ここ数年，出題構成はほぼ変わらない。途中式を書かせる問題があるので，日頃から解く過程を記述していく習慣をつけておきたい。

＜英語解答＞《学校からの正答の発表はありません。》

Ⅰ (A) 1 (1) う) (2) え) 2 (1) い) (2) あ)
3 (1) い) (2) う) 4 (1) え) (2) う) 5 (1) う) (2) あ)
(B) 1 we won't go to the park this afternoon. 2 Take an umbrella with you.

Ⅱ 1 were chosen 2 But 3 う) 4 ① あ) ② い) ③ お)
④ う) ⑤ え) 5 間違った語 exciting 正しい形 excited 6 い)，お)

Ⅲ 1 warmer 2 ① the change ② the Earth 3 (1) い) (2) う)
4 い)→う)→あ) 5 agree 6 あ)

Ⅳ 1 a) free b) rose 2 a) wrong b) taken c) looking
3 a) after swimming b) wasn't able

Ⅴ 1 a) enough, help b) twice, long as [not, short as] c) everyone loves
2 a) 3番目 う) 6番目 え) b) 3番目 い) 6番目 あ)
3 a) (例) How many books are there in these boxes?
b) (例) The song must be sung by many people.

○推定配点○
Ⅰ (A) 各1点×10 (B) 各2点×2 Ⅱ 1～3 各2点×3 4～6 各3点×8

Ⅲ　1～3　各2点×5　　4～6　各3点×3　　Ⅳ　各2点×7　　Ⅴ　1・2　各3点×5
3　各4点×2　　計100点

＜英語解説＞

Ⅰ（リスニング問題）

(A)　1. Mom: Tom, are you free now? I want you to go shopping.
Tom : OK, mom. What do you need?
Mom: I need eggs, onions, potatoes, and lemons.
Tom : Do you want milk?
Mom: No, I have some. You can buy them at ABC supermarket.
Tom : I see. I'll go there.

2. Woman: I went to Australia to see my friend during my winter vacation.
Man : How was it?
Woman: Great. It was summer there in December, so we celebrated Christmas on the beach. On another day, we climbed a mountain near my friend's house.
Man : Wow! Sounds interesting.
Woman: And on New Year's Day I went on a picnic in a beautiful park with my friend and her family.
Man : That's so different from Japan!

3. Woman: May I help you?
Man : I'm looking for something Japanese. It is a present for my friend in Canada.
Woman: I see. How do you like this? It is a tenugui. You can use it in many ways, so it is useful.
Man : Sounds great. Do you have any other color? She likes yellow.
Woman: Yes, of course. I'll show you some. Yellow oranges, Yellow rabbits, and yellow flowers. We also have a yellow one with no pictures on it.
Man : This one is very cute. She likes animals. I'll buy it.
Woman: Thank you very much.

4. Mariko : Hello? This is Mariko speaking. May I speak to Jack, please?
Jack's father: Sorry, he's gone to the library.
Mariko : I see. May I leave a message?
Jack's father: Of course. What should I tell him?
Mariko : He left his notebook in the classroom. So I'll keep it until he comes for it.
Jack's father: Oh, thank you. I'll tell him about it.

5. Man : Do you have any plans next Sunday?
Woman: Nothing. Why?
Man : Let's go to see a movie. Look! I have two tickets.
Woman: Wow, I really want to see it! What time does it start?
Man : It starts at 11:15. Shall we meet at Musashikosugi station at 10 o'clock?
Woman: It takes about 20 minutes from Musashikosugi to the theater. That's a little

early.

Man　: Um…How about 10:30?

Woman: OK.

(A)　1.　母親：トム，今，ひま？　買い物に行ってほしいんだけど。

トム：いいよ，ママ。何が必要？

母親：卵，タマネギ，ジャガイモとレモンが必要なの。

トム：牛乳がほしい？

母親：いいえ，まだいくらかあるから。それらをABCスーパーで買うことができるわよ。

トム：わかった。そこに行くよ。

2.　女性：私は冬休みの間，友達に会うためにオーストラリアに行ったのよ。

男性：どうだった？

女性：すばらしかったわ。12月のそこは夏だったから，私たちは浜辺でクリスマスを祝ったの。別の日には，友達の家の近くの山に登ったわ。

男性：わぁ！　おもしろそうだね。

女性：そして，元日には彼女と彼女の家族といっしょに美しい公園にピクニックに行ったのよ。

男性：日本とはすごく異なるね！

3.　女性：いらっしゃいませ。

男性：何か日本的なものを探しています。カナダに住む友達へのプレゼントなんです。

女性：なるほど。こちらはいかがですか？　それは手ぬぐいです。さまざまに使えるので便利ですよ。

男性：すばらしいですね。他の色がありますか？　彼女は黄色が好きなんです。

女性：はい，もちろんです。何枚かお見せしましょう。黄色いオレンジ柄，黄色いウサギ柄，そして黄色い花柄です。絵柄のない黄色のものもあります。

男性：これがとてもかわいいです。彼女は動物が好きなんです。それを買います。

女性：どうもありがとうございます。

4.　マリコ　　　　：もしもし。マリコです。ジャックをお願いできますか？

ジャックの父親：ごめんね，彼は図書館へ行ってしまったんだ。

マリコ　　　　：わかりました。メッセージを残してもいいですか？

ジャックの父親：もちろん。彼に何て伝えたらいいかな？

マリコ　　　　：彼は教室にノートを置き忘れたので，彼が取りに来るまで私が持っています。

ジャックの父親：ああ，ありがとう。そのことを彼に伝えるよ。

5.　男性：次の日曜日に何か予定がある？

女性：何もないわ。どうして？

男性：映画を見に行こうよ。見て！　チケットを２枚持っているんだ。

女性：わぁ，すごく見たいわ！　何時に始まるの？

男性：11時15分に始まるよ。10時に武蔵小杉駅で会おうか？

女性：武蔵小杉から映画館まで20分くらいよ。ちょっと早いわ。

男性：うーん…10時30分はどう？

女性：いいわ。

(A)　1.　(1)　トムが買わないものは何ですか。

あ）卵　　い）レモン　　う）牛乳　　え）タマネギ

(2)　トムはどこに行くでしょうか。

あ） パン屋　い） 本屋　う） コンビニエンスストア　え） スーパーマーケット

2. (1) 女性はなぜオーストラリアに行きましたか。
   あ） ピクニックに行くため　い） 彼女の友達に会うため
   う） 海で泳ぐため　え） 有名な山に登るため
   (2) 女性はどこで元日を過ごしましたか。
   あ） 公園で　い） 海で　う） 浜辺で　え） 山の頂上で

3. (1) 女性はなぜ手ぬぐいがプレゼントに適すると考えていますか。
   あ） かわいいから。　い） 便利だから。
   う） いろいろなデザインがあるから。　え） 日本で長い歴史があるから。
   (2) 男性が買おうとしている手ぬぐいには何が描かれていますか。
   あ） 黄色い花　い） 黄色いオレンジ
   う） 黄色いウサギ　え） 何も描かれていない。

4. (1) マリコはなぜジャックに電話しましたか。
   あ） 図書館に行くため　い） 彼のノートを保管するため
   う） メッセージを残すため　え） 彼のノートについて彼に伝えるため
   (2) ジャックは今どこにいますか。
   あ） 教室に　い） 家に　う） 図書館に　え） マリコの家に

5. (1) 彼らは何時に駅で会うつもりですか。
   あ） 10時　い） 10時20分　う） 10時30分　え） 11時20分
   (2) 彼らはどの映画を見るつもりですか。
   あ） 雪の青　い） あなたの友達　う） カエル男　え） 人形の物語

(B) 1. It's very cold. <u>We won't go to the park this afternoon</u>.
   2. It is going to rain tonight. <u>Take an umbrella with you</u>.

(B) 1. とても寒い。<u>今日の午後，私たちは公園に行かないつもりだ</u>。
   2. 今夜は雨がふるだろう。<u>傘を持って行きなさい</u>。

Ⅱ **（長文読解問題・物語文：指示語，語句解釈，語句選択補充，内容吟味，語句補充）**

（全訳） [1] アナ・フィデリア・キロットはキューバ共和国東部の小さな町に生まれた。彼女は幸せな少女で，幼い頃から走ることが大好きだった。スポーツは彼女の家族にとって重要で，キューバ共和国にとっても重要だった。政府は世界で最高の医者，最も聡明な教師，そして最強のスポーツ選手を生み出したいと思っていた。若い科学者やスポーツが得意な子供たちのための政府の特別な学校があった。

[2] 10歳のとき，アナはとても速く走ることができた。すぐに彼女はレースで優勝していた—しばしばシューズをはかずに！ 彼女は政府のスポーツ学校からだれか彼女を見にきてほしいと思っていた。アナは，当時キューバ共和国で最も優れた生徒しか(ア)<u>選ばれ</u>ないことを知っていた。だから彼女は毎日一生懸命に練習した。ついに彼女は待っていた知らせを聞いた。13歳のとき，彼女は政府のスポーツ学校に入学した。彼女は，「一生懸命にやれば私はキューバ共和国で最速の女の子になれるわ」と思った。

[3] アナの新しい学校の他の生徒たちは背が高くてがっしりしていた。(イ)<u>しかし</u>，アナの体は変化していった。身長の伸びが止まり，太り始めたのだ。彼女は体が重たく感じもしたので，あまり練習しなかった。アナの将来は彼女にとって明るくも刺激的にも思われなかった。

[4] しかし，アナの学校が彼女に退学するように求めたとき，彼女はとても慎重に考えた。彼女は，自分は学校とそこでの暮らしが大好きであることに気づいた。それは彼女の夢であり，それを失

いたくなかった。キューバ共和国で最も有名なランニングの教師であるビート先生はアナのことを知っていた。彼女は体重が重たかったが，がっちりしていて速かった。彼にはそのことがわかっていた。彼は，「400メートル走をやってみなさい。①きみは最高の選手になれると思うよ」と言った。

5 簡単なことではなかったが，ビートの助けを借りて，アナは毎日一生懸命に練習した。彼女は再び学校のレースで優勝するようになった。すぐに彼女は400メートル走と800メートル走でキューバ共和国最速の少女になった。彼女の精神も強くなった。彼女は苦痛と戦い，自分の夢を信じるようになった。

6 アナは学校を卒業して，毎日さらに熱心に，そして長く練習した。1987年，彼女はアメリカ合衆国でのパンアメリカン競技大会で2つの金メダルを獲得し，1989年には自分が出た800メートル走のすべてで優勝した。今や彼女の名前は世界中で有名であった。

7 アメリカ合衆国でのパンアメリカン競技大会から4年後，アナは再びパンアメリカン競技大会で走る準備をしていた。パンアメリカン競技大会がキューバ共和国にやって来ることになっていたので，この競技はアナにとってとても重要だった。彼女はキューバ共和国で最も有名なランナーで，国民は彼女を見守っていた。

8 アナのレースは速くてわくわくさせるものだった。彼女は400メートルと800メートルのレースで他のランナーよりも速く走った。彼女はさらに2つの金メダルを獲得したのだ！　アナは人々を見上げた。何千人ものうれしそうな人々が彼女の名前を呼び，ほほえんでいた。彼女は過去を誇りに思い，将来についてわくわくしていた。(イ)しかし，翌年の早い時期にアナの夢は始まる前にくじかれた。

9 1993年1月23日，アナはひどい火事にあった。病院の医師たちは自分たちの有名な患者を救うために一生懸命に働いた。キューバ共和国中の人々がラジオのニュースを注意深く聞いた。アナの友人たちと家族は急いで彼女の病床に行った。しかし，やけどはアナの体の38パーセントを覆い，彼女は死にかけていた。

10 数日後，アナは目覚めた。「②私はまた走ります」と彼女は医師に言った。それから彼女の目は閉じた。アナはさらに5か月を病院で過ごした。少しずつ，彼女は回復した。まず，彼女は部屋の中を歩き回り始めた。ときには痛みが激しく泣くこともあり，彼女は悲しく思った。彼女の友人たちは，「休まなくてはいけない」と彼女に言った。(イ)しかし，アナは言うことを聞かなかった。毎日，彼女は歩き回った。彼女は戦うことをやめなかった。

11 彼女の事故からほんの1か月後，アナは病院内を歩き回り始めた。2か月後には，彼女は病院の階段を走って昇り降りしていた—15階を！　医師たちは我が目を信じられなかった。アナは再び勝とうとしていた—苦痛に勝とうとしていたのだ。「また走らなければ，③私は死んでしまう」と彼女は言った。

12 アナは帰宅して外で走り始めたが，太陽の熱は彼女には強過ぎた。彼女は，(ウ)肌がまだとても弱くてすぐに日焼けしてしまうために，朝とても早い時間と夜遅い時間にしか練習できなかった。この問題は彼女を止めはしなかった。アナはその年，一生懸命に取り組んだ。彼女は再び国のために走りたかった。(イ)しかし，彼女は今や30代—国際的なランナーとしては年を取り過ぎている，と人々は言った。アナは耳を貸さなかった。1993年，彼女はプエルト・リコ自治連邦区での試合で走った。このときアナは，腕と頭を簡単に動かすことができなかったが，彼女はすべての人々を驚かせた。彼女はうまく走り，800メートル走で銀メダルを獲得したのだ。

13 1995年までに，アナは国際試合で走っていた。その年の夏，彼女はヨーロッパの試合での800メートル走で金メダルを獲得した。彼女は再び世界最速の女性になったのだ！　彼女は，「最もつらいときには，④私はこんなにたくましく戻って来られるとは思いませんでした」と言った。

⑭ 1996年，アナは多くのたくましくて若いランナーたちと競った。33歳のときに，彼女はしばしば自分の出る競技で最年長となった。しかし今や，ほとんど体と心を休めるときとなった。もう1つ，走るべき重要なレースがあった。「もう一度オリンピックで走ることができれば，⑤私は幸せです」と彼女は言った。

⑮ 1996年のオリンピックはアメリカ合衆国で行われた。あらゆる時代の最速の女性たちがそこにいた。アナにとって予選はとても厳しいものだったが，彼女は速くうまく走った。今，決勝戦で，彼女はオリンピックでもう一度世界最高のランナーたちと競うことができるのだった。彼女は，これが最後の大きなレースなのだと思った。他の女性たちはより若くてたくましかった。アナは彼女たちと一緒にいることができて幸せだった。「できる限り速く走るわ」と彼女は思った。それは困難なレースだったが，アナは銀メダルを獲得した―彼女は優勝者から1秒も遅れていなかった！

基本 1 主語が only Cuba's best students で動詞が choose「選ぶ」を変化させた形なので，受動態〈be動詞＋過去分詞〉にして「選ばれた」とすると文意が成り立つ。

2 それぞれの空所の前後が対照的な内容であったり，前文から予測されることと逆の内容が続いていたりすることから，逆接の接続詞 But が適する。

3 空所の直前に because があるので，空所には文の前半「朝とても早い時間と夜遅い時間にしか練習できなかった」ことの理由が入る。太陽の光がまだない時間にしか練習できなかった理由として適するのは，う)「彼女の肌がまだとても弱くてすぐに日焼けしてしまう」。あ)は「彼女はあまりうまく歩くことができず，しばしばひどく雨が降った」，い)は「彼女は他の人々に友人たちと一緒に歩き回っているのを見てほしくなかった」，え)は「彼女の腕と脚がまだひどく痛み，彼女の両親は彼女に学校へ行ってほしかった」という意味。

重要 4 全訳を参照。① 体重が増えて思うような成果が出ないアナに，ビート先生が400メートル走を勧めている場面。アナを励ます内容の，あ)が適する。 ② ひどいやけどを負って入院してから数日経って目覚めたときにアナが医者に言った言葉が入る。同じ第10段落の第6文からアナがまず病室の中を歩き始めたこと，第11段落第1，2文からアナが事故からわずか1か月後に病院内を歩き回り始め，それから2か月後には病院の階段を昇り降りしていたことがわかる。これらのことからアナは目覚めてすぐに再び走る決心をしていたと考えるのが自然なので，い)が適する。 ③ 空所を含む文の直前に，アナが苦痛に勝とうとしていたことが述べられている。このときのアナの精神状況に合う発言として適切なのは，お)。 ④ アナが大けがから復活してヨーロッパで行われた試合で金メダルを獲得したときの感想が入る。「最もつらいとき」のことを思い返して言うこととして適切なのは，う)。 ⑤ 選手として限界に達した時期に迎える「もう1つ，走るべき重要なレース」(第14段落第4文)とは，空所を含む文にある「オリンピック」のこと。選手として限界に達しながら最後の重要な試合であるオリンピックで再び走ることができた場合のアナの気持ちとして適切なのは，え)。

5 第8段落第6文にある exciting 直前は，「女は過去を誇りに思っていた」という意味。exciting は同じ文の動詞 felt の補語で，主語が She(＝アナ)である。この場面では，アナが将来のことを思ってわくわくした気分であったとするのが適切なので，「(人が)わくわくしている」の意味を表す excited が正しい。exciting は「(物事が人を)わくわくさせる」という意味なので，ここでは不適切。

6 あ)「アナは事故の1か月後から病院内を走り始めた」(×) 第1段落第1文を参照。アナは事故から1か月後に病院内を走り始めたのではなく，歩き始めた。 い)「1991年に，パンアメリカン競技大会がキューバで開催された」(○) 第6段落第2文から，1987年にアナがアメリカ合衆国でのパンアメリカン競技大会で2つの金メダルを獲得したことがわかる。また，第7段落第1，2文から，その4年後にパンアメリカン競技大会がキューバ共和国にやって来ることにがわかるので，一致する。 う)「アナが13歳のとき，彼女は政府のスポーツ学校をやめた」(×) 第2段落第7文を参照。アナは13歳のときに政府のスポーツ学校に入学した。 え)「アナが火事にあったとき，彼女は皮膚の82パーセントを失った」(×) 第9段落最終文に，やけどに覆われたアナの皮膚は38パーセントとある。 お)「アナは1996年のオリンピックの決勝で最年長のランナーだった」(○) 第15段落第4文以降が1996年のオリンピックの決勝について述べられた部分。第6文に，The other women were younger and stronger. とある。younger and stronger と比較級になっているのはアナと比べてのことなので，この決勝ではアナが最年長だったことがわかる。

か)「彼女は1993年の800メートル走で金メダルを獲得した」(×) 1993年の競技については第12段落に述べられている。最終文から，このときアナが獲得したメダルは銀メダルだったことがわかる。 き)「アナが入院していたとき，彼女の友人たちは彼女に走り始めるように言った」(×) 第10段落第8文に，「彼女の友人たちは，『休まなくてはいけない』と彼女に言った」とある。

Ⅲ (長文読解問題・説明文：語句補充，語句選択補充，文整序，内容吟味)

(全訳) 地球はとても古い。それはその長い生命の間にしばしば変化してきて，今もなお変化している。何百年も前，恐竜が歩き回っていた頃，地球はもっと(ア)<u>暖かかっ</u>た。陸や海には，世界の北の果てにも南の果てにさえも氷がほとんどなかった。そして海面は今日よりもはるかに高かった。

その頃から，多くの変化があり，ときにはより寒い気候へ，ときにはより暖かい気候へと変化してきた。例えばおよそ2万年前，氷河期と呼ばれる時期が始まった。世界の多くに氷があって，北米やヨーロッパの多くを深さ3キロメートルの氷が覆っていた。そして海面は今日ほど高くなかった。私たちの気候は何度も変化してきており，再び変化するだろう。

私たちの気候はなぜ変化するのだろうか。変化は地球の外側からもたらされることもある。例えば，地球は太陽の周りを回っていて，これは地球の軌道と呼ばれる。数千年ごとに，地球は太陽を回る軌道を変える。その変化はゆるやかに起こり，それは地球を太陽に近づけたり，それを太陽から遠ざけたりする。このことが起こると，氷河期を終わらせる—言いかえれば，新しい時期を始めることができる。

変化は地球の内部からももたらされることがある。この一例がクラカタウ火山である。1883年にそれが噴火したとき，空は多くの国々の上で暗くなり，何か月もの間暗いままだった。そして1年を超える間，地球は以前より1度寒かった。

しかし今，まったく初めて，人々が気候を変化させている。イ<u>1900年，地球はわずか100年後の2000年よりも0.7度寒かった。これは小さな変化だと思う人もいる。しかし，次のことを考えてみよう。ただ5度から7度に変化しただけで，氷河期は始まったり終わったりするのだ</u>。この変化は地球の軌道のために起こったのではない—それは私たちのせいで起こったのだ。

気候変動は急速に起こるのだろうか，それともゆっくりと起こるのだろうか。映画『ザ・デイ・アフター・トゥモロー』は，とても急速に起こる変化に関するものだ。その映画では，地球の気候変動がほんの数日で起こり，北半球で新たな氷河期が始まる。気候はこのように変わることがあるのだろうか。中にはありうると考える科学者もいる—これほど急速ではないにしても。そのように考えない科学者もいる。気候は大いに変化していると考える者もいれば，少し変化していると考える者もいる。急速に変化するだろうと考える者もいれば，ゆっくりと変化するだろうと考える者もいる。しかし，すべての科学者が，気候変動は起こっているということで一致している。重要な問いはこうだ。その変動はどれほど危険なのか。中にはその変動は危険だと言う科学者もいる。彼らは20年を超える期間にわたって気候変動の危険性について話しているが，彼らは正しいのだろうか。気候変動は危険な問題なのだろうか。私たちはそれについて何かしなくてはならないのだろうか。そして，私たちには何ができるのだろうか。

1　第2段落第4文に，氷河期には海面が現在よりも低かったことが述べられている。第1段落では，それとは逆に氷はほとんどなく，海面も現在よりも高かったことが述べられているので，地球が現在よりも暖かかった頃のことについて説明していると考えられる。したがって，warm の比較級を入れると文脈に合う英文になる。

2　2つの下線部を含む文は，it brings the Earth near to ～「それは地球を～に近づける」，it takes it far away from ～「それはそれを～から遠ざける」と対になる表現であることに着目する。①　この it は brings the Earth near to the Sun「地球を太陽へ近づける」の主語。地球が太陽に近づく原因となるものは文前半の主語 The change「(地球の軌道の)変化」である。　②　下線部は takes の目的語。前半で軌道の変化によって地球が太陽に近づく現象を述べた後，今度はその逆に地球が太陽から遠ざかる現象を述べている。これも軌道の変化によるものなので，or 以下の主語 it も「(地球の軌道の)変化」である。その変化が太陽から遠ざけるものは the Earth である。

3　(1)　地球の気候の変化がどこからもたらされるかを判断する。(a)を含む文の直後に挙げられている例は地球の軌道の変化によって地球が太陽に近づいたり遠ざかったりすることで気候の変化が起こるというもの。(b)の直後に挙げられている例は火山の噴火による気候の変化。前者は地球の外側での変化，後者は地球の内部の変化と言えるので，(a)に outside，(b)に inside を入れるのが適切。　(2)　(c)の直後に scientists「科学者」とあることに着目する。前半では「気候変動が急速に起こると考えている」，後半では「そう考えない」と対立する内容を述べていることから，前半のように考える科学者がいる一方で，そう考えない科学者がいるという内容と判断する。「不特定の複数に対し，それとは別の不特定の複数」という対照を表すときには some ～, others …「～もいれば，…もいる」と表す。

やや難 4　う)の this を，い)で具体的に述べられている「100年で0.7度の気温上昇」と考えると，い)→う)とつなげる。う)の最後の this は「次に述べること」を指し，後にあ)を続けると this が指すことが「気温が2度変わっただけで氷河期の始まりや終わりに影響する」ということになり，う)の「0.7度の上昇は小さな変化だ」と考える人々への注意喚起となり，文脈がはっきりする。

5　空所の前では，気候の変化の速度や程度について，科学者たちの間で意見が異なることが述べられている。それを受けて But で始まるので，that 以下の「気候変動は起こっている」ことについては，科学者たちの考えは一致していると考えられる。a で始まるので，agree「(意見が)一致する」が適する。

6　あ)「氷河期の間，海面は今日よりも低かった」(○)　氷河期のときの状況については第2段落に述べられている。最後から2文目に「海面は今日ほど高くなかった」とあるので，一致している。　い)「氷河期以来，地球は太陽を回る軌道を変えてきた」(×)　第3段落では，地球が軌道を変えることによって気候が変化することについて述べられている。最終文で軌道の変化によって氷河期が始まったり終わったりすることが述べられていることから，地球の軌道の変化は氷河期をきっかけとして始まったことではないことがわかる。　う)「1883年にクラカタウ火山が噴火したとき，何千人もの人々が命を失った」(×)　第4段落に1883年のクラカタウ火山の噴火について述べられているが，そのときの死亡者数については述べられていない。　え)「私たちは1883年に気候を変えたと考える人々がいる」(×)　第5段落第1文に，「しかし今，まったく初めて，人々が気候を変化させている」とある。人間が気候を変え始めたのは現代においてのことであり，また，人間が1883年に気候を変えたという記述もない。　お）「地球は1900年のときよりも2000年のときの方が寒かった」（×）　空所イに入れる文の中に，「1900年，地球はわずか100年後の2000年よりも0.7度寒かった」とある。より寒かったのは1900年の方である。

基本 Ⅳ（語彙問題，同意文書きかえ問題：動名詞，助動詞）

1　a）　上は「その美術館の入場料は夏休みの間は無料だ」という意味。「無料だ」の意味の free を入れる。下は「あなたはひまなときに何をしていますか」という意味。「ひまな，時間が空いている」の意味の free を入れる。　b）　上は「太陽は今朝，6時半に昇った」という意味。「昇る」の意味の rise の過去形 rose を入れる。下は「私はこの庭でこのバラがいちばん好きだ」という意味。「バラ」の意味の rose を入れる。

2　a）「どうかしたのですか。／頭痛がします」 What's wrong? は，具合が悪そうだったり，心配そうにしている相手を気遣って声をかけるときに用いる。　b）「そのイヌは私の母に世話をされている」 主語が The dog で空所の前に is がある。また，care of とあることから，take care of ～「～の世話をする」を受動態で用いた文と判断する。take の過去分詞 taken を入れる。　c）「私はあなたにまた会うことを楽しみにしています」 look forward to ～ で「～を楽しみにして待つ」という意味。この to は不定詞を作る to ではなく，前置詞に続く形になるので後の動詞は動名詞にすることに注意。

3　a）　上は「彼女は家で昼食を食べる前に海で泳いだ」という意味の文。下の文では She had lunch at home が先にきているので，時間を順序の表し方を逆にして，空所以下を「海で泳いだ後で」という意味にする。空所の数から前置詞 after を入れ，動名詞 swimming を続ける。

b）　上は「ボブは彼女の名前を思い出せなかった」という意味。下の文では couldn't に当たる部分を書きかえるので，ほぼ同じ意味を表す be able to を用いる。過去の文で否定文なので，wasn't able と入れる。

Ⅴ（同意文書きかえ問題，語句整序問題，和文英訳：不定詞，比較，関係代名詞，分詞，助動詞，受動態）

1　a）　上の文は「エミはとても親切なので，彼女は私が重たいバッグを運ぶのを手伝ってくれた」という意味で，so ～ that …「とても～なので…」を用いた文。下の文では，〈～ enough to ＋動詞の原形〉「…するほど十分に～」を用いて，「彼女は私が重たいバッグを運ぶのを手伝ってくれるほど親切だった」という文にする。　b）　上の文は「この川は長さ100キロメートルだ。あの川は長さ200キロメートルだ」という意味。下の文では，That river が主語で as があることから，「あの川はこの川の2倍の長さだ」という文を考える。「～倍…」は，「～倍」を表す語句の後に as ～ as …「…と同じくらい～」を続けて表す。「2倍」は twice で表す。また，not as ～ as …「…ほど～ない」を用いて That river is not as short as this one.「あの川はこの川ほど短くない」とすることもできる。　c）　上の文は「トムはみんなに愛される子供だ」という意味。loved は過去分詞で，loved by everyone が a child を修飾している。下の文では loved by everyone を2語で表す。 a child の後に目的格の関係代名詞が省略されていると考えて，(who) everyone loves と続ける。

2　a）　A lady wearing a big hat sat in front of (me.) 「大きな帽子をかぶった女性が私の前に座った」 wearing を名詞を修飾する現在分詞として用い，A lady の後に wearing a big hat と続けて「大きな帽子をかぶった女性」を主語にする。sat を動詞にして，座った位置を表すように in front of ～「～の前に」を続ける。　b）　What do you call this kind of bird? 「あなたはこの種類の鳥を何と呼びますか」 call A B「AをBと呼ぶ」を用いた文。what があるので，

「～を何と呼びますか」という疑問文にする。kind「種類」は this kind of bird とまとめると「この種類の鳥」という意味になる。

やや難 3 a) there を用いるので，There is [are]～.「(場所に)～がある」の疑問文で表す。本の数を尋ねているので，How many books で始めて are there の語順を続ける。 b) The song を主語にするので，「その歌は多くの人々によって歌われるにちがいない」という受動態の文で表す。「～にちがいない」は助動詞 must で表す。受動態〈be動詞＋過去分詞〉の前に must を置くので，be動詞は原形にする。

★ワンポイントアドバイス★

Ⅱの4の文補充問題は，やや迷う箇所があったと思われる。無理に最初からうめようとせずに，あいまいな選択肢は候補として残し，他の空所と合わせて自然なつながりになる文を決めていこう。

＜国語解答＞ 《学校からの正答の発表はありません。》

一 問一 ① 鈍感 ② 不足 ③ 理性 ④ 理想
問二 ① ウ ② イ ③ ア 問三 ① 猫 ② 馬 ③ 虎

二 問一 A 外来語 B 征服者[異民族]，[支配者] C 固有 D 強制 問二 ア
問三 エ 問四 イ 問五 (はじめ) 外国語～(おわり) いない
問六 ポーランド語，ウクライナ語，アイヌ語，朝鮮語 問七 (例) 日本人は言語的被害者となった経験がないため外国語に対して否定的な感情を持っていないことに加え，外国語ができるということはその人が社会のエリートで人物も優れていると思う傾向があるから。(91字)

三 問一 ア 問二 Ⅰ エ Ⅱ カ 問三 エ 問四 (例) 先入観をもって決めつけること。(15字) 問五 X イ Y オ 問六 ウ
問七 (はじめ) 草壁は～(おわり) はない[ない，] 問八 イ

○推定配点○

一 各2点×10
二 問一・問六 各2点×8 問七 10点 他 各4点×4
三 問二・問五 各2点×4 他 各5点×6 計100点

＜国語解説＞

一 (同義語・対義語，ことわざ・慣用句，品詞・用法)

問一 ①「びんかん」と読む。感覚が鋭いという意味なので，対義語は感覚が鈍いという意味の語句になる。 ②「じゅうそく」と読む。十分に満たすという意味なので，対義語は十分でないという意味の語句になる。 ③ 物事に対して生じる喜怒哀楽などの心の働きの意味なので，対義語は論理的に物事を判断する心の働きという意味の語句になる。 ④ 現在事実として存在している状態の意味なので，対義語は人が心にそうあってほしいと描く理想の状態という意味の語句になる。

基本 問二 ① ウは形容詞の一部で，他は願望の意味を表す助動詞。 ② イは形容詞で，他は打ち消

しの意味を表す助動詞。 ③ アは断定の意味を表す助動詞で，他は形容動詞の一部。

問三 ①「猫」を使った慣用句には，他に「猫をかぶる」「猫の子一匹いない」などがある。

②「馬」を使った慣用句には，他に「馬の背を分ける」「馬の耳に風」などがある。

③「虎」を使った慣用句には，他に「虎の尾を踏む」「虎に翼」などがある。

二 (論説文—内容吟味，文脈把握，接続語の問題，脱文・脱語補充)

問一 A 前後の「ポルトガル語に由来する」や「例，テンプラ，ジュバンなど」から，外国語から取り入れられて日本語のように使われている語，という意味の語を考えて入れる。 B 前の「祖国のポーランドがロシアの支配下におかれ……ポーランド語を使うことが一切許されなかった」状況を述べている部分。「言語支配」が，何によってなされたのかを考える。一つ後の段落に「異民族によって征服され支配された」に着目する。 C「自分たち」にとって，どのような「言語」が「圧迫」されたのかを考える。「歴史上」で始まる段落「自分たちに固有な言語」や，一つ後の段落「固有の言語が消滅の危機に立たされる」から適切な語を抜き出す。 D 後の「言語的被害」は，同じ文にあるように「外国の圧力によって」「他の言語を日常的に使うことを」むりやり強いられることを意味している。直後の段落に「支配者の言語を強制された」とある。

問二 Ⅰ 直前の段落の「十六世紀後半から十七世紀にかけては，いわゆる南蛮人の渡来が始まり……日本語に少なからぬ影響を与えました」という内容に，直後の段落で「この時期はまだ，日本人の海外進出がきわめて盛んな時代でしたから……多くの外国語に接していたに違いありません」と付け加えているので，添加の意味を表す語が入る。 Ⅱ「この時期はまだ，日本人の海外進出がきわめて盛んな時代……秀吉の朝鮮侵寇もあった」という直前の段落の内容に対して，直後の段落で「十七世紀に入ると……『鎖国』の状態に入ってゆく」と相反する内容を述べているので，逆接の意味を表す語が入る。 Ⅲ「しかしこの間にも長崎では中国貿易……松前藩による北方原住民との交易などは，途絶えることなく続けられていた」という直前の段落の内容から，当然予想される内容が直後の段落で「鎖国ということば……日本の対外関係を正しく表しているとは言えない」と続いているので，順接の意味を表す語が入る。 Ⅳ「鎖国という……日本の対外関係を正しく表しているとは言えない」に対して，予想される反論を直後の段落で「一般の日本人は……外国人の姿を見たり異国のことばを聞くことすら，まったくなかったことは事実です」と述べているので，当然，無論という意味を表す語が入る。

問三 傍線部①は，歴史的にみれば日本人の外国語体験は多いということを言っており，直後の段落以降で日本人の外国語体験を歴史順に説明している。［Ⅱ］で始まる段落に江戸時代の鎖国に至ったいきさつを説明しているが，オの「外国語による日本語の浸食が激しかった」とは述べていないので，適切でない。

問四 傍線部②に「この」とあるので，前で「二世紀半にもわたった徳川期における日本人のあり方」を説明している部分を探す。直前の段落の「この二世紀半もの間，非常に少数の役人と特定の商人をのぞく一般の日本人は，外国の人と日常的に接触することはおろか，外国人の姿を見たり異国のことばを聞くことすら，まったくなかった」にふさわしい状態を選ぶ。

問五 傍線部③は外国語に対する否定的な感情がないことを述べている。同じことを述べている部分を探すと，「独立後の」で始まる段落に「自国語が圧迫されたり奪われそうになった経験の皆無な日本人は，およそ外国語というものに対して，不信の念や嫌悪の情といった否定的な感情をもっていない，非常に珍しい民族」とある。ここから傍線部③と同じことを述べている部分を，丁寧に照らし合わせて抜き出す。

基本 問六 「言語上の圧迫」について，直後の文以降で「行政や裁判といった公的な場面はいうまでもなく，学校教育でも征服者の言語だけが用いられる……自分たちに固有な言語は，使う場面が極度に制限されたり，はなはだしい場合には一切の使用が禁止されてしまう」と具体的に説明している。直後の段落でポーランド語，一つ後の段落でウクライナ語，「これらは」で始まる段落でアイヌ語と朝鮮語の「圧迫」された経験を述べている。

やや難 問七　日本人が外国語に「憧れや過度の美化といった肯定的な態度」を持つ理由をまとめる。「独立後の」で始まる段落の「自国語が圧迫されたり奪われそうになった経験の皆無な日本人」を，指定語の「言語的被害者」を用いて日本人は「言語的被害者」となった経験がないなどとまとめ，そのため外国語に対して否定的な感情を持っていないことにつなげる。さらに，もう一つの指定語「エリート」に着目すると，最終段落に「日本では長い間，ある人が外国語……ができるということは，その人が社会のエリートだということと同義であり，まわりの人々から羨望の眼差しで見られるのが常」「外国語ができるということが，まるでその人の人物までも優れているという笑うべき錯覚をすら生む」とあり，この内容を加えてまとめる。

三　(小説─大意・要旨，情景・心情，内容吟味，文脈把握，脱文・脱語補充，ことわざ・慣用句)

基本 問一　傍線部②の後の「安斎が何を言いたいのか，よく分からなかった」から，「僕」が安斎の話の真意を測りかねて戸惑っていることが読み取れる。

問二　Ⅰ　二つ目の［Ⅰ］の後で「絶対正しいこと，って意味だよ」と安斎が言っている。絶対に正しいは，誰から見ても正しいということなので，主観から独立して考えるという意味の言葉が入る。Ⅱ　一つ目の［Ⅱ］の前の「その」は，「今まで」で始まる会話の「『それってダサい』とか，『これは格好悪い』とか，決めつけて偉そうにする奴」を指し示している。二つ目の［Ⅱ］の後に「自分が正しいと信じている。ものごとを決めつけて……押し付けようとしている」とあるように，久留米先生は「決めつけて偉そうにする奴」だと言っている。同類の中で，最もその特性を表すという意味の言葉が入る。

問三　安斎から「そういう奴らに負けない方法がある」と聞いたときの「僕」の反応である。直後の文に「ゲームの裏技を教えてもらうような……そういった思いがあったのかもしれない」から，「僕」が安斎の「負けない方法」に対して強い関心を持って期待していることが読み取れる。

問四　「ラベル」は，容器などに貼られた商品名などが書かれた紙片のこと。ここから，そういうものと決めつける意味だと推察する。本文の最後「先入観」「決めつけ，のことだよ」などの言葉を用いて簡潔にまとめる。

問五　X「［X］を捻る」で，疑わしく思うという意味になる。　Y「話の［Y］を折る」で，横から口をはさんで話の流れを妨げるという意味になる。

問六「病は気から」は，その人の心の持ち方次第で病気が良くも悪くもなるという意味。「教師期待効果」は，「先生が，『この生徒は将来，優秀になりそうだぞ』と思って，接していると，実際に優秀になる」「『この生徒は駄目な子だ』って思い込んで接していたら」実際に駄目になるという意味であることから，両者の違いを探る。「病は気から」は自分で自分に影響を与えるのに対し，「教師期待効果」は教師が生徒に影響を与えるものである，と述べているものを選ぶ。

問七　後に「久留米先生の先入観」とある。久留米先生が決めつけている部分を探す。安斎が話している場面で「転校してきてから観察してたのだけれど，久留米先生は，草壁を見下した態度を取ることが多いよ」と言った後「草壁はいつも褒められず，佐久間や土田は褒められる。結果的に，草壁は委縮し，周りの人間はこう思う。草壁は自分たちより下の人間で，少々，蔑ろにしても問題はない，と。」あり，これが「先入観」が「敵」となる場合の具体例としてふさわしい。

重要 問八　本文の最後で，安斎は「久留米先生の先入観を崩してやろうよ」と言っているが，教師全般への不信感を募らせているわけではない。したがって，適切でないものはイ。

★ワンポイントアドバイス★

一では，対義語，品詞の識別，慣用句の出題が続いている。この内容を中心に，同義語，四字熟語などにも範囲を広げて学習しておこう。過去に出題された問題のパターンをしっかり頭に入れて学習を進めることが有利になる。

MEMO

大切なことはメモしておこうネ！

T.G

解答用紙集

◆ご利用のみなさまへ
＊解答用紙の公表を行っていない学校につきましては、弊社の責任において、解答用紙を制作いたしました。
＊編集上の理由により一部縮小掲載した解答用紙がございます。
＊編集上の理由により一部実物と異なる形式の解答用紙がございます。

人間の最も偉大な力とは、その一番の弱点を克服したところから生まれてくるものである。 ――カール・ヒルティ――

東京学参株式会社

法政大学第二高等学校　　2024年度

◇数学◇

※ 149%に拡大していただくと，解答欄は実物大になります。

I	問1	
	問2	$x=$ ，$y=$
	問3	$x=$
	問4	
II	問1	$ab=$
	問2	$x^3-2x^2=$
	問3	$n=$
	問4	$S=$ cm^2
III	問1	
	問2	
	問3	
IV	問1	
	問2	$a=$
	問3	RS=

V	問1	$S=$ cm^2
	問2	QC= cm
	問3	$\ell=$ cm
VI	問1	cm
	問2	(考え方) (答) $V=$ cm^3

法政大学第二高等学校　　2024年度

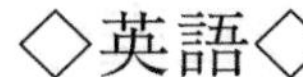

※ 149%に拡大していただくと，解答欄は実物大になります。

I							
	(A)	1		2		3	
	(B)	4		5			
	(C)	6					
		7					

II								
	8	3番目	7番目					
	9	②	④	⑩	10			
	11	(誤)	(正)	12	⑥	⑦	⑧	
	13			14				

III									
	15	3番目	6番目	16		17			
	18		19		20		21		

IV				
	22	a）	b）	
	23	a） h	b） r	c） r
	24	a）		
		b）		

V					
	25	a）			
		b）			
		c）			
	26	a）3番目	5番目	b）3番目	5番目
	27	a）			
		b）			

法政大学第二高等学校　２０２４年度

※ 114%に拡大していただくと、解答欄は実物大になります。

◇国語◇

一

問一 ① ② ③ ④

問二 ① ② ③

問三

問四 ① ② ③

二

問一

問二 Ⅰ Ⅱ

問三

問四

問五

問六

問七

問八

問九

三

問一

問二 Ⅰ Ⅱ

問三

問四

問五

問六 はじめ 終わり

問七

問八

問九

法政大学第二高等学校　2023年度　◇数学◇

※ 152%に拡大していただくと，解答欄は実物大になります。

I	問1	$ab=$
	問2	$x=$ ，$y=$
	問3	$x=$
	問4	
II	問1	$x^2-3xy+y^2=$
	問2	$n=$
	問3	$a=$ ，$b=$
	問4	cm
III	問1	
	問2	
	問3	
IV	問1	PR＝
	問2	△PQR＝
	問3	$y=$

V	問1	AG＝ cm
	問2	△CFG＝ cm^2
	問3	cm^2
VI	問1	cm^2
	問2	(考え方) (答) cm

法政大学第二高等学校　2023年度　◇英語◇

※ 152％に拡大していただくと，解答欄は実物大になります。

I								
	(A)	1	(1)	(2)	2	(1)	(2)
		3	(1)	(2)	4	(1)	(2)
		5	(1)	(2)			
	(B)	1	?				
		2	.				

II						
1	(ア)	(イ)	(ウ)			
2		3				
4		5		6		7

III							
1		2		3		4	
5							
6		7					

IV			
1	a)	b)	
2	a)	b)	c)
3	a)		
	b)		

V				
1	a)	b)		
	c)			
2	a) 4番目	6番目	b) 4番目	6番目
3	a)			
	b)			

◇国語◇

法政大学第二高等学校　２０２３年度

※１３２%に拡大していただくと、解答欄は実物大になります。

一

問一　①　②　③　④

問二　①　②　問三

問四　①　②　る　③

二

問一　問二　A　B

問三　問四

問五　時

問六　問七　問八

問九　100　150

三

問一　問二　問三　問四

問五　問六　問七　問八

問九　はじめ　おわり

問十　80　100

法政大学第二高等学校　2022年度

◇数学◇

※ 152%に拡大していただくと，解答欄は実物大になります。

Ⅰ	問１	
	問２	$x : y =$
	問３	$x =$
	問４	$n =$
Ⅱ	問１	$a =$
	問２	$N =$
	問３	通り
	問４	A：　個　B：　個
	問５	cm^3
Ⅲ	問１	
	問２	考え方 （答）

Ⅳ	問１	
	問２	
Ⅴ	問１	考え方 （答）△OIC＝
	問２	
	問３	AB＝
Ⅵ	問１	△PAB＝
	問２	AH＝
	問３	

法政大学第二高等学校　2022年度

◇英語◇

※ 145%に拡大していただくと，解答欄は実物大になります。

I	(A)	1	(1)	(2)	2	(1)	(2)
		3	(1)	(2)	4	(1)	(2)
		5	(1)	(2)			
	(B)	1					
		2					

II	1		2		
	3	③		④	
	4		5	(a)	(b)
	6		7		

III	1		2		3	
	4		5	ア	イ	
	6					

IV	1	a)	b)	
	2	a)	b)	c)
	3	a)		
		b)		

V	1	a)			
		b)		c)	
	2	a) 2番目	4番目	b) 2番目	4番目
	3	a)			
		b)			

法政大学第二高等学校　２０２２年度

※１３２％に拡大していただくと、解答欄は実物大になります。

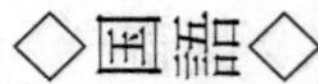

◇国語◇

一

問一　①　②　③　④

問二　①　②　③

問三　①　②　い　③

二

問一

問二　（一）　（二）

問三

問四

問五

問六

問七

問八　100　150

三

問一　X　Y　Z

問二　はじめ　おわり

問三　はじめ　おわり

問四

問五

問六

問七

問八　30　40

問九

法政大学第二高等学校　2021年度

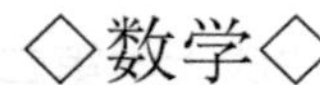

※ 156％に拡大していただくと，解答欄は実物大になります。

Ⅰ	問1	
	問2	$x=$　　　　，$y=$
	問3	$x=$
	問4	$b\times\sqrt{\frac{2}{3}a^3}\div\sqrt{3ab}\times\sqrt{b^3}$ $=$
Ⅱ	問1	$b=$
	問2	$n=$
	問3	通り
	問4	人以上　　　人以下
	問5	cm
Ⅲ	問1	通り
	問2	通り

Ⅳ	問1	C（　　　，　　　）
	問2	DH＝
Ⅴ	問1	PC＝　　　cm
	問2	AG＝　　　cm
	問3	四角形 FEPQ＝　　　cm² 考え方
Ⅵ	問1	cm³
	問2	cm²
	問3	cm

法政大学第二高等学校　　2021年度　　◇英語◇

※149％に拡大していただくと，解答欄は実物大になります。

I	(A)	1	(1)	(2)	2	(1)	(2)
		3	(1)	(2)	4	(1)	(2)
		5	(1)	(2)			
	(B)	1					
		2					

II	1	始まりの段落	終わりの段落	2	
	3		4	5	
	6	A	B		
	7				

III	1		2		3			
	4		5					
	6	A	B	C	D	E		
	7							

IV	1	a)	b)	
	2	a)	b)	c)
	3	a)		
		b)		

V	1	a)			
		b)	c)		
	2	a) 3番目	6番目	b) 3番目	6番目
	3	a)			
		b)			

法政大学第二高等学校　２０２１年度

※１３５％に拡大していただくと、解答欄は実物大になります。

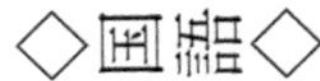

一

問一	①	②	③	④
問二	①	②	③	
問三	①	②	③	

二

問一		問二		問三		問四
問五	5	10				
問六		問七	X	Y		
問八	15	20				
問九						
問十	60	80				

三

問一		問二	X	Y		
問三		問四		問五		
問六						
問七		問八		問九		

法政大学第二高等学校　2020年度

◇数学◇

※152％に拡大していただくと，解答欄は実物大になります。

I	問1	
	問2	x =　　　，y =
	問3	x =
	問4	P =
II	問1	n =
	問2	冊
	問3	a =　　　，b =
	問4	度
	問5	cm^3
	問6	AE : HI　=　　：
III	問1	
	問2	

IV	問1	
	問2	P（　　　，　　　）
V	問1	∠LQM　=　　　度
	問2	△LQM : △MDQ : △QAL =　　：　　：
VI	問1	（証明）△EQP と △EFH において （証明終）
	問2	△CPQ =　　　cm^2
	問3	GI =　　　cm

法政大学第二高等学校　2020年度

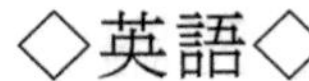

※145％に拡大していただくと，解答欄は実物大になります。

I	(A)	1	(1)	(2)	2	(1)	(2)
		3	(1)	(2)	4	(1)	(2)
		5	(1)	(2)			
	(B)	1					
		2					

II	1		2		3	
	4	①	②	③	④	⑤
	5	間違った語		正しい形		
	6					

III	1		2	①	②
	3	(1)	(2)	4	→ →
	5		6		

IV	1	a)	b)	
	2	a)	b)	c)
	3	a)		
		b)		

V	1	a)			
		b)			c)
	2	a) 3番目	6番目	b) 3番目	6番目
	3	a)			
		b)			

◇国語◇

法政大学第二高等学校　２０２０年度

※１２７％に拡大していただくと、解答欄は実物大になります。

一

問一　①　②　③　④

問二　①　②　③

問三　①　②　③

二

問一　A　B　C　D

問二

問三

問四

問五　はじめ　〜　おわり

問六

問七　（80字〜100字）

三

問一

問二　Ⅰ　Ⅱ

問三

問四　（10字〜15字）

問五　X　Y

問六

問七　はじめ　〜　おわり

問八

東京学参の

中学校別入試過去問題シリーズ

＊出版校は一部変更することがあります。一覧にない学校はお問い合わせください。

東京ラインナップ

あ　青山学院中等部(L04)
麻布中学(K01)
桜蔭中学(K02)
お茶の水女子大附属中学(K07)
か　海城中学(K09)
開成中学(M01)
学習院中等科(M03)
慶應義塾中等部(K04)
啓明学園中学(N29)
晃華学園中学(N13)
攻玉社中学(L11)
国学院大久我山中学
（一般・CC）(N22)
（ＳＴ）(N23)
駒場東邦中学(L01)
さ　芝中学(K16)
芝浦工業大附属中学(M06)
城北中学(M05)
女子学院中学(K03)
巣鴨中学(M02)
成蹊中学(N06)
成城中学(K28)
成城学園中学(L05)
青稜中学(K23)
創価中学(N14)★
た　玉川学園中学部(N17)
中央大附属中学(N08)
筑波大附属中学(K06)
筑波大附属駒場中学(L02)
帝京大中学(N16)
東海大菅生高中等部(N27)
東京学芸大附属竹早中学(K08)
東京都市大付属中学(L13)
桐朋中学(N03)
東洋英和女学院中学部(K15)
豊島岡女子学園中学(M12)
な　日本大第一中学(M14)
日本大第三中学(N19)
日本大第二中学(N10)
は　雙葉中学(K05)
法政大学中学(N11)
本郷中学(M08)
ま　武蔵中学(N01)
明治大付属中野中学(N05)
明治大付属八王子中学(N07)
明治大付属明治中学(K13)
ら　立教池袋中学(M04)
わ　和光中学(N21)
早稲田中学(K10)
早稲田実業学校中等部(K11)
早稲田大高等学院中学部(N12)

神奈川ラインナップ

あ　浅野中学(O04)
栄光学園中学(O06)
か　神奈川大附属中学(O08)
鎌倉女学院中学(O27)
関東学院六浦中学(O31)
慶應義塾湘南藤沢中等部(O07)
慶應義塾普通部(O01)
さ　相模女子大中学部(O32)
サレジオ学院中学(O17)
逗子開成中学(O22)
聖光学院中学(O11)
清泉女学院中学(O20)
洗足学園中学(O18)
捜真女学校中学部(O29)
た　桐蔭学園中等教育学校(O02)
東海大付属相模高中等部(O24)
桐光学園中学(O16)
な　日本大中学(O09)
は　フェリス女学院中学(O03)
法政大第二中学(O19)
や　山手学院中学(O15)
横浜隼人中学(O26)

千・埼・茨・他ラインナップ

あ　市川中学(P01)
浦和明の星女子中学(Q06)
か　海陽中等教育学校
（入試Ⅰ・Ⅱ）(T01)
（特別給費生選抜）(T02)
久留米大附設中学(Y04)
さ　栄東中学(東大・難関大)(Q09)
栄東中学(東大特待)(Q10)
狭山ヶ丘高校付属中学(Q01)
芝浦工業大柏中学(P14)
渋谷教育学園幕張中学(P09)
城北埼玉中学(Q07)
昭和学院秀英中学(P05)
清真学園中学(S01)
西南学院中学(Y02)
西武学園文理中学(Q03)
西武台新座中学(Q02)
専修大松戸中学(P13)
た　筑紫女学園中学(Y03)
千葉日本大第一中学(P07)
千葉明徳中学(P12)
東海大付属浦安高中等部(P06)
東邦大付属東邦中学(P08)
東洋大附属牛久中学(S02)
獨協埼玉中学(Q08)
な　長崎日本大中学(Y01)
成田高校付属中学(P15)
は　函館ラ・サール中学(X01)
日出学園中学(P03)
福岡大附属大濠中学(Y05)
北嶺中学(X03)
細田学園中学(Q04)
や　八千代松陰中学(P10)
ら　ラ・サール中学(Y07)
立命館慶祥中学(X02)
立教新座中学(Q05)
わ　早稲田佐賀中学(Y06)

公立中高一貫校ラインナップ

北海道　市立札幌開成中等教育学校(J22)
宮　城　宮城県仙台二華・古川黎明中学校(J17)
市立仙台青陵中等教育学校(J33)
山　形　県立東桜学館・致道館中学校(J27)
茨　城　茨城県立中学・中等教育学校(J09)
栃　木　県立宇都宮東・佐野・矢板東高校附属中学校(J11)
群　馬　県立中央・市立四ツ葉学園中等教育学校・
市立太田中学校(J10)
埼　玉　市立浦和中学校(J06)
県立伊奈学園中学校(J31)
さいたま市立大宮国際中等教育学校(J32)
川口市立高等学校附属中学校(J35)
千　葉　県立千葉・東葛飾中学校(J07)
市立稲毛国際中等教育学校(J25)
東　京　区立九段中等教育学校(J21)
都立大泉高等学校附属中学校(J28)
都立両国高等学校附属中学校(J01)
都立白鷗高等学校附属中学校(J02)
都立富士高等学校附属中学校(J03)
都立三鷹中等教育学校(J29)
都立南多摩中等教育学校(J30)
都立武蔵高等学校附属中学校(J04)
都立立川国際中等教育学校(J05)
都立小石川中等教育学校(J23)
都立桜修館中等教育学校(J24)
神奈川　川崎市立川崎高等学校附属中学校(J26)
県立平塚・相模原中等教育学校(J08)
横浜市立南高等学校附属中学校(J20)
横浜サイエンスフロンティア高校附属中学校(J34)
広　島　県立広島中学校(J16)
県立三次中学校(J37)
徳　島　県立城ノ内中等教育学校・富岡東・川島中学校(J18)
愛　媛　県立今治東・松山西中等教育学校(J19)
福　岡　福岡県立中学校・中等教育学校(J12)
佐　賀　県立香楠・致遠館・唐津東・武雄青陵中学校(J13)
宮　崎　県立五ヶ瀬中等教育学校・宮崎西・都城泉ヶ丘高校附属中学校(J15)
長　崎　県立長崎東・佐世保北・諫早高校附属中学校(J14)

公立中高一貫校「適性検査対策」問題集シリーズ

作文問題編
資料問題編
数と図形編
生活と科学編
実力確認テスト編

私立中・高スクールガイド
THE(ザ) 私立
私立中学＆高校の学校生活がわかる！

〈ダウンロードコンテンツについて〉

本問題集のダウンロードコンテンツ、弊社ホームページで配信しております。現在ご利用いただけるのは「2025年度受験用」に対応したもので、**2025年3月末日**までダウンロード可能です。弊社ホームページにアクセスの上、ご利用ください。

※配信期間が終了いたしますと、ご利用いただけませんのでご了承ください。

高校別入試過去問題シリーズ

法政大学第二高等学校　2025年度

ISBN978-4-8141-2962-1

[発行所] 東京学参株式会社

〒153-0043　東京都目黒区東山2-6-4

書籍の内容についてのお問い合わせは右のQRコードから　⇒

※書籍の内容についてのお電話でのお問い合わせ、本書の内容を超えたご質問には対応できませんのでご了承ください。

2024年6月20日　初版